宁夏警官职业学院现代侦查技战法研究中心专项经费资助

| 光明社科文库 |

刑事错案预防研究

薛亚龙◎著

光明日报出版社

图书在版编目（CIP）数据

刑事错案预防研究 / 薛亚龙著 . -- 北京：光明日报出版社，2022.3

ISBN 978 - 7 - 5194 - 6548 - 3

Ⅰ.①刑… Ⅱ.①薛… Ⅲ.①刑事诉讼—冤案—研究—中国 Ⅳ.①D925.218.4

中国版本图书馆 CIP 数据核字（2022）第 060288 号

刑事错案预防研究

XINGSHI CUOAN YUFANG YANJIU

著　　者：薛亚龙	
责任编辑：陆希宇	责任校对：阮书平
封面设计：中联华文	责任印制：曹　净

出版发行：光明日报出版社

地　　址：北京市西城区永安路 106 号，100050

电　　话：010-63169890（咨询），010-63131930（邮购）

传　　真：010 - 63131930

网　　址：http：//book.gmw.cn

E - mail：gmrbcbs@ gmw.cn

法律顾问：北京市兰台律师事务所龚柳方律师

印　　刷：三河市华东印刷有限公司

装　　订：三河市华东印刷有限公司

本书如有破损、缺页、装订错误，请与本社联系调换，电话：010 - 63131930

开　　本：170mm×240mm		
字　　数：237 千字	印　　张：16.5	
版　　次：2023 年 1 月第 1 版	印　　次：2023 年 1 月第 1 次印刷	
书　　号：ISBN 978 - 7 - 5194 - 6548 - 3		
定　　价：95.00 元		

摘　要

　　近年来，随着杜培武案、滕兴善案、赵作海案、呼格吉勒图案等系列刑事错案的出现，刑事错案已然成为我国司法实务界和法学理论界一个沉重的话题。刑事错案的不断发生，不但严重地侵犯了无辜者的合法权益，致使其蒙冤入狱、丢失工作、妻离子散、家庭破碎甚至还被剥夺最为宝贵的生命权，而且还损害了国家法律的权威和降低了司法机关的公信力。刑事错案伴随着刑事司法活动而屡禁不止地出现，犹如刑事司法活动的恶瘤，虽然能够预防，但是却难以被完全地根除，使其成为刑事司法历史中一道难以抹去的阴影。刑事错案既是一种刑事司法现象，又是一种客观存在的社会现象。刑事错案不仅反映了人类社会的认识能力和科学技术水平，而且还暴露出了人类在刑事诉讼实践中存在的诸多问题。从某种角度而言，人类的刑事司法发展史也是一部与刑事错案进行斗争的历史，同时也是一部致力于预防和减少刑事错案的历史。

　　刑事错案既是天灾，又是人祸，而导致刑事错案发生的原因也是各种各样、方方面面。首先，人类复杂的刑事司法活动本来就存在客观的条件缺陷，这也就决定了刑事错案在相当长的时期内是无法被根除的；其次，任何国家在任何时期都不可能制定出完美无缺的刑事司法制度，而刑事错案的出现也是刑事司法制度缺陷的必然结果；最后，尽管刑事司法活动是由人去实施和推进的，但人也不是万能体，也会受制于自身认知和客观环境的影响和制约，而这些主客观因素也会随时为刑事错案的发生埋下重大的隐患。

然而，就人类对刑事诉讼的认识角度而言，虽然刑事错案割之不去、禁而不绝，但是过度强调刑事错案的不可避免性，就显得人类在刑事错案面前束手无策，这显然与我们积极探索刑事错案的致错原因并最大限度地建立健全刑事错案预防体系的初衷相违背。正如美国的基思·芬蒂利教授所言："人类应该从自己的错误中学习。"而且"错案仿佛打开了一扇改良刑事司法体制的窗户，我们应该从错案中寻找推动司法改革的现实方法，而不要让机会白白流失。"诚然，面对刑事错案，我们需要的不仅是对无辜者的同情和悲痛，更为重要的是应该保持必要的冷静和思考，从不断出现的刑事错案中探索和论证其致错的主客观原因，力争努力消除和减少这些诱发刑事错案的"温床"，主动积极探索预防刑事错案发生的有效措施，尽其所能把刑事错案的发生率降低，从而保障更多无辜者的合法权益不受非法侵犯。

本书除了导论之外，总共分为五章对刑事错案预防展开研究。

导论部分主要明确本书的选题背景与意义、国内外研究综述、研究思路与方法、研究创新与不足等基本问题。首先，选题背景与意义。主要近年来被曝光的数起刑事错案如李化伟案件、杜培武案件、胥敬祥案件、呼格吉勒图案件等为选题背景，指出本书选题的意义具体包括尊重和保障人权、维护司法机关的权威、资源提高效率、树立法律的尊严、促进刑事司法改革五个方面。其次，国内外研究综述。该部分具体又划分为两个方面：一方面，国外的研究综述。通过对国外勒内·弗洛里奥、巴里·谢克、多米尼克·邓恩、吉姆·佩特罗、特蕾莎·马丁内斯等学者对有关刑事错案方面的研究进行分析和归纳，指出国外这些学者研究的主要观点、方法、论证等，然后对其进行分析和总结。另一方面，国内的研究综述。对国内的何家弘教授、顾永忠教授、康均心教授、韩大元教授、陈卫东教授、陈光中教授等学者对有关刑事错案方面的基本问题研究进行归纳和总结，进一步提炼出他们的主要观点和创新，然后对这些学者的科研给予剖析。再次，研究思路与方法。本书的研究思路主要遵循"提出问题—分析问题—比较问题——解决问题"的研究范式，而在研究方法上采取文献分析法、案例分析法、比较研究法、实证研究法以及多学科交叉研究方法。最后，研究创新与不足。在研究创新方面主要包括逻辑起点的创新、数据论证的创新、系统论证的创新、域外比较的创新、预防对策的创新五个方面，而在写作过程中仍然还存在一定的不足，如理论知识的制约、实践案例论证的局限、研究视角的局限三个方面。

第一章刑事错案概述。本章共分为三节，第一节刑事错案的本体论，具体从刑事错案的界定标准、刑事错案的基本特征、刑事错案的存在类型三个方面论述。第二节刑事错案的现状，指出目前我国刑事错案的现状主要表现为：严重暴力犯罪案件占据的比例高、辩护意见没有引起足够的重视、案件被发现的周期较长。第三节刑事错案的危害，通过对佘祥林等刑事错案的解读，认为刑事错案的危害主要包括以下几个方面：损害无辜者及其家庭的合法权益、增加诉讼成本、司法机关公信力受损。

第二章刑事错案的原因剖析。本章共分为三节，第一节司法观念方面的原因，主要包括人权观念的淡薄，有罪推定的惯性思维，重实体、轻程序的错误理念以及疑罪从无贯彻得不彻底四个方面。第二节刑事诉讼方面的原因，具体包括刑讯逼供现象较为突出，批捕起诉审查不严格，法院审判缺乏独立性，辩护律师作用难以发挥，非法证据难以被彻底排除，侦查监督刚性不足。第三节运行机制方面的原因，该节主要从限期破案机制不科学、绩效考核运行不合理、错案责任追究机制不适当、诉求利益表达机制不畅通、法外救济机制不健全等方面进行论证。

第三章域外刑事错案预防的比较研究。本章共分为三节，第一节大陆法系刑事错案预防的比较研究，本节主要对典型大陆法系国家中的法国、德国、日本三个国家的刑事错案进行分析，探讨法国、德国、日本刑事错案发生的现状、原因以及预防对策。第二节英美法系刑事错案预防的比较研究，本节主要对英美法系国家中的美国、英国、加拿大的刑事错案的现状、原因以及预防对策展开论述。第三节域外刑事错案预防对我国的借鉴和启示，通过对大陆法系和英美法系有关国家对刑事错案预防的比较研究，指出值得我们国家学习和借鉴的预防建议包括被动预防向主动预防转变、加快刑事立法方面的完善、加强 DNA 科学技术的应用、拓宽预防模式的多元化渠道、尊重和发挥律师的重要作用五个方面。

第四章刑事错案预防对策的完善。本章共分为三节，第一节树立科学的司法观念，包括尊重和保障人权，全面贯彻无罪推定基本原则，实体公正与程序公正并重，坚持疑罪从无原则。第二节刑事诉讼运行过程的完善，具体包括严禁刑讯逼供非法取证行为，严格执行批捕起诉审查标准，确保独立行使审判权，保障刑事辩护充分发挥作用，完善和落实非法证据排除规则，强化对侦查活动的监督。第三节运行机制方面的完善，认为应该摒弃"限期破案"的不科学机制，制定合理绩效考核机制，拓展预防机制多元化渠道，加强网络媒体舆论机制监督。

关键词：刑事错案；无辜者；合法权利；预防

目　录
CONTENTS

导　论 ……………………………………………………………………… 1

第一章　刑事错案概述 …………………………………………………… **31**

第一节　刑事错案的本体论 ……………………………………………… 32

第二节　刑事错案的现状 ………………………………………………… 63

第三节　刑事错案的危害 ………………………………………………… 68

第二章　刑事错案的原因剖析 ………………………………………… **74**

第一节　司法观念方面的原因 …………………………………………… 75

第二节　刑事诉讼方面的原因 …………………………………………… 82

第三节　运行机制方面的原因 ………………………………………… 105

第三章　域外刑事错案预防的比较研究 …………………………… **121**

第一节　大陆法系刑事错案预防的比较研究 ………………………… 122

第二节　英美法系刑事错案预防的比较研究 ………………………… 149

第三节　域外刑事错案预防研究对我国的借鉴和启示 ……………… 175

第四章　刑事错案预防对策的完善 ·············· **180**

　第一节　树立科学的司法观念 ············· 180

　第二节　刑事诉讼运行过程的完善 ············ 194

　第三节　运行机制方面的完善 ············· 225

参考文献 ·························· **236**

致　谢 ·························· **253**

导　论

　　目前，我国正处于一个变革和转型的时期，大部分的领域都体现或包含变革、转型的特征色彩。而我国的刑事诉讼程序也面临着走向法治、权利、文明的转型机遇。一方面，保障人权、程序法治化已经成为我国刑事诉讼法改革的主要导向。毕竟，刑事司法的现代化应该凸显对个体人权的尊重以及对公正程序的追求。① 在全球司法改革和转型的语境中，受到西方刑事程序法治化改革的影响，我国的刑事诉讼程序也必然地迈向法治化、科学化、文明化、现代化的趋势。② 另一方面，我国有关刑事诉讼程序实现法治化、现代化并不是机械地照搬域外有关国家或者地区的司法改革成功的"蓝图"经验。而且，我国刑事诉讼程序在目前社会改革和转型的语境中要实现法治化和科学化也不是一帆风顺的，而是曲折、复杂，不断变化和发展的。其占主要的主导因素是刑事诉讼程序在法治化的转型过程中不仅关联着有关历史文化背景，而且还有着其自身具有中国特色的法律制度。但是，在我国法治改革和转型的语境中，如何评价刑事诉讼程序究竟是优还是劣、改革是前进还是倒退？诚然，我们认为，具有实践性、本土性、客观性的评价标准之一便是如何对待刑事错案以及对其能够采取有效的预防措施。挥之不去的刑事错案，不但损害了无辜者的合法权益，

---

① 卞建林．刑事诉讼的现代化 [M]．北京：中国法制出版社，2003：53．
② 邓正来．中国法律哲学当下基本使命的前提性分析——作为历史性条件的世界结构 [J]．法学研究，2006（5）：109．

而且还降低了国家法律的权威和尊严。因此，有关刑事错案预防的问题研究，也是我国要实现刑事诉讼程序法治化、科学化目标必须解决的紧迫任务。

一、选题背景与意义

刑事司法虽然经过了司法擅断的历史长河，随着控辩双方平等对抗、罪刑法定原则、法院独立审判、保障人权等在刑事诉讼的过程中不断地引入和发展，而且刑事诉讼程序也向着司法公正、司法文明的步伐与时俱进地前进和完善。但是，刑事错案即被称为刑事司法实践过程中的副产品并没有得到完全的减少或者避免。

随着一件又一件的刑事错案被网络媒体揭露和曝光，如比较典型的滕兴善杀人案、李化伟杀人案、杜培武杀人案、文崇军强奸案、胥敬祥抢劫案、李久明杀人案、佘祥林杀人案、孙万刚强奸案以及呼格吉勒图杀人案、张氏叔侄强奸案等刑事错案。① 虽然通过网络媒体或者国家司法机关揭露和曝光的刑事错案占所有刑事案件的比例基数并不高，但是其结果的危害性和严重性，已严重地阻碍了司法公正和司法文明在我国刑事诉讼中的体现。② 就赵作海等刑事错案中的无辜者而言，其轻则被无罪释放、名誉扫地、工作丢失、妻离子散、家庭破碎，重则被锒铛入狱几年、十几年、二十多年甚至还出现有的无辜者被判处死刑造成无法挽回的局面。在和谐社会主义和法治社会不断建设和发展的今天，人们对部分刑事司法运行产生了质疑和震撼，为什么在如今司法制度不断完善和进步的法治社会环境中，还会存在这些具有严重影响的刑事错案？因此，这就迫使我们对我国现行刑事诉讼程序的运行状况、司法人员执法的理念、司法环境的建设等进行深刻的反思，为刑事错案的预防提供具有可行性的制度性保障。

---

① 刘斌. 20 世纪末平反冤假错案案例纪实 [M]. 珠海：珠海人民出版社，2001：4.
② 陈春龙. 冤假错案与国家赔偿：佘祥林案的法理思考 [M]. 北京：中国检察出版社，2007：23.

（一）选题背景

刑事错案既是刑事司法活动运行过程中不可避免的附属品，也是刑事司法活动在实现司法公正、司法文明时令人难以释怀的"不眠之痛"。因为刑事错案的出现不仅会造成"一狱之成，十户不宁"的不良局面，而且还会进一步地影响和制约构建和谐社会主义、法治化社会的稳定和团结，同时还对是否能够及时有效地保障公民的合法权益具有重要的作用。① 毕竟，刑事错案的发生，造成一个无辜者被定罪判刑而蒙冤入狱，但是实际上他并不是真正的罪犯。② 那么这些刑事错案究竟是如何发生的？这足以引起我们的重视和思考。虽然刑事错案无法彻底根除，但是我们还是能够对导致刑事错案发生的原因具有必要的掌控能力，以便尽量地阻断刑事错案的发生原因，从而预防或减少刑事错案的再次发生。

1986 年 10 月 29 日，辽宁省营口市水泥厂的职工李化伟下班回家后，发现其妻子在家中被杀。随后营口县公安局立即对该案立案并展开侦查，很快便把李化伟确定为重点犯罪嫌疑人。1989 年 12 月 4 日，营口市中级人民法院判处李化伟死刑，缓期 2 年执行。而在 2000 年 7 月 3 日，因另案被抓的江海才供述自己才是杀害李化伟妻子的真正凶手。

1987 年 4 月，侦查机关陆续在湖南省麻阳县发现 6 块被肢解的女性尸块，根据比对失踪人口，认定石小荣为案件的"被害人"。其后便成立了"4·27 特大杀人碎尸案"专案组。侦查机关根据尸体被肢解的手法特点，很快便把马兰村的滕兴善锁定为犯罪嫌疑人。1987 年 12 月，被告人滕兴善被法院判处死刑，并于 1989 年被法院执行死刑。但在 1993 年"被害人"石小荣居然回家，并表示自己与滕兴善根本就不认识。

1990 年，河北省曲周县发生一起强奸案件，依据被害人的指认，教师徐计彬被侦查机关锁定为重点犯罪嫌疑人。经过比对，被害人身上所留精斑与徐计彬的血型均为"B"型，随后徐计彬便以涉嫌强奸罪而被逮捕。

---

① 屈新. 被追诉人的人权保障研究［M］. 北京：中国政法大学出版社，2008：6.
② ［法］勒内·弗洛里奥. 错案［M］. 赵淑美，张洪竹，译. 北京：法律出版社，2013：2.

1991年徐计彬被曲周县人民法院判处强奸罪有期徒刑8年。刑满出狱后，徐计彬不断地进行上访和申诉，并且还在多地的医院对其血型进行化验，其结果均为O型。直到2006年7月28日，徐计彬才被曲周县人民法院判决无罪。

1991年初，河南省鹿邑县发生了十几起入室抢劫案，案件发生在夜晚，并且都是蒙面作案，致使侦查工作陷入僵局。村民胥敬祥因一件绿色毛背心，4月1日便被侦查机关刑事拘留。1997年3月，胥敬祥被法院以抢劫罪、盗窃罪判处有期徒刑16年。直到2005年3月，胥敬祥才被宣告无罪释放。

1994年4月11日，在湖北省雁门口镇的水面上发现一具女尸，依据村民张在年的现场辨认，认为该女尸是其妹妹张在玉。而法医的报告也显示其与张在玉存在11处相同符合性特征，于是张在玉的丈夫佘祥林立即被侦查机关锁定为重点犯罪嫌疑人。经政法委组织的协调和讨论，1998年6月佘祥林被法院以故意杀人罪判处15年有期徒刑。然而，2005年3月28日，"被害人"张在玉却突然归来。

1995年4月8日，湖南省慈利县的杨万名和黄冬秀两人被入室杀害，随后侦查机关对该案件进行立案侦查。1996年11月6日，侦查机关将犯有前科的村民杨明银从广东方向抓捕归案。由于杨明银熬不住侦查机关不间断地刑讯逼供而"主动"供述了自己的"犯罪事实"。2000年1月，法院判被告人杨明银16年有期徒刑。直到2006年4月，该案的真凶田中华、朱法权、李勇落网。2006年9月15日，慈利县人民法院对10年前杨明银所犯的入室杀人案进行再审，判决杨明银无罪并当庭释放。

1995年，民警张金波在工作期间得罪了门面房的老板郭淑兰，随后郭淑兰到南岗分局控告张金波在3月到5月期间强奸了她三次。1998年10月26日，南岗区人民法院以强奸罪判处张金波有期徒刑10年。2006年12月18日，黑龙江省高级人民法院宣判张金波无罪。

1995年10月30日，白庙滩乡一名女老师被强奸，张北县公安局对该案进行立案侦查，村民孟存明被侦查机关划定为该案的犯罪嫌疑人。11月

19 日，孟存明被侦查机关逮捕归案，随后张家口市中级人民法院以强奸罪判处孟存明有期徒刑 9 年。2004 年 10 月 30 日，孟存明刑满释放。然而，2005 年 9 月 14 日，孟存明却被法院再审判决为无罪。

1996 年 1 月 2 日，孙万刚的女朋友陈兴会被人强奸并颈部割开致死。1 月 3 日，孙万刚被收容审查。1996 年 9 月 20 日，昭通市中级人民法院判处孙万刚死刑，1998 年 11 月，云南省高级人民法院改判孙万刚死刑，缓期 2 年执行。2004 年 1 月，经云南省高院再审，发现孙万刚案件存在事实不清、证据不足情况，最后宣告孙万刚无罪释放。

1996 年 4 月 9 日，呼和浩特市第一毛纺织厂发现一具半裸女尸，而呼格吉勒图被侦查机关确定为重点犯罪嫌疑人。随后，呼和浩特市中级人民法院和自治区高级人民法院均认定呼格吉勒图犯有故意杀人罪。最后，呼格吉勒图被判处死刑并执行枪决。2005 年 10 月，"2·25" 系列性杀人、强奸、抢劫案的犯罪嫌疑人赵志红被抓捕归案，其承认了自己是 "4·09" 命案的真正凶手，而呼格吉勒图也被证明是无辜的。

1998 年 2 月 14 日，吉林市某小区发生一起凶杀案，经过公安机关的立案侦查，锁定刘吉强为本案的犯罪嫌疑人。2002 年 11 月，吉林市中级人民法院以故意杀人罪判处刘吉强死刑。2003 年 3 月，吉林省高级人民法院二审裁定，维持原判。2003 年 8 月，刘吉强向最高人民法院提起申诉，被驳回。2015 年 7 月，吉林省人民检察院建议再审本案。2015 年 12 月 19 日，吉林省高级人民法院判决刘吉强无罪。

1994 年 1 月 14 日，福州市秀屿区的郑金瑞被发现死在床上，侦查机关锁定蔡金森、许金龙、许玉森、张美来为本案的犯罪嫌疑人。1995 年 6 月 5 日，该四人被福州市中级人民法院以抢劫罪判处死刑，其中蔡金森为死刑缓期 2 年执行。1999 年 4 月 4 日，福建省高级人民法院改判许玉森、张美来、许金龙为死刑缓期 2 年执行，而蔡金森维持原判。2012 年，许金龙家属的辩护律师就该案向省检察院提出了申诉，随后，省检察院向省高院提出了对该案进行再审的建议。2015 年，经过再审，许金龙等四人被省高院宣告无罪释放。

如果一起刑事错案被社会网络媒体揭露或曝光，那么就必然地引起社会公众对该无辜者的悲惨遭遇给予一定的怜悯和同情。虽然时过境迁，但刑事错案挥之不去、禁而不绝，总是出现在社会公众的面前。① 这不仅让无辜者锒铛入狱、名誉扫地、工作丢失、妻离子散、家庭破碎甚至丧失生命，而且还使人们对国家司法机关的权威和法律的崇高地位产生怀疑。② 如在2014年1月，当浙江省高级人民法院院长齐奇、浙江省人民检察院检察长陈云龙被采访时均表示必须对张氏叔侄强奸案和萧山五青年劫杀案进行深刻、系统的反思，在法治不断发展和健全的今天，刑讯逼供为什么难以被有效地遏制？"重实体、轻程序"的落后观念为什么还不能够得到有效的转变？为什么案件在证据不足存疑的情况下法院居然还敢做出有罪的判决？因此，针对刑事错案的预防问题进行研究，不仅是打击犯罪和尊重和保障人权的基本需要，更是构建和谐社会主义、依法治国的重要保障。

（二）选题意义

由于刑事错案有着严重的社会危害性，世界各国或地区一直以来都在尽最大的努力去减少、预防其发生。但是，刑事错案似乎屡禁不止，还是不断地发生，其中的缘由也使各国或地区引起了深刻的思考和忧虑。为了预防刑事错案的发生，各个国家、地区都在不断地改革和完善自己的刑事诉讼法律体系和制度，设置了严格的侦查、起诉、审判等程序制度，也完善了如辩护、证据等与之配套的相关制度，而且还期望通过报刊、电视等网络媒体社会力量的监督作用来预防刑事错案的出现。③ 每当涉及刑事错案时，可谓是谈错案而色变。不但社会公众对其避之不谈，就连刑事司法机关也视其为"洪水猛兽"。但是，不论我们如何避免和痛恨刑事错案，其都是以不分年代、不分国界的一种状态而存在。一言以蔽之，刑事错案

---

① 赵琳琳. 刑事冤案问题研究［M］. 北京：中国法制出版社，2012：3.
② 王佳. 追寻正义：法治视野下的刑事错案［M］. 北京：中国人民公安大学出版社，2011：21.
③ 张保生. 刑事错案及其纠错制度的证据分析［J］. 中国法学，2013（1）：91.

是在刑事诉讼过程中出现的一种无法避免的客观性司法现象。① 因此，与其无法阻止刑事错案的发生，还不如对已发生的刑事错案进行剖析和研判，从其中吸取有关的教训和经验，从而为刑事错案的预防做出进一步的贡献。

1. 尊重和保障人权

"尊重和保障人权"已经被写入 2012 年修订的《刑事诉讼法》，其主要的目的就是要对犯罪嫌疑人、被告人的合法权益给予尊重和保障。而刑事错案的出现，使尊重和保障人权在刑事诉讼的过程中面临着严重的危险和挑战。因为，刑事错案的发生给刑事诉讼中无辜者的基本权益造成了严重的危害。例如，聂树斌被执行死刑 10 年后，真正的罪犯才被抓捕归案；佘祥林蒙冤入狱 11 年后，"被害人"张在玉却突然回来了；滕兴善因故意杀人被判处死刑并执行 4 年后，"被害人"石小荣也突然归来，自称与滕兴善并不认识；呼和浩特市的呼格吉勒图因杀人案被判死刑并执行枪决 10 年后，真凶赵志红突然出现等。② 诚然，刑事错案的出现不但给无辜者的名誉、财产、自由等造成一定的损害，而且还可能造成无辜者工作丢失、妻离子散、家庭破碎，使其对生活、社会失去了生存的希望，甚至还会导致无辜者丧失最基本的生命权。因此，对刑事错案的预防问题进行研究，不仅能够促使刑事诉讼程序迈向法治化、科学化、文明化，而且还能够有助于保障犯罪嫌疑人、被告人的健康、财产、名誉、自由甚至生命等合法权益，进而实现在刑事诉讼过程中尊重和保障人权的重要使命。

2. 维护司法机关的权威

司法机关在社会公众中一直都被视为公平和正义的化身，享有崇高的权威，不仅是打击和惩罚犯罪的专责机关，而且还是社会公众和百姓诉求其合法权益的司法途径。③ 然而刑事错案的出现，不但使国家赋予其打击

---

① 何家弘. 诉讼制度的改良与刑事错案预防 [J]. 法律适用，2013 (9)：7.
② 李富成. 侦查视角下的刑事错案探析 [J]. 中国刑事法杂志，2014 (6)：98.
③ 陈桂明. 诉讼公正与程序保障：民事诉讼程序之优化 [M]. 北京：中国法制出版社，1996：7.

犯罪和保障人权的司法权威受到降低和质疑，而且还使无辜者受到名誉、财产、人身的损害，甚至还被夺取生命等非常严重的后果，造成无法挽回的局面，迫使法律赋予司法机关的崇高权威遭到社会公众的削弱和质疑。因此，为了降低或避免刑事错案的萌芽、出现，司法机关在刑事诉讼的过程中就必须依法、公正、合理地行使有关法律赋予的立案权、侦查权、起诉权、审判权、执行权等刑事诉讼权力。这样不但能够及时有效地预防、减少刑事错案的发生，维护和保障无辜者的合法权益，而且还可以进一步树立国家司法机关崇高的权威和公信力。

3. 节约资源提高效率

案件在依法立案、侦查、起诉等刑事诉讼的过程中，司法机关就需要投入大量的人力、物力、时间等有限的司法资源，来保障司法机关和司法人员对案件进行正常的司法活动。但是，刑事错案的不断发生和出现，不但迫使现有司法资源得不到合理有效的分配和利用，还促使司法机关在紧张有限的办案资源下，因无辜者及其家人不断地上访、上诉而引起司法机关对案件的重新调查和审查，为后续的二审、再审等司法程序投入更多的司法资源。[①] 一方面，需要及时有效地去预防、纠正、补救屡禁不止的刑事错案，追究在刑事诉讼过程中造成刑事错案发生的有关司法机关或者司法人员的法律责任；另一方面，还要继续地面对和投入由于刑事错案的发生而出现的具有"重复性"的刑事诉讼程序。显而易见，刑事错案的不断出现，就会必然地导致司法资源的严重浪费，而且还会降低司法活动的效率。所以，在刑事诉讼的司法程序中预防和减少刑事错案的出现，不但可以使有限的司法资源得到合理的分配和使用，而且还可以减少涉及上诉、二审、再审等诉讼活动，促使刑事诉讼过程中的司法效率能够得到不断的改进和提高，为司法机关行使打击犯罪和保障人权做出贡献。

4. 树立法律的尊严

维护社会的公平正义、保障社会的安全和稳定是现阶段构建和谐社会

---

① 柳斌，段炎里. 刑事再审程序错案纠错功能之重塑——以审判阶段错案的发现和纠正为视角 [J]. 中国刑事法杂志，2014（6）：92.

主义的主要任务之一。法律是国家机关、企事业单位、社会团体、社会公民的行为准则，而刑事错案的发生，不仅没有使国家的法律达到惩罚犯罪和保障人权的预期效果①，反而使无辜者在刑事诉讼的过程中遭受名誉、财力等重大的非法侵害，致使真正实施犯罪行为的作案人逍遥法外，甚至还造成了如聂树斌、滕兴善、呼格吉勒图等错案中的无辜者遭受法律不公正的制裁即被执行死刑，从而引起社会公众对国家法律的尊严产生不公正的态度，降低了人们对国家法律应该保障人权享有的安全感和公正感。同时也助长了违法犯罪活动的嚣张气息。虽然有些部分刑事错案的无辜者能够在事后得到及时有效的补救和国家赔偿，但毕竟属于"迟来的正义非正义"，这就不可避免地损害了国家法律的尊严。因此，需要分析和研究致使刑事错案不断发生的各种原因，为司法机关对刑事错案的预防研判起到引以为鉴的作用。一方面，可以使国家的法律起到及时有效地遏制或者惩罚犯罪的预期法律效果；另一方面，还可以在刑事诉讼的程序中保障无辜者的合法权益不遭受到非法的侵害、制裁。促使司法机关能够依法执法、公正执法、严格执法，树立和维护好国家法律的尊严地位。

5. 促进刑事司法改革

立法者在起草和制定法律时并不能完全地预测到法律所可能面临的一切状况和局面，这便给在司法的实践过程中迫使法律不可避免地出现难题埋下了隐患。毕竟，法律制定出来即已经落后，正因为如此人们才意识到部分法律在司法的应用中可能存在一定问题和不足，促使立法者在修改、制定法律时能够有的放矢进行不断的进步和完善。因此，司法的实践应用是法律不断完善和改革的重要措施之一。而刑事错案的出现，便提醒或暴露出现存刑事诉讼程序、制度存在的问题和缺陷。虽然这种方法有点极端，但是从对刑事错案的预防角度而言，也的确是促进刑事司法改革的一个重要途径。每当一起刑事错案被公布或者曝光在社会公众面前之时，人们基本都会对刑事错案中的无辜者给予悲剧的感慨和苦难的同情，抱怨司

---

① 周洪波. 刑事错案与人权保障［J］. 中国检察官，2013（15）：24-34.

法机关的不公正、司法人员的贪赃枉法、法律的质疑等。① 诚然，如果我们对刑事错案的出现都是这种表面层次的认识，那么就会面对不同的刑事错案以不同的方式进行不断反复的重演，致使错案中的无辜者不断地遭受其合法利益的非法侵害甚至还会出现被剥夺生命而难以挽回的僵局。因此，在面对每起被司法机关、媒体、网络等公布、暴露的刑事错案复杂的情势之中，我们应该对其在刑事错案中被暴露出来的程序性、制度性问题进行深刻的剖析和反思，化悲痛为力量、化被动为主动。积极地研判刑事诉讼中导致刑事错案不断发生的主客观因素，预防刑事错案再次萌芽、发生，促进刑事司法改革的发展和完善。

二、国内外研究综述

（一）国外研究综述

通过对国外刑事错案方面学术专著、论文文献的比较分析和研究，发现其主要是通过案例的分析方法、统计学的研究方法等对造成刑事错案的主要原因、预防刑事错案的有关措施进行实证、系统的论证。

法国的勒内·弗洛里奥律师在《错案》中，通过对拉隆希尔中尉案、泰雷兹诈骗案、德莱福斯案、多米尼西案等系列性的错案进行全面深入的研究论证，认为造成刑事错案发生的原因主要是：第一，依据确凿的证据做出错误的推理；第二，错误的死亡推断原因；第三，法官在审判的过程中被被告所欺骗；第四，案件中存在伪造的书证证据；第五，诬告而导致错案的引起；第六，错误的证人证词误导法官的判断；第七，存在错误的司法鉴定和错误的辨认；第八，法官在案件的审判过程中，对被告人存在一定的偏见；第九，法官的疏忽。勒内·弗洛里奥对该九个原因进行逻辑性的总结和归纳，认为刑事错案的原因主要分为两个方面的类型：一方

---

① 王振川. 防范非法取证与刑事错案维护社会公平正义 [J]. 国家检察官学院学报，2007 (1)：3.

面，从确凿的证据而推断出错误的结论；另一方面，根据错误的证据材料而推理出合理的结论。

美国的巴里·谢克、彼得·诺伊菲尔德等律师通过无辜者运动来帮助被错判的人，出版《清白的犯罪》来研究刑事错案的专门性问题。该书详细地介绍了十几起刑事错案无辜者的真实具体经过，不但剖析了造成刑事错案各种各样的原因，而且还突出了美国司法体系中存在的不足问题。最后，巴里·谢克、彼得·诺伊菲尔德等还进一步提出预防刑事错案和维护无辜者合法权益的具体措施，如 DNA 鉴定、法医的责任、证人的辨认、错误的自白、不称职的警察、检察官、法官、律师以及改革和完善无辜者运动的组织等。

美国学者多米尼克·邓恩在《陪审团睡了：美国当代名案审判纪实》一书中，以自己女儿的经历来论证刑事错案发生的现实性和可能性。其女儿达米尼克被前男朋友残暴地掐死遇害，而被告律师则认为这是一个爱情故事的悲剧，最终导致被告人被法院重罪轻判，且服刑两年半就被释放了。通过对美国近 20 年来刑事错案的比对分析和归纳总结，多米尼克认为导致刑事错案发生的主要原因是：被告人的虚假辩护、被告律师的伪证、法官的祖护等。该书还报道了如维基·摩根黑幕案、克劳斯·冯布洛杀妻案、O·辛普森杀妻案等在律师强大的辩护中被无罪释放等案件。通过对这些案件的审判纪实和实证的分析论证，多米尼克还揭露了导致美国陪审团做出错误结论的潜在性要素和刑事司法制度上的缺陷和不足，从多方面客观性地解读了美国刑事司法活动的客观真实环境。

美国俄亥俄州前检察总长吉姆·佩特罗在《冤案何以发生：导致冤假错案的八大司法迷信》一书中，记叙一个没有违法犯罪前科记录的男子而被法院以强奸罪判罪入刑，其妻子在无辜者运动组织的帮助下，获取了该案的关键性证据即 DNA，证明该的真正凶手另有其人，而该男子最终被证明无罪。吉姆·佩特罗基于专业的职业经历和特殊的司法审查视角，与其妻子南希·佩特罗共同致力于为无辜者服务的司法援助工程。多年的检察职业经历和对大量的无辜者案件进行实证剖析，指出导致刑事错案存在的八大司法迷信：①监狱里服刑的罪犯都认为自己是无罪的；②司法体制对好人不会冤枉；③只有罪犯才会主动承认犯罪；④冤案是被告人自己酿造成的；⑤证人证言是案件中最为有效的证据；⑥被告人即使被错判也会在后续的程序中能够得到救济；⑦对有罪判决的质疑会对被害人造成伤害；⑧体制内有专门的人员负责对司法制度存在问题的改革和完善。

美国学者特蕾莎·马丁内斯等在《你好，真相！蒙冤者的告白和他们的故事》一书中，通过分析 48 个刑事错案的实证案例来论证各种各样的致错原因，具体包括错误的目击证人辨认、恶意的诬告、被害人的故意陷害、不真实的专家证人证明、错误的司法鉴定等，文中还进一步指出这些导致刑事错案发生的原因基本都是直接或者间接地与其传统的法律文化思想和司法制度有着一定的必然性联系。

美国学者迈克尔·拉德列特、雨果·贝托、康斯坦斯·普特曼在《虽然他们是无辜的》一书中，以 23 个具体无辜者的刑事错案来研究和论证，指出美国每年都有很多人虽然无辜，但是依然被指控为谋杀罪而被法院判决有罪，甚至还有无辜者被判处死刑而执行。

萨缪尔·格罗斯等在《美国自 1989 年至 2003 年间的错案报告》中认为，虽然知道刑事错案不可避免会发生，但是却依然无法确定刑事错案发生的概率和具体的案件范围。已被曝光的刑事错案只是占据了整个刑事错案的极少部分，大部分的刑事错案依旧无法得到及时有效的发现、纠正、救济。在已经被发现的刑事错案中经过分类研究和统计，归纳出强奸错案中主要是受害者的错误指认、目击证人的错误证言而造成的，谋杀错案主要是检控方的错误指控、证人的伪证、错误的司法鉴定导致的等。

域外有关国家的专家学者对刑事错案也进行了系统全面的研究。首先，从研究方法角度来看，域外的学者对刑事错案的研究和论证主要集中于实证调查分析法。如勒内·弗洛里奥在《错案》中通过对拉隆希尔中尉案等 14 起刑事错案进行实证调查之后，才得出造成刑事错案的主要原因；巴里·谢克等在《清白的犯罪》中也是通过对 10 多起已发生的刑事错案进行调查之后，才指出诱发刑事错案发生的主观原因；多米尼克·邓恩在

《陪审团睡了：美国当代名案审判纪实》中通过自己女儿被蒙冤错判的经历以及结合近年来美国 20 多起比较有名的刑事错案论证导致刑事错案发生的原因，从文化理念、司法制度、历史等揭示刑事错案发生的原因。特蕾莎·马丁内斯在《你好，真相！蒙冤者的告白和他们的故事》中为了论证自己的观点，直接以 48 个刑事错案为实证研究的样本对象等。其次，从域外学者认为刑事错案发生的原因来看，主要包括以下四个方面：第一，刑事诉讼参与人的原因。勒内·弗洛里奥指出造成刑事错案的主要原因包括：被害人的诬告、错误的证人证言。多米尼克·邓恩认为造成刑事错案的原因包括被告人的虚假辩护和辩护律师的伪证等，而特蕾莎·马丁内斯认为造成刑事错案的原因还包括目击证人的错误辨认和不真实的专家证人等。第二，刑事司法机关的原因。对特蕾莎·马丁内斯等学者的研究分析表明，刑事司法机关导致刑事错案发生的原因主要包括警方的刑讯逼供、伪造证据；检控方的错误指控；法官对被害人的袒护以及对被告人存在偏见等。第三，法庭科学证据的原因。勒内·弗洛里奥认为造成刑事错案的一个非常重要的原因就是错误的司法鉴定，而特蕾莎·马丁内斯也认为"瑕疵"的科学证据是导致刑事错案不断发生的技术原因。第四，多米尼克·邓恩指出造成刑事错案出现除了现行的刑事司法过程中的主客观原因之外，还存在一个不可被忽视的重要原因即历史的原因，最为典型的就是美国白人与黑人的历史原因也会造成刑事错案的发生，尤其是在故意杀人和强奸案件中证人方面表现得尤为突出。而特蕾莎·马丁内斯还认为，传统的法律文化思想也是导致刑事错案发生的诱发原因。最后，在对刑事错案的预防对策方面也提出了比较系统的建议。如加强在杀人和强奸案件中DNA 的检测、强化司法鉴定人员的鉴定责任、规范证人的辨认规则、完善辩护律师的辩护职能、限制和制约警察权的运行、法官应该保持客观中立的地位、审查被害人陈述的真实性等。

综上所述，学者们对刑事错案发生的原因观点论证比较客观，基本都是从已有的刑事错案中实证调查而总结出来，其致错的原因也主要是集中于被害人的诬告、警察的刑讯逼供、非法取证、检控方的错误指控、虚假的证人证言、法官的偏见以及"瑕疵"的科学证据等方面。而在预防方面也主要是针对上述的原因提出了宏观方面的建议。但也存在研究不足的地方：第一，研究的方法视角不全面，上述学者的研究方法主要是通过具体的案例进行统计和归纳，虽然案例实证研究是最好的研究方法，但并不是唯一的研究方法。第二，对于刑事错案的致错原因主要是通过个案而得出，而且实证的案例也主要集中于杀人和强奸，对其他方面类型的案例基本很少关注，在实证案例方面应该有所拓展了。第三，巴里·谢克等学者对预防刑事错案的对策具有一定的宏观性，主要提出了预防的对策，而具体如何做并没有针对性的可行性措施。因此，域外的学者对刑事错案的研究，其研究的主要方法和得出的结论值得我们学习和借鉴，但其研究方面的不足，也给我们提出了警示。从比较法研究而言，希望"他山之石，可以攻玉"。

（二）国内研究综述

近年来，被司法机关、新闻媒体、网络公布或者曝光的刑事错案中典型的有如聂树斌故意杀人、强奸案、赵作海故意杀人案、胥敬祥抢劫案、孙万刚强奸杀人案、杜培武故意杀人案、佘祥林故意杀人案、滕兴善故意杀人案等。然而当每起刑事错案被公布或者曝光之后，立刻会引起社会公众对该案件的极大兴趣。这不但考验社会公众对刑事错案中无辜者悲剧和痛苦同情的心理承受压力，还同时挑起人们对司法公正、法律尊严的质疑。因此，刑事司法的实务界和理论界的众多学者对此已经付诸努力和行动，研判诱发刑事错案不断发生的各种原因，对于如何界定、预防刑事错案等问题也是各抒己见。

中国人民大学何家弘教授在《迟到的正义：影响中国司法的十大冤案》中选择了对我国刑事司法影响力度比较大的十大冤案即滕兴善案、石东玉案、杜培武案、李久明案、孙万刚案、佘祥林案、赵作海案、张氏叔侄案、萧山命案、李怀亮案进行分析和统计归纳，并且指出这些刑事错案形成的主要原因。如滕兴善错案是由供到证造成、石东玉错案是由物证说谎造成、杜培武错案是由刑讯逼供造成、李久明错案是由非法取证造成、孙万刚错案是由证据断链造成、佘祥林错案是由疑罪从轻造成、赵作海错案是由超期羁押造成、张氏叔侄错案是由证据失范造成、萧山错案是由责任模糊造成、李怀亮错案是由证据短缺造成。同时，何家弘教授还总结出我国刑事司法存在的十大误区，即由供到证的侦查模式、违背规律的限期破案、先入为主的片面取证、科学证据的不当解读、屡禁不止的刑讯逼供、放弃原则的遵从民意、徒有虚名的互相制约、形同虚设的法庭审判、骑虎难下的超期羁押、证据不足的疑罪从轻。

中国政法大学顾永忠教授在《刑事冤案发生的深层次认识原因剖析——以刑事审判为分析视角》中认为，从刑事审判的视角而言，造成刑事错案发生的主要深层次原因有三个方面：第一，审判人员缺乏在审判的过程中防控刑事冤案发生的意识和重要作用；第二，无罪推定、疑罪从无的当代刑事司法理念还没有完全地贯彻并且执行，疑罪从有和疑罪从轻的办案司法理念还占有一定的主导地位；第三，辩护律师在刑事诉讼过程中对预防冤案的发生难以发挥重要的保障作用。

武汉大学康均心教授在《和谐语境下的刑事错案研究》中认为，刑事错案只是错案的一部分，是刑事司法实践过程中产生的一种司法现象。如果案件符合事实标准、实体法标准、程序法标准这三个标准，那么该案件即为正确的刑事案件。反之，则为刑事错案。指出刑事错案发生的原因主要有人类认识活动的局限性、法律适用的模糊性、司法人员办案职业水平的有限、刑事诉讼制度的不完善、刑讯逼供的屡禁不止、司法机关错案追究责任的负面影响六个方面。最后，有针对性地提出提高证据意识能力、改革和完善诉讼制度、加强独立司法办案、引进刑事诉讼司法理念、提高司法人员的办案能力、遏制刑讯逼供、废除刑事错案追究责任等方面的完善对策。

中国人民大学韩大元教授在《死刑冤错案的宪法控制——以十个死刑冤错案的分析为视角》中指出，造成这些冤错案发生的主要原因是在刑法和刑事诉讼法的实践运行过程中没有体现宪法的法律价值。如刑讯逼供的屡禁不止、死刑制度的依然存在、死刑执行标准的不统一、司法办案的不独立等都是对犯罪嫌疑人在宪法范围内赋予其合法权益价值的侵犯。因此，应该从宪法控制的角度来预防刑事错案的发生机制，具体如逐渐废除死刑条款、维护死刑犯的基本权利、强化死刑的法律控制、提高司法机关之间办案的制约能力。

中国人民公安大学崔敏教授在《刑事错案概念的深层次分析》中认为：漏人、漏罪、量刑偏重、存疑案件、违反一般的程序性案件、被否定的正常刑事诉讼行为案件、司法文书中存在的错别字以及由于法律的变化而导致有关刑罚适用的变化均不属于刑事错案的范畴。

中国人民大学陈卫东教授在《刑事错案救济的域外经验：由个案、偶然救济走向制度、长效救济》中，通过对美国、英国、德国、法国等域外有关刑事错案方面的制度、经验进行比较和考察，认为诸多方面的制度措施值得我们国家去学习和借鉴。如引进社会参与式的多方面预防途径、成立专门的刑事案错案审查机构、增强辩护律师的辩护职能、提高科学技术如 DNA 的应用等。还指出，由于我们国家现阶段没有长期有效并针对刑事错案的预防和救济制度体系，这也是刑事错案不断发生和救济渠道不畅的重要原因。因此，无论是有关刑事诉讼程序的改革，还是刑事诉讼制度方面保障的完善，都应该将预防刑事错案的发生作为不断改革和完善的重中之重。

中国政法大学陈光中教授在《严防冤案若干问题思考》中认为，冤案大部分是由于对案件事实方面认定出错而发生的。因此，司法机关在刑事诉讼的实践中应该贯彻无罪推定的思维意识、树立尊重和保障人权的宪法价值、遏制刑讯逼供非法行为、重视律师的辩护价值和作用、强化证据的质证能力、确保刑事诉讼程序的司法独立、正确处理公检法机关之间的关系。总之，司法机关应该树立"天大地大不如法大"的刑事诉讼司法信念，这才是预防冤案继续出现的正道方法。

中南财经政法大学董邦俊教授在《刑事错案预防与纠错机制研究——基于浙江张氏"叔侄强奸案"的启示》中将刑事错案划分为两种基本类

型：第一种类型"入罪"错案即将无辜者错判为有罪或者将轻罪错判为重罪；第二种类型"出罪"错案即将有罪者错判为无罪或者将重罪错判为轻罪。首先，通过对 52 起刑事错案的比较分析，归纳出刑事错案具有四个方面的主要特点：第一，刑事错案多数集中于暴力犯罪如故意杀人、强奸等案件中；第二，大部分刑事错案被发现具有一定的偶然性和被动性；第三，刑事错案被纠正的时间长、难度大，超期羁押居多；第四，刑事错案多伴随证据的不足和错误的侦查方法。其次，指出导致刑事错案总是出现的原因主要有屡禁不止的刑讯逼供、命案必破的错误认识、证据制度的不健全、疑罪从轻的思维导向。最后，提出应该从刑事诉讼程序的司法理念、刑事诉讼法的改革和完善、刑事诉讼的司法实践三个方面加强对刑事错案的预防和纠错的完善建议。

上海交通大学林喜芬教授在《转型语境的刑事司法错误论——基于实证与比较的考察》中，采用实证与比较相结合的研究范式，以转型语境为其研究背景，对涉及刑事错案的现状、特点、表层原因、深层原因等基础理论进行系统的研究和论证。结合域外对刑事错案预防的有关制度和方法，提出我国应该从法院的刑事审判制度、刑法的定罪量刑标准、侦查程序的改革、国家对错案的赔偿制度、错案的责任追究制度几个方面进行改革和完善。

浙江大学胡铭教授在《错案是如何发生的——转型期中国式错案的程序逻辑》中，从法社会学、刑事诉讼法学、证据学角度对刑事错案发生的必然性进行论证分析，指出应该从刑事再审程序改革、国家错案赔偿制度的完善、刑事政策的合理化、法律制度的修改几个方面对刑事错案进行预防和救济。

南京师范大学李建明教授在《冤假错案》中认为：冤假错案或者刑事错案在本质上是一种刑事司法错误，是由于刑事司法机关对案件的事实认定或者法律的适用方面出错而导致发生的。其造成刑事错案发生的主要原因包括封建司法作风的不良影响、口供主义的情结、社会的风俗习惯、重实体轻程序的潜意识、刑事案情的复杂性、被害人的错误陈述、证人的虚假证词、失真的司法鉴定、刑事诉讼制度的不完善以及部分办案人员职业素质、心理道德等方面。

中国刑事警察学院张丽云教授在《刑事错案与七种证据》中将刑事错案划分为两种基本类型，即错判的刑事错案和错放的刑事错案，指出导致刑事错案发生的根本原因则是证据方面的问题。如被害人的虚假陈述、证人作伪证、不真实的物证、不科学的司法鉴定等具有瑕疵的证据在刑事诉讼的实践过程中都会必然地导致证据失去客观性、关联性、科学性这些其应该具有的刑事司法价值。因此，这些具有瑕疵的证据就不能够成为司法机关对案件进行事实认定和法律适用的合格证据依据。反之，就会必然地引起错误的证据造成错误的案件，从而导致这些"有毒"的证据之树结出具有同样"毒性"刑事错案的"毒果"。

中国人民大学刘品新教授在《刑事错案的原因与对策》中指出，我们应该客观、辩证地对待刑事错案这种刑事司法实践过程中的副产品。一方面，每起刑事错案的出现都会导致无辜者遭到悲剧和痛苦、社会公众对司法不公正的愤怒、人们对国家法律权威尊严的质疑、降低对社会安全感的信心；另一方面，刑事错案的发生也必然会给我国刑事司法制度改革带来必要的挑战和机遇。因此，为了达到预防和减少刑事错案发生的效果，应该从提高司法人员的办案水平、健全刑事证据制度、强化辩护律师的意识和作用、优化司法环境四个方面进行改革和完善。

华东政法大学宋远升教授在《刑事错案比较研究》中，从多方位、多视角的角度对刑事错案的现象进行考察和研究。提出从历史角度而言，刑事错案就是社会历史的必然产物；从认识论来说，刑事错案就是人们对刑事案件发生规律认识的一种意识存在；从法律角度研究，刑事错案就是刑事诉讼过程中产生的一种副产品。同时，还从比较法的角度对刑事错案的预防对策进行拓展，如创造有利于办案机关的外部环境、减弱司法人员单一的追诉思维、强化培训、提高办案水平、引进司法审查制度等途径和建议。

最高人民检察院董坤博士在《侦查行为视角下的刑事冤案研究》中系统地从侦查机关的侦查行为角度对刑事错案展开分析与论证。通过对数起刑事错案的进行实证分析、调查访问、文献参考，认为在侦查行为中存在诱发刑事错案出现的因素主要有刑讯逼供的非法行为、不规范的现场勘查、证人的错误辨认、错误的司法鉴定、侦查人员认识的偏差、反侦查行为的影响、公检法机关的制约不足、侦查机关办案不独立、社会网络民意导向的负面作用等。通过对域外美国、加拿大、法国、德国、英国等国家在刑事错案防控方面制度和经验的比较考察和借鉴，提出在侦查机关侦办案件的过程中应该采取合法的侦查行为、取证的多样化、适度公开侦查行为、遏制刑讯逼供、完善辨认规则、规范现场勘查、辩证采用司法鉴定意见等多种途径和措施，以便在侦查阶段就能够起到预防或减少刑事错案发生的重要作用。

综上所述，以国内有关学者对我国刑事错案的研究分析和归纳来看，主要从三个方面进行：首先，研究方法或视角的选择。在研究方法或视角的选择方面国内的学者基本是从自己的研究领域或从不同学科之间进行论述。如何家弘教授主要是从滕兴善案、佘祥林案等十起案件展开对刑事错案的原因论证；顾永忠教授是从法院的刑事审判角度对刑事错案进行研究；康均心教授从和谐语境下对刑事错案的界定标准和原因进行讨论；韩大元教授则是从我国宪法的视角指出导致刑事错案的宪法性原因；张丽云教授以我国《刑事诉讼法》所规定的七种证据为其研究刑事错案的逻辑起点；董坤博士从造成刑事错案发生最主要的原因即侦查行为对其进行阐述。其次，研究的主要内容。国内学者对刑事错案的内容研究主要分布在三个方面：第一，关于刑事错案的内涵界定。研究方法或者视角的不同造成对刑事错案的内涵也赋予不同的定义。例如，康均心教授认为，对刑事错案内涵的界定应该坚持语境标准的原则，从案件的事实标准、实体法标准、程序法标准三个方面综合进行。崔敏教授在讨论的过程中并没有直接地对刑事错案的内涵设定标准，而是先从外围什么不是刑事错案的范围开始研究，如漏罪、漏人、一般性的违反程序等，然后才提出什么应该是刑事错案的内涵。第二，刑事错案发生的原因。何家弘教授在其研究中指出造成刑事错案发生主要包括刑讯逼供、片面取证、法庭虚化等十大原因；顾永忠教授认为刑事错案发生的原因还应该包括无罪推定和疑罪从无思想贯彻的不彻底；康均心教授进一步指出导致刑事错案发生的原因还有法律适用的模糊性、刑事诉讼制度的不完善、错案责任追究的不合理等。第三，预防刑事错案发生的措施。从宏观方面，韩大元教授认为应该加强我国《宪法》对犯罪嫌疑人、被告人合法权益的保障；陈卫东教授从比较法的研究指出，我国对刑事错案的预防还应该学习域外成熟的做法和经验，如拓展预防的多元化渠道和建立专门的刑事错案审查机构等；董邦俊教授坚持应该从我国刑事司法的理念、刑事诉讼的改革、刑事司法的实践三个方面加强对刑事错案的预防；陈光中教授认为在刑事诉讼的过程中不仅要全面地遏制刑讯逼供等非法的取证行为，而且还要树立"天大地大不如法大"的司法理念；宋远升教授还指出为了能够全面地预防刑事错案的发生还应该提升办案人员的办案水平和引进司法审查制度等。

　　诚然，纵观刑事司法的实务界和刑事法学的理论界对刑事错案展开的诸多研究成果，其主要以刑事错案的概念界定、现状原因、预防等基本内容。正如陈永生教授而言：我们对刑事错案的反思还远远不够。第一，就司法机关来说，他们研究的大部分都是本机关及其办案人员在涉及刑事错案方面的内容，视角狭窄，这并不是导致刑事错案不断发生的全部原因。第二，从研究刑事错案的方法来看，就某个具体的案件或者从某单一的角度而对刑事错案展开研究的学者人数占据大部分比例。然而，能够从刑事诉讼程序整体过程的宏观角度来对刑事错案的现状、原因、基本规律以及预防等内容进行全面、系统的论证研究的学者却是凤毛麟角。因此，导致对刑事错案整体的实践运行情况没有经过全面、客观、系统的了解和掌控，缺乏对刑事错案整体的真正"关怀"。

三、研究思路与方法

（一）研究思路

1. 提出问题

通过司法机关、网络媒体公布或揭露对多起刑事错案案例的分析和研究，如李化伟杀妻案、滕兴善故意杀人案、胥敬祥抢劫案、佘祥林杀妻案、呼格吉勒图杀人案、杜培武杀人案等刑事错案的实证剖析，得知刑事错案的出现，不但给无辜者造成名誉的损失、工作的丢失、妻离子散、锒铛入狱，甚至还被剥夺生命的权利，而且还降低了司法机关执法公正的信任度，损害了国家法律的权威尊严，具有严重的社会危害性。如果我们在面对这些刑事错案的时候，仅仅是对无辜者寄予怜悯或同情，那么并不会阻止刑事错案的再次发生。在刑事诉讼的过程中，究竟为什么刑事错案还会不断地发生？尤其是在法治不断健全和完善的今天，为什么侦查人员还会铤而走险地为了获取犯罪嫌疑人的口供而采取坐老虎凳、灌辣椒水、背靠、警棍电击等刑讯逼供的非法取证行为？面对这些侦查机关通过非法取证方式获取的证据，在检察机关批捕起诉审查的时候为什么没有能够进行非法证据排除？究竟检察机关是不敢还是不想？而且检察机关还是我国《宪法》规定的法律监督的机关，那么侦查监督的效果和作用难道失灵了？在案件的事实不清、证据存疑的情况下，有的法院为什么会采取"留有余地"的疑罪从轻判决？而不敢根据我国《刑事诉讼法》的规定即"证据不足，指控的犯罪不成立做出无罪判决"？因此，面对刑事错案所反映出来的系列问题，值得认真分析和思考，这也是本文提出对刑事错案预防研究问题写作的初衷。

2. 分析问题

既然刑事错案已经发生了，我们除了对无辜者感到同情和悲痛之外还应该有所作为。挥之不去、禁止不绝的刑事错案，必然地要求我们不但对其知其然还要知其所以然。剖析和查证造成刑事错案发生的各种各样的主要原因，虽然造成刑事错案发生的主要原因具体包括侦查机关的刑讯逼供非法取证行为、批捕起诉审查不严格、法院审判缺乏独立、辩护律师的作用难以全面发挥、刑事科学技术水平的限制以及侦查监督的刚性不强等，但是侦查人员为什么会在讯问犯罪嫌疑人的过程中采取明知是非法的刑讯逼供行为？是侦查人员的办案理念导致，还是侦查体制如绩效考核、错案责任追究等原因造成的？这就给予我们充分分析刑事错案原因的问题提供了研究空间。而后续的检察机关起诉审查的证据标准能否对刑事案件起到过滤的分流作用？尽管我国《刑事诉讼法》对定罪的证据标准是"案件事实清楚、证据确实充分"，为什么法院在审判的过程中仍然会采用疑罪从轻或疑罪从有等判决方式？既然我们无法根除刑事错案的发生，那么我们依然能够在了解和掌握导致刑事错案发生的基本规律之上，尽最大的努力阻断这些致错原因与刑事错案的必然联系，达到及时有效地对刑事错案进行预防的研究目的。

3. 比较问题

事物之间只有比较才能够使其视野开阔，更能认识和把握事物的共性和其本质特点，这样才能更加客观、科学地面对事物之间的异同。刑事错案挥之不去、禁而不绝的痛，古今中外，概莫能外。虽然我国的刑事司法制度不管是与大陆法系的法国、德国、日本还是与英美法系的美国、英国、加拿大等国家在刑事诉讼的理念、刑事诉讼的程序或制度等方面还存在一定的差异，但是司法公正、司法民主、保障人权却是世界各国对法治建设共同所期待和追求的目标。由于我国对刑事错案的预防研究起步还有点晚，而域外各国有关预防刑事错案的成熟做法和经验恰恰能够被我们国家所学习和借鉴。例如，在大陆法系国家中，法国的自由与羁押法官模式、审前程序的控辩公开性原则；德国刑事诉讼中的协商制度、参与式的侦查模式、证据的禁止司法制度；日本的单向可视化讯问监督改革、检察审查会制度以及参审制的审判模式。在英美法系中，美国的定罪和量刑分离的审判制度、刑事诉讼规则的宪法化改革、制定《联邦证据规则》以及各州的死刑研究委员会和无辜者运动等；英国的刑事案件审查委员会以及《刑事上诉法》《警察与刑事证据法》《刑事诉讼与侦查法》《刑事审判法》等刑事立法方面的改革和完善；加拿大在 2002 年的《预防错案工作组的调查报告》和 2004 年的《预防错案报告》中对错误的证人证言、被告人虚假供述、检控方的确证偏见、告密者的虚假告密等预防提供了客观的对策措施。因此，在研究如何构建我国特色的刑事错案预防体系方面，的确能够学习和借鉴这些域外国家成功的做法和经验。如其中值得我们学习和借鉴的有由被动预防向主动预防转变、加快刑事立法方的完善、提高 DNA 科学技术的应用以及拓宽预防模式的多元化渠道等。

4. 解决问题

通过前期对导致我国刑事错案发生的原因进行归纳和统计，认为导致刑事错案不断发生的主要原因包括三个方面：司法观念方面的原因、刑事诉讼方面的原因以及运行机制方面的原因。在学习和借鉴域外部分大陆法系国家和英美法系国家在预防刑事错案比较成熟的做法和经验基础之上，提出构建我国对刑事错案进行预防的特色体系。主要包括以下几个方面具有针对性的预防建议：首先，树立科学的司法观念。即在刑事诉讼的过程中树立尊重和保障人权、全面贯彻无罪推定基本原则、实体公正与程序公正并重、坚持疑罪从无规则。其次，刑事诉讼运行过程的完善。主要包括严禁刑讯逼供非法取证行为、严格执行批捕起诉审查的标准、确保独立行使审判权、保障刑事辩护充分发挥作用、完善和落实非法证据排除规则、强化侦查监督。最后，运行机制方面的完善。即摒弃"限期破案"不科学机制、制定合理的绩效考核机制、拓展预防机制的多元化渠道。而这些对我国刑事错案的预防具有参考价值的改革和完善的建议，期待能够达到预防刑事错案发生的预期目标。

（二）研究方法

刑事错案的预防问题研究涉及的知识面比较广泛，以便研究尽可能地达到全面性、客观性、可行性。

1. 文献分析法

"学术的研究是一个许多人之间松散的集体努力"，因而学术的研究就必然地离不开对参考文献的分析和应用。文献分析法的主要作用有两个方面：第一，能够使人及时有效地收集、查阅对研究具有参考价值的重要资料；第二，能够快速全面地了解和掌握有关领域研究的热点、难点等基础理论。所以，采取文献分析的研究方法，收集和查阅具有参考研究价值的国内外有关刑事错案预防的科研学术成果，并且将参考的学术科研成果作为研究刑事错案预防问题的重要理论支持，以便能够拓展对刑事错案预防问题研究的广度和深度，取别人长处，弥补自己可能的不足和局限。

2. 案例分析法

刑事错案在国内外基本没有具体详细的官方统计数据，本文研究有关刑事错案方面的资料数据主要来源于被司法机关公布或者被网络媒体所曝光的具体案例。因此，将案例分析法也作为研究刑事错案预防问题的一个主要方法。一方面，由于刑事错案具有事后性的特点，为了寻找造成其出现的各种各样的原因，只有通过对已经公布或曝光的具体个案进行分析和统计，归纳出诱发其发生的主要原因，为刑事错案的再次发生提前做好预防的必要性措施和保障；另一方面，只有通过对刑事错案的具体案例进行个案分析，才能揭露现行刑事诉讼程序、证据规则、辩护制度、司法鉴定等存在的缺陷和不足，为刑事司法改革提供及时的方向和动力。

3. 比较研究法

域外对刑事错案的预防研究已经有一定的理论性和系统性，很多的科研机构和社会组织都加入预防刑事错案的事业之中，使其刑事错案的预防问题在理论与实务方面均有比较成熟的科研成果和经验做法。而国内有关刑事错案预防方面的研究还存在一定的不足或者局限。所以，为了使对刑事错案的预防问题研究范围具有一定的深度和广度，将采取比较的研究方法，学习域外有关刑事错案预防方面的操作程序和制度保障，给我国刑事错案预防提供具有本土化价值的参考建议。

4. 实证研究法

实证研究法主要是认识客观现象，向研究者提供实在、有用、具体、准确知识数据的研究方法。本文在研究刑事错案如何发生的过程中，采用大量的实证研究方法，然后对其进行分析、总结、统计、归纳，揭示刑事错案不断发生的内在客观规律，为本文的研究不但提供丰富有效的量化数据支持，而且也为刑事错案预防对策的完善提供客观的论证支持。

5. 多学科交叉研究法

为了拓展刑事错案预防问题研究的理论和视角，防止在研究的过程中受到固有法律思维知识定式的局限，本文在研究刑事错案预防问题的过程中，将会采用侦查学、刑事诉讼法学、刑法学、犯罪学、经济学、组织行为学、心理学、社会学等多学科的交叉研究方法，促使研究的理论基础和论证的论据能够具有科学性和创新性。

四、研究创新与不足

（一）研究创新

1. 逻辑起点的创新

对刑事错案的研究，首要任务应该是对刑事错案的概念进行定性，究竟什么才是所谓的刑事错案。从国内众多学者对刑事错案的研究来看，对刑事错案概念的定性也是各抒己见。有从宪法角度对刑事错案概念进行研究，也有从法社会学的角度对刑事错案概念进行分析，还有从刑法学、侦查学、认识论等各个专业领域对刑事错案的概念进行定位。分析各学者对刑事错案概念的研究现状，发现其主要是从各学者的研究领域或熟悉的范围对刑事错案的概念进行探讨。我们认为，要解决刑事错案的逻辑起点即刑事错案的概念，最重要的是研究清楚刑事错案中有关"案"和"错"的内涵。从我国有关的司法解释或规范性文件而言，此处的"案"应该是指被法院统一判决的案件，而"错"应该是指经法院审判发现原判决对案件的事实认定或法律的适用存在确有错误的。因此，我们认为，刑事错案应该是指人民法院经过对刑事案件的审判，由于事实认定错误或适用法律错误，最终做出的生效判决发生错误的案件。本文对刑事错案逻辑起点即刑事错案概念是在分析和结合国内众多学者的观点基础之上，结合我国实务方面对具体刑事错案的认定标准以及最高人民法院等部门的司法解释，对刑事错案的概念进行重新定义。

2. 数据论证的创新

在对刑事错案研究的过程中，具有数据论证方面的创新。尤其是在论述刑事错案有关的观点时能够及时地采用数据给予论证和支持，促使论文更加具有实证角度的说服力。例如，在论证对刑事错案纠错的困难性时，鉴于可能引起国家赔偿的问题，采用具体详细的数据对其进行论证。如谢洪武被赔偿 63.9 万元、佘祥林被赔偿 68.29 万元、滕兴善被赔偿 66.67 万元、张高平和张辉分别被赔偿 110.57 万元、呼格吉勒图被赔偿 205.96 万元。在说明刑事错案中无辜者被超期羁押严重的时候，也用数据进行论证。如张亮新被超期羁押 2236 天、孙万刚被超期羁押 2961 天、胥敬祥被超期羁押 4732 天等。在对刑事错案一般被发现的时间较长的观点阐述的过程中，也采用数据论证。如陈满被纠错耗时 16 年、蔡金森等四人被纠错耗时为 16 年、呼格吉勒图被纠错耗时 18 年、于英生被纠错耗时 12 年。同时，对域外国家对刑事错案的研究方面也采用数据进行论证。如通过对美国萨缪尔·格罗斯、马文·扎尔曼等学者对刑事错案研究的成果，本文通过对其研究采用数据的统计和分类，指出在美国 1989 年到 2003 年间，存在 340 多个涉及无辜者的刑事错案，美国大概有 68% 的死刑案件被推翻，被告人被宣告无罪释放。为了能够对美国等国家刑事错案现状进行全面的分析，采用数据论证的方式对刑事错案在其国内的具体分布给予论证说明。如对美国的西北地区、中部地区以及东部地区等无辜者用数据论证其分布的特点。没有调查就没有发言权，而数据就是最有说服力的证据。因此，在对国内外有关刑事错案进行研究的过程中，论文采用数据论证的研究范式，这也是本文的一个重要创新点。

3. 系统论证的创新

分析国内众多学者对刑事错案的科研成果，发现其在研究的过程中存在一个主要的问题，就是研究的视角比较的狭窄。如有的学者是从宪法的基本权利对刑事错案进行研究；也有的学者从刑事诉讼过程中的某一点展开，如非法证据排除规则；还有的学者从单一的领域内研究，如证据、证人证言、侦查行为。或者仅从刑事错案的某一点进行，具体如从刑事错案的内涵概念、分类等。可见，学者们在研究刑事错案的过程中，要么主要地集中于对刑事错案的基础理论进行研究，如概念、特点、分类等；要么就是从我国刑事诉讼运行程序中的某一阶段进行研究，如侦查环节的刑事错案、检察环节中的刑事错案、审判环节中的刑事错案等。其研究论证具有一定的局限性。因此，在本文对刑事错案进行研究的过程中，就创新地对刑事错案进行系统的理论和实践两方面展开研究，一方面，本文在研究的过程中，不仅仅是采用一个或数个实证方面的案例进行论证，而是收集了近200多个近年来被公布或曝光的刑事错案案例，在精益求精的基础之上选取了100多个具有典型代表的具体案例，力求每一个观点都不仅有数据的支撑，而且还有具体案例来论证说明。另一方面，本文在对刑事错案的研究过程中，并没有局限于仅仅对刑事错案的某一方面进行研究，更是从刑事错案的本体论（如概念、类型、分类、现状以及危害）、刑事错案发生的原因、域外刑事错案的比较研究以及刑事错案预防的对策等多个方面，宏观、全面地对刑事错案展开研究，把刑事错案的基础理论、刑事错案发生的原因、刑事错案的预防视为一个整体密不可分的系统进行研究，以实现对刑事错案在系统论证研究方面的创新。

4. 域外比较研究的创新

虽然我国已有部分学者在对我国刑事错案研究的同时还对域外有关国家的刑事错案进行了研究，但是这些研究还是存在一定的不足或局限性。第一，在研究视角方面还是仍然以个案分析为主；第二，研究的主要侧重点在于刑事错案发生的原因，而对有关的预防对策涉及得不多；第三，对域外刑事错案的研究与各国的刑事司法改革联系得并不紧密。因此，在对域外有关国家的刑事错案研究突破了这些局限性，有一定的创新。首先，研究视角突破个案分析角度。如在对法国的刑事错案进行研究时，就以德莱弗斯案、拉隆希尔案、德塞耶案、普采纳案、多米尼西案等系列的刑事错案为研究的实证范围。其次，本文在对域外刑事错案研究的过程中，并没有侧重于致错的原因研究，而是采取致错的原因与对刑事错案的预防对策并重的研究途径。例如，在对法国刑事错案发生的原因进行剖析的时候，还指出法国预防刑事错案的对策如对拘留制度的不断完善、构建自由与羁押的法官模式、增加审前辩论程序的公开性等；在德国的预防措施中，也指出如建立刑事协商制度、参与式侦查模式的改革、确立证据禁止的司法制度等。再次，在对域外刑事错案比较研究的过程中，不仅对其刑事错案的发生原因和预防措施进行研究，而且还密切地与各国在刑事立法方面的改革相结合。例如，不仅研究了法国的《刑事诉讼法典》、德国的《刑事诉讼法》、日本的《审讯适正化指导方针》，而且还研究了美国的《联邦证据规则》、英国的《刑事上诉法》《杀人罪法》《警察与刑事证据法》《刑事诉讼与侦查法》《刑事审判法》等。最后，在对域外刑事错案比较研究的基础之上还更进一步创新地提出了对我国预防刑事错案的借鉴和启示，即被动预防向主动预防转变、提高 DNA 科学技术的应用等具体的预防措施。

5. 预防对策的创新

就对刑事错案的预防对策而言，大部分的学者主要从刑事诉讼的某一制度或刑事诉讼程序中的某一环节进行论证然后提出具体的预防对策，如侦查阶段对刑事错案的预防、检察机关对刑事错案预防等，具有一定的阶段性，主要是从我国刑事诉讼过程中的侦查机关、检察机关、审判机关等刑事司法机关及其刑事司法人员在其各自内部对刑事错案进行的预防，缺乏一定的全面性。而本文提出的刑事错案的预防对策有一定的创新，本文在研究刑事错案的致错原因和对域外刑事错案比较研究借鉴的综合基础上，创新地提出了全面的对刑事错案的预防对策。不仅提出对刑事错案预防宏观的科学司法观念，而且还对刑事诉讼运行中的程序或制度也指出具体的预防措施，还对刑事诉讼过程中的外在因素如破案机制、绩效考核机制、舆论监督机制等进行多方面的预防。全面创新地预防或减少刑事错案的发生，保障无辜者的合法权益不受非法侵害，努力让每一起案件都能够得到公正公平的处理。

（二）研究不足

在论文有关的研究和论证的过程中，虽然自己竭尽全力地运用所学专业理论知识对刑事错案的预防问题进行全面认真的分析和研判，但是还是存在部分的不足之处，有待进一步改进和完善。

1. 理论知识的制约

在收集、分析、研究参考文献的过程中，才逐渐深知研究刑事错案的预防问题需要广而深的理论知识功底。一方面，在刑事错案预防的理论层面上，不但需要侦查学、刑事诉讼法学、刑法学、犯罪学、犯罪对策学、监狱学、犯罪心理学等学科的知识，而且还需要部分的经济学、统计学、管理学、组织行为学、社会学等其他学科的知识；另一方面，在解读刑事错案发生的原因和规律时，不仅涉及侦查机关、检察机关、审判机关等国家的刑事司法机关，而且还涉及部分的党委、政府、人大、信访、新闻媒体等机关和单位，这就要求需要了解和掌握政治学、新闻学、行政法学等专业的知识和理论基础。所以，受到自身专业理论知识层面的局限，本文的研究存在一定的制约。

2. 实践论证案例的局限

在论证的过程中采用个案分析法和实证研究法，尽量使研究的内容能够达到全面性、客观性的效果要求。但是分析和论证的过程中，仍然存在一定的不足。第一，虽然在研究刑事错案预防的问题时，参考和借鉴了较多的学术科研成果和引用了大量的具体刑事错案方面的案例，但是在这些已经被公布或报道的刑事错案案例的背后，还是必然地存在部分刑事错案没有被揭露或者遗漏，致使实证数据统计出来的数据仍然存在一定不全面。第二，在文献资料收集和选择的时候，发现部分刑事错案方面的案例较为全面、详细，而部分刑事错案方面的案例只能够获取到大概的基本内容。毕竟，受到现实条件的限制，没有办法获取全面而详细完整的原始材料。因此，在有关刑事错案案例的获取、选择、研判等方面也存在一定的局限性。

3. 研究视角的局限

对国内外有关刑事错案预防对策在理论与实践方面的参阅和比较，发现对刑事错案预防的措施不仅从宏观、中观、微观进行改革完善，而且其研究采用的理论视角方法也是百花齐放、各抒己见。例如，有从社会方面预防、刑事政策方面预防、司法方面预防、心理方面预防等各种各样的研究视角，不但使自己的研究理论视角有了拓展，而且也迫使自己感到面对刑事错案预防需要社会性、工程性、复杂性、系统性的"工程"建设。而本文拟从刑事诉讼的视角展开分析和研究，使预防的完善对策也表现出一定的不完整性。

第一章　刑事错案概述

美国的法哲学家约翰·罗尔斯在《正义论》中说："如果法律被仔细地遵循，过程被公正地引导，还是有可能达到错误的结果。一个无罪的人可能被判处有罪，一个有罪的人却可能逍遥法外。"即使在司法制度比较健全和发达的西方国家，其刑事错案的发生也是无法完全避免的。而刑事错案的发生，轻则致使无辜者名誉扫地、妻离子散、家庭破碎、工作丢失，重则导致无辜者失去人身自由，被法院判处有期徒刑或者无期徒刑而蒙冤入狱，甚至还被法院判处死刑而执行，造成无辜者失去生命的无法挽回和补救的局面。如聂树斌案、呼格吉勒图案虽然被依法纠正，最终宣告无罪，但是两个在错案中的无辜者已经被判处死刑而执行成了既定的事实，其宝贵的生命无法复活。[①] 因此，系列刑事错案被公布、曝光和对无辜者造成的痛苦和悲剧，不但使网络媒体对刑事错案的关注越来越高，而且还使越来越多的社会公众意识到刑事错案给无辜者及其家庭带来了严重的危害后果。

党的十八大以来，习近平总书记就曾向全国的政法机关提出了明确的要求："要努力让人民群众在每一个司法案件中都感受到公平正义。"党的十八届四中全会也明确指出："公正是法治的生命线，司法公正对社会公正具有重要的引领作用，司法不公对社会公正具有致命的破坏作用。"正

---

① 陈永生．我国刑事误判问题透视——以 20 起震惊全国的刑事冤案为样本的分析 [J]．中国法学，2007（3）：45-61．

如英国的法学家弗朗西斯·培根所言："一次不公正的司法判决，比十次犯罪祸害尤烈，因为犯罪不过弄脏了水流，而不公正的司法判决败坏了水的源头。"显而易见，预防刑事错案的发生是对刑事司法在实际的运行过程中提出的最低的法律要求，这也是让人民群众能够在具体的个案中体现和实现司法公正的必然要求。而如何从刑事司法的源头预防刑事错案的再次发生，就必然地成为现阶段有关刑事司法改革和完善的重要目标。同时，也是我国实施依法治国的内在要求。所以，不管是依法治国的战略要求，还是人民群众对实现司法公正的法律期待，都越来越迫切地需要实务界和理论界对刑事错案的预防提出具有可行性的建议，从而实现司法公正，保障无辜者的合法权益不受非法侵害。

第一节　刑事错案的本体论

刑事错案并不是随着人类的出现而出现，而是伴随着人类的犯罪行为而萌芽滋生，它是一种在司法活动的过程中比较复杂且不可避免的社会现象。① 随着人类社会不断地发展和前进而步入文明社会之后，便出现了侵害人类社会利益方面的犯罪活动，而起到预防和打击这种犯罪行为作用的国家审判活动也便应运而生。显而易见，刑事错案也是国家刑事司法活动的一种必然的产品。但是，刑事错案并不是一个严格而专业的法律术语。② 到目前为止，刑事错案还没有形成一个统一、科学严谨的具体定义。

一、刑事错案的界定标准

概念是构成科学理论知识体系的基本单位，也是最基本的科学理论知

---

① 高美艳. 刑事案件中司法权之间的制约［J］. 中北大学学报（社会科学版），2015（2）：31-35.
② 王乐龙. 刑事诉讼谦抑理念与刑事错案的预防［J］. 山西高等学校社会科学学报，2009（3）：83-87.

识。① 在研究刑事司法理论的过程中，能够科学界定研究对象的概念是论证成功的逻辑起点。目前，我国刑事方面的法律并没有对刑事错案的概念做出明确的规定，不管是刑事司法的实务界还是理论研究的法学界对刑事错案的概念基本是各抒己见。

(一) 刑事错案的理论界定

1. 刑事错案的否定说

持否定说的学者认为，在刑事诉讼的司法实践过程中，不可能出现刑事错案这种现象。由于法律事实、法律规则、刑事政策等的不确定性，就必然造成刑事判决并不存在唯一的正确判决。② 所以，否定说并不认同刑事错案这种模糊的提法。否定说又可细分为完全否定说和有限否定说。

持完全否定说的学者认为：在刑事司法的实践中，不可能出现所谓的刑事错案，只有可能出现违法的取证、违法的指控、违法的审判。完全否定说的观点，不但违背了刑事司法发展的历史规律和人类认识世界的客观规律，而且其研究的视角方法也是非常的狭窄和单一。对此，我们应该辩证唯物主义地看待，虽然在特定的历史时期内人们受到认识和改变世界能力的限制，从而迫使刑事错案不可避免地发生，但是，从唯物辩证的认识论而言，人们认识世界的能力是随着社会的发展而不断前进的。

持有限否定说的学者认为：刑事错案是一个模糊性、流动性的非科学的刑事司法概念，判断具体案件究竟是否属于刑事错案，仍然是难解之题。③ 如果一个案件在刑事司法程序运行时，仅仅在案情事实认定和法律适用方面出现了错误，并不能一概而论地统称为刑事错案。而只有在同时符合两种条件时，才能够视其为刑事错案。第一，法律得不到尊重；第二，司法人员存在徇私枉法、违法犯罪的现象。

---

① 董淑君. 刑事错判研究 [M]. 北京：中国政法大学出版社，2016：1.
② 李建明. 刑事司法错误——以刑事错案为中心的研究 [M]. 北京：人民出版社，2013：54.
③ 孙应征，杨家辉，陈岚，等. 刑事错案防范与纠正机制研究 [M]. 北京：中国检察出版社，2016：20.

　　2. 刑事错案的主观说

　　刑事错案的主观说即在刑事诉讼的实践中,鉴于刑事司法人员故意或过失地违反实体法或程序法,而造成案件出现事实认定错误或者法律适用错误。① 也有学者认为,虽然案件的最后处理结果与客观事实相符合,但如果在主观方面刑事司法人员存在故意或过失的心态,那么该案件仍然属于刑事错案。② 根据刑事司法人员在主观方面的不同心态,还可以把刑事错案分为故意型的刑事错案和过失型的刑事错案。③

　　主观说主要把对刑事错案的预防从"结果的关注转移到对过程行为的监控"④ 方面,通过对刑事诉讼中司法人员在办案时合理性和合法性的态度进行强调,作为判断是否存在刑事错案的主观过程标准。⑤ 从刑事诉讼的程序角度来保证刑事司法的实体质量公正,重视程序对结果的重要制约作用。⑥ 从保障实现刑事诉讼程序的正义而言,对司法人员改变传统的"重实体、轻程序"的司法观念具有重要的参考和借鉴价值。

　　3. 刑事错案的客观说

　　刑事错案的客观说即刑事案件最后的处理与客观事实存在不相符合的结果。每一起刑事案件不管是事实认定还是法律适用都只有唯一正确的结果,刑事司法人员应该及时地收集证据,查清该案件的基本事实情况,而且还要做出与客观事实相符合的唯一处理结果。⑦ 刑事错案的客观说又可具体地划分为诉讼结果说和国家赔偿说。

　　诉讼结果说认为,案件的最后处理结果是判断是否为刑事错案的主要根据。譬如,有学者认为,"刑事错案是指在刑事诉讼的司法程序中,刑

---

① 唐亚南. 刑事错案产生的原因及防范对策——以81起刑事错案为样本的实证分析 [M].
　　北京:知识产权出版社,2016:12.
② 王乐龙. 刑事错案概念再分析 [J]. 法治论丛 (上海政法学院学报),2009 (2):27.
③ 薛亚龙. 侦查错误的基本问题研究 [M]. 长春:吉林大学出版社,2014:15.
④ 孙应征,杨家辉,陈岚,等. 刑事错案防范与纠正机制研究 [M]. 北京:中国检察出版
　　社,2016:23.
⑤ 何家弘. 三人堂与群言录 [M]. 北京:中国政法大学出版社,2006:438.
⑥ 苗生明. 错案的界定与防范 [J]. 中外法学,2015 (3):570.
⑦ 张丽云. 刑事错案与七种证据 [M]. 北京:中国法制出版社,2009:5.

事司法人员由于违反实体法或程序法的规定，造成案件存在事实认定错误或法律适用错误的结果"。① 虽然，诉讼结果说理论在判断是否是刑事错案方面较为容易，但在具体的刑事司法实践的过程中缺乏一定的操作性、合理性。司法人员在查证案件时，是一种间接性逆向思维的论证过程。无法通过直接地完全了解案件发生的客观事实情况，而只有尽最大努力在有限证据的指引下去靠近或接近案件的基本事实。所以，司法人员并不能保证在现有证据的情况下所认识的案件事实与客观真实的案件事实达到完全的一致性。

国家赔偿说主张，应该把案件的处理结果是否需要引起国家赔偿作为判断案件是否为刑事错案的界定标准。从法逻辑学角度而言，刑事错案是引起国家赔偿的充分条件，但国家赔偿并不是刑事错案的必要条件。② 如2012年修订的《国家赔偿法》中规定，"违法使用武器、警械造成公民身体伤害或者死亡的，受害人有取得赔偿的权利""违法拘留或者违法采取限制公民人身自由的行政强制措施""对公民采取逮捕措施后，决定撤销案件、不起诉或者判决宣告无罪终止追究刑事责任的"等。诚然，刑事错案并不是都要进行国家赔偿，而国家赔偿的范围也并不局限于刑事错案。因此，刑事错案和国家赔偿之间并非等同关系，而应该属于交叉关系的范畴。③

4. 刑事错案的主客观统一说

刑事错案的主客观统一说主要是指在刑事诉讼的实践中，由于案件的事实认定和法律适用存在错误，而该案件中的错误又进一步地导致出现了错案责任追究或国家赔偿的结果。该学说观点主张，在判断案件是否属于刑事错案时应该把主观标准和客观标准两者统一。如有学者提出：由于刑事司法人员在主观方面存在故意或过失的心态原因，造成案件出现事实认

---

① 张柏峰. 中国的司法制度 [M]. 北京：法律出版社，2002：223.
② 吴四江. 刑事错案责任追究制度 [J]. 长安大学学报（社会科学版），2008（1）：98-102.
③ 刘志远. 刑事错案与刑事赔偿 [J]. 人民检察，2006（18）：17-18.

定错误或法律适用错误的结果。① 可见，刑事错案的主客观统一学说理论，一方面在主观方面能够考察司法人员在办案的过程中是否存在故意或过失的心理态度；另一方面在客观方面能够判断是否造成了对案件事实认定或法律适用出现了错误的结果。②

5. 刑事错案的三重标准说

有学者认为，由于刑事案件中的证据在不同的刑事诉讼程序中具有不同的证明标准，且具有层次性的递进特点。因此，刑事错案应该从纠正、赔偿以及责任追究三个方面进行界定。③ 具体而言，刑事错案的纠正以启动再审为界定标准；刑事错案的赔偿以国家做出赔偿为界定标准；刑事错案的追究以司法人员违反程序法或实体法为界定标准。

6. 刑事错案的语境标准说

支持刑事错案语境标准说的学者认为，如果对刑事错案的界定标准仅仅通过几个词语或者几句话就可以进行系统、科学的定位，那么这是不可取或不现实的。所以，就没有必要纠结对刑事错案的界定标准进行循环讨论，而应该具体问题具体分析即刑事错案在不同的语境之中归纳定位其不同的界定标准。例如，应然与实然的语境界定标准，刑事错案的应然标准是指案件是否存在事实认定错误和法律适用错误；刑事错案的实然标准是指案件是否符合刑事诉讼程序中有关立案、拘留、逮捕、侦查终结、起诉以及审判等具体的法律条件。④ 从刑事诉讼程序的具体环节语境角度，刑事错案可分为立案阶段的刑事错案、侦查阶段的刑事错案、起诉阶段的刑事错案、审判阶段的刑事错案。从是否能够补救的角度而言，刑事错案可分为可补救的刑事错案和不可补救的刑事错案。从刑事错案发生行为方式语境而言，刑事错案可分为作为性界定标准的刑事错案和不作为性界定标准的刑事错案。⑤

① 尹吉. 也谈刑事错案 [J]. 人民检察, 2006 (18): 11-12.

② 王乐龙. 刑事错案: 症结与对策 [M]. 北京: 中国人民公安大学出版社, 2011: 26.

③ 陈学权. 刑事错案的三重标准 [J]. 法学杂志, 2005 (4): 31-34.

④ 刘品新. 刑事错案的原因与对策 [M]. 北京: 中国法制出版社, 2009: 11.

⑤ 张丽云. 刑事错案与七种证据 [M]. 北京: 中国法制出版社, 2009: 9-10.

（二）刑事错案的实务界定

通过查找和分析有关刑事错案方面的法律法规以及地方性的条例等，发现最高人民法院等部门都通过制定各种各样的规范性文件来预防或减少刑事错案的发生，力争从刑事司法的源头遏制、防控刑事错案的出现。而各地的地方性有关规定、条例、办法也与时俱进，但是不同的部门、不同的区域对有关刑事错案的具体界定也是不尽相同。

1996年，陕西省人大常委会在《陕西省各级人民法院、人民检察院、公安机关错案责任追究条例》的第二条规定："本条例所称的错案，是指人民法院、人民检察院和公安机关办结的案件，认定事实错误或适用法律错误或违反法定程序影响案件正确处理，依法应当纠正的案件。"以及第三条规定："本省各级人民法院、人民检察院和公安机关工作人员出于故意造成错案或过失导致错案并有损害后果的，依照本条例追究责任。"

1997年，海南省人大常委会在《海南省各级人民法院、人民检察院、公安机关错案责任追究条例》的第二条规定："本条例所称的错案，是指本省各级人民法院、人民检察院、公安机关及其办案人员办理的案件，认定事实、适用法律法规错误或者违反法定程序而造成裁判、裁决、决定、处理错误的案件。"

1997年，内蒙古自治区人大常委会在《内蒙古自治区各级人民法院、人民检察院、公安机关错案责任追究条例》的第二条规定："本条例所称的错案，是指本省各级人民法院、人民检察院、公安机关及其办案人员办理的案件，认定事实、适用法律法规错误或者违反法定程序而造成裁判、裁决、决定、处理错误的案件。"

1997年，江西省人大常委会在《江西省司法机关错案责任追究条例》的第三条规定："本条例所称错案，是指司法机关办结的，认定事实错误，或者适用法律错误，或者违反法定程序的案件。"

1998年，最高人民法院在《法院审判人员违法审判责任追究办法（试行）》的第二条规定："人民法院审判人员在审判、执行工作中，故意违反与审判工作有关的法律、法规，或者因过失违反与审判工作有关的法律、法规造成严重后果的，应当承担违法审判责任。"以及第三条规定："违法审判责任，应当依据违法事实、行为人的法定职责、主观过错以及违法行为所产生的后果确定。"

1998年，最高人民法院在《法院审判纪律处分办法（试行）》的第一条规定："审判人员违反与审判工作有关的法律、法规、规章制度，影响审判工作的正常进行，或者侵犯诉讼参与人或其他人员的合法权益的行为，均应当严格依照本办法处理。"

1998年，最高人民检察院在《人民检察院错案责任追究条例（试行）》的第二条规定："本条例所称错案是指检察官在行使职权、办理案件中故意或者重大过失造成认定事实或者适用法律确有错误的案件，或者在办理案件中违反法定诉讼程序而造成处理错误的案件。"以及第六条规定："徇私枉法、徇情枉法，对明知是无罪的人而使他受追诉、对明知是有罪的人而故意包庇不使他受追诉，制造错案的，应当依法追究责任。"

2007年，最高人民检察院在《检察人员执法过错责任追究条例》的第二条规定："本条例所称执法过错，是指检察人员在执法办案活动中故意违反法律和有关规定，或者工作严重不负责任，导致案件实体错误、程序违法以及其他严重后果或者恶劣影响的行为。"

2007年，重庆市高级人民法院在《差、错案件评查及责任追究暂行办法》中对错案规定了具体的认定标准，包括：①应当受理的案件不予受理；②定案的主要证据未经质证、认证而采纳；③无故超过案件审理期限，导致被告人超期羁押的；④应该公开审理的案件未公开审理，不应该公开审理的案件公开审理的；⑤审判中未执行回避、辩护、质证等法定原则和制度，严重侵害、剥夺诉讼参与人权利的；⑥违法采取诉讼强制措施的；⑦对案件的主要事实明显认定错误的；⑧认定案件主要事实的证据明显不充分的；⑨案件法律性质或法律关系明显认定错误或案件举证责任分配明显不当，导致裁判结果错误的；⑩对被告人量刑违反法定幅度或对明显不符合缓刑条件的被告人适用缓刑的；⑪对明显不符合法定减刑、假释条件的犯罪人予以减刑、假释的等 19 个方面被认定为错案的情形。

2012 年，河南省高级人民法院在《错案责任终身追究办法（试行）》的第三条规定："本办法所称的错案一般是指人民法院工作人员在办案过程中故意违反与审判执行工作有关的法律法规致使裁判、执行结果错误，或者因重大过失违反与审判执行工作有关的法律法规致使裁判、执行结果错误，造成严重后果的案件。"

2013 年，中央政法委在《关于切实防止冤假错案的规定》的第十条规定："对确有冤错可能的控告和申诉，人民检察院、人民法院应当依法及时复查。经复查，认为，刑事判决、裁定确有错误的，依法提出（请）抗诉、再审。人民检察院对本院及下级院确有错误的刑事处理决定，依照法定程序及时纠正。"

2013 年，最高人民法院在《关于建立健全防范刑事冤假错案工作机制的意见》的第二十六条规定："对确有冤错可能的控告和申诉，应当依法复查。原判决、裁定确有错误的，依法及时纠正。"

2014 年，内蒙古自治区政法委在《内蒙古自治区政法机关冤假错案责任追究办法（试行）》的第三条规定："执法司法工作人员在履行职责、办理案件中，应严格执法、公正执法，不得违反法律规定、法定程序办理案件，对所办案件质量终身负责。凡故意或过失违反法律、法规，致使案件认定事实、适用法律错误，造成冤假错案或严重后果的，应当承担相应的责任。"

2015 年，安徽省高级人民法院在《安徽省高级人民法院错案责任追究暂行办法》的第二条规定："本办法所称错案是指人民法院审判、执行人员在办案过程中，因故意违反法律法规，致使裁判、执行结果错误，或因重大过失导致裁判、执行结果错误，应当依法予以纠正并追究相关责任人法律和纪律责任的案件。"以及第三条规定："各级人民法院办理案件，未经本院审判委员会讨论发生的错案由本院审判委员会确认；中级和基层人民法院审判委员会讨论发生的错案，由上一级人民法院审判委员会确认；省高级人民法院审判委员会讨论发生的错案，由省高级人民法院错案责任追究工作领导小组确认。"

2016 年 1 月，公安部在《公安机关人民警察执法过错责任追究规定》的第二条规定："本规定所称执法过错是指公安机关人民警察在执法办案中，故意或者过失造成的认定事实错误、适用法律错误、违反法定程序、作出违法处理决定等执法错误。"

从以上中央政法委、最高人民法院、最高人民检察院、公安部以及各地的规范性规定、意见、办法、条例等来看，被追究责任角度刑事错案的规定范围占有大部分的比例。刑事错案的具体范围，不但包括不利于被告人的处理结果，而且还包括有利于被告人的处理结果。只要发生无罪者被判决为有罪的刑事错案，都需要对其给予国家赔偿。但是，国家赔偿并不是追究刑事错案中司法人员有关责任的充分条件，只有在司法人员办案的过程中存在故意或重大过失、严重违反刑事诉讼程序法律法规的行为时，才能追究司法人员在错案中的有关责任。否则，不予追究司法人员的错案责任。

(三) 刑事错案界定标准的构建

通过对诸多学者关于刑事错案标准界定的科研成果进行分析和研究，发现学者在研究刑事错案时把其内涵与界定标准给予同一而论。① 简而言之，就是在此文中是对界定标准的表达，而在彼文中却是对内涵概念的认定表述。② 我们认为，虽然，刑事错案的界定标准与刑事错案的概念认定存在密不可分的关系，但是这两者之间还是存在本质上的差异和区别。从法逻辑的论证角度分析，有关对刑事错案概念认定的各种学说论述方面似乎存在一个潜在性的逻辑错误前提，即刑事错案是没有必须经过国家法定的程序进行认定。然而，我们认为，一个案件只有同时满足两个条件才称其为刑事错案：第一，有确实充分的证据证明案件确有认定错误的存在；

---

① 常志强. 对刑事错案界定与判定的辨析 [J]. 湖南公安高等专科学校学报，2009（4）：44-47.

② 王永杰. 论冤案的概念 [J]. 法治论丛（上海政法学院学报），2008（6）：87-91.

第二，经过审判机关对案件进行法定程序的判定。毕竟，我国《宪法》第一百二十八条规定："中华人民共和国人民法院是国家的审判机关。"《刑事诉讼法》第十二条规定："未经人民法院依法判决，对任何人都不得确定有罪。"第五十五条规定："证据确实、充分，应当符合以下条件：（1）定罪量刑的事实都有证据证明；（2）据以定案的证据均经过法定程序查证属实；（3）综合全案证据，对所认定事实已排除合理怀疑。"《人民法院组织法》第二条规定："人民法院的任务是审判刑事案件和民事案件，并且通过审判活动，惩办一切犯罪分子，解决民事纠纷，以保卫无产阶级专政制度，维护社会主义法制和社会秩序，保护社会主义的全民所有的财产、劳动群众集体所有的财产，保护公民私人所有的合法财产，保护公民的人身权利、民主权利和其他权利，保障国家的社会主义革命和社会主义建设事业的顺利进行。"

综上考虑，我们采取狭义的界定标准即刑事错案是指人民法院经过对刑事案件的审判，由于事实认定错误或适用法律错误，而导致最终做出的生效判决发生错误的案件。因此，就刑事错案的内容而言，刑事错案包括对案件的事实认定错误和对案件的适用法律错误。① 就其结果而言，不仅包括有利于被告人利益的刑事错案，而且还包括不利于被告人利益的刑事错案。

由于我们研究的对象是主要无辜者即无罪被法院判决为有罪的不利于被告人的入罪刑事错案，至于有罪被法院判决为无罪的有利于被告人的出罪刑事错案并不是我们所研究对象范畴。更何况，从我们国家的刑事法律法规、刑事政策的角度而言，出罪即有罪者被法院判决为无罪的有利于被告人的错放案件并不是严格意义上所谓的刑事错案。因为，《刑事诉讼法》第十二条规定："未经人民法院依法判决，对任何人都不得确定有罪。"第二百条第（三）款规定："证据不足，不能认定被告人有罪的，应当作出证据不足、指控的犯罪不能成立的无罪判决。"以及2013年中央政法委在

① 张宗亮. 我国刑事错案研究综述 [J]. 山东警察学院学报，2013（5）：20-28.

《关于切实防止冤假错案的规定》的第七条规定："严格执行法定的证据标准。只有被告人供述，没有其他证据的，不能认定被告人有罪和处以刑罚。对于定罪证据不足的案件，应当坚持疑罪从无原则，依法宣告被告人无罪，不能降格作出'留有余地'的判决。""对于定罪证据确实、充分，但影响量刑的证据存在疑点的案件，应当在量刑时作出有利于被告人的处理。"因此，除了审判人员徇私枉法而故意将有罪者判处无罪释放之外，其余大部分都是因为证明被告人有罪的证据不够确实充分，审判机关根据疑罪从无原则而做出有利于被告人的无罪判决，并非真正意义上所谓的刑事错案。

二、刑事错案的基本特征

分析和归纳事物的基本特征，是认识和掌握事物本质的必要条件。通过对各种各样的刑事错案进行分析和研究，并进行分类和归纳，总结出一般刑事错案所具有的基本特征。

（一）程序的违法性

刑事诉讼是国家为惩罚犯罪的刑罚权和保障人权的合法权益而实现的过程，尤其是刑罚权包含着以国家强制力为后盾而限制、剥夺犯罪嫌疑人、被告人的名誉权、自由权、财产权甚至是生命权。[1] 因此，国家立法机关制定刑事诉讼法，制约和规范在刑事诉讼过程中的司法机关和诉讼参与人。一方面，能够及时有效地惩罚犯罪，实现国家刑罚权的目的；另一方面，规范和限制行使刑事诉讼权力，防止犯罪嫌疑人、被告人的合法权益被非法侵犯，实现国家尊重和保障人权的法律目的。但是，在剖析众多刑事错案发生的原因时，不难发现司法机关在对案件进行事实认定或适用法律程序方面都存在不同程度上的程序违法特点，而经过对100多起刑事

---

[1] ［美］拉费弗. 刑事诉讼法［M］. 卞建林，沙丽金，等译. 北京：中国政法大学出版社，2003：2.

错案中存在的程序性违法的特点剖析，发现刑讯逼供和超期羁押两个方面占据了大部分，其中刑讯逼供占62%、超期羁押大约占80%。① 因此，在刑事错案中存在程序违法性的特点就主要从这两个方面进行论证。

1. 刑讯逼供非法取证

虽然刑讯逼供不会必然地导致刑事错案的发生，但几乎每起刑事错案的背后都或多或少地有刑讯逼供的影子，尤其是在无辜者被法院判决为死刑的刑事错案中尤为明显。② 虽然刑讯逼供不一定会导致刑事错案的发生，但是在刑事错案中往往会伴随着刑讯逼供等暴力取证的非法行为③，这就必然会造成犯罪嫌疑人的合法权益在刑事诉讼的过程中被无情地侵犯或践踏。

在河南的赵作海刑事错案中，当赵作海被侦查机关第二次刑事拘留后，从1999年5月9日到6月10日期间，赵作海在被审讯的时候，分别被铐在摩托车后轮、床腿、椅子等上，然而这种非法体罚的讯问行为一直连续33天。为了得到赵作海有罪供述的口供，原刑警大队的大队长罗明珠不但持枪恐吓赵作海，而且还指使李德领等人用手枪、木棍殴打赵作海。赵作海说"从抓走我那一天，就开始打""想睡觉的时候，他们就拳打脚踢"，还有"木棒敲头、催眠、头顶放鞭炮"，当时真的是"生不如死"。④ 赵作海的妻子赵晓起也说："他们用棍子打我，让我跪在砖头上，砖头上还有棍子。"⑤ 就连杜金慧的臀胯也被侦查人员用棍子殴打，迫使其长时间跪着，造成膝盖短时间内无法站起来。⑥ 赵作海说："打得我受不了了，我就认了，这些供词都是假的。他们这么说，我就重复一遍，如果说得不对，就开始打。"⑦ 赵作海就"自愿"连续不断地做了9次"有罪"供述。

---

① 唐亚南.刑事错案产生的原因及防范对策——以81起刑事错案为样本的实证分析［M］.北京：知识产权出版社，2016：111.
② 陈卫东.强化证据意识是避免错案的关键［J］.法学，2005（5）：84-85.
③ 樊崇义.证据学［M］.北京：法律出版社，2001：294.
④ 牛亚皓.冤枉赵作海的公安局副局长被起诉了［N］.成都商报，2010-07-14.
⑤ 石玉."杀人犯"赵作海妻子曾被羁押审讯月余［N］.南方都市报，2010-05-09.
⑥ 张寒.河南警方掘地三尺重查无名尸案［N］.新京报，2010-05-09.
⑦ 石玉.赵作海讲述被刑讯逼供的细节［N］.南方都市报，2010-05-12.

最后，商丘市中级人民法院也正是依据这 9 次"自愿""有罪"的供述而做出了有罪的判决。①

在云南的杜培武刑事错案中，原昆明市公安局刑侦支队副支队长宁兴华、政委秦伯联在讯问杜培武时，就采用了刑讯逼供的非法方法。他们指使侦查人员拳打脚踢杜培武，还禁止杜培武睡觉。还把杜培武铐在防盗门上，迫使杜培武双脚离地；甚至还罚跪、警棍电击、毛巾堵嘴，直至杜培武最后"承认"了全部的"犯罪事实"。②

在河北的李久明刑事错案中，2002 年 7 月 21 日，原唐山市刑警支队一大队的大队长聂晓东在审讯李久明的过程中，就用手摇电话机轮流地电击李久明。2002 年 8 月 26 日，侦查人员还对李久明进行抹芥末油、灌辣椒水、扇耳光、一次性灌 10 多瓶矿泉水的体罚。③

在安徽的代克明刑事错案中，代克明被拘留在亳州市看守所后，就遭到侦查人员连续讯问 20 个昼夜。在讯问期间，代克明被侦查人员坐老虎凳、脚踩戴手铐的手臂、拉背铐、禁止吃喝睡觉，还被扒光衣服、浇冷水、吹风扇，甚至还被逼得吃辣椒。④

虽然，刑讯逼供不一定会导致刑事错案的出现。但是，每起刑事错案的出现都会直接或间接地与刑讯逼供有着密切的关联。⑤ 毕竟，与侦查机关其他的侦查方法比较而言，刑讯逼供的方法不但投入成本比较小，而且从获取犯罪嫌疑人的口供角度来说，刑讯逼供的收益最快、最大。因此，就有部分侦查人员宁愿冒天下之大不韪也要"撬开犯罪嫌疑人的嘴巴"，导致刑事案件的真相往往走向相反的道路，造成无法挽回的悲剧。

2. 超期羁押现象严重

长期以来，超期羁押一直都是严重影响刑事诉讼司法公正的制约因

① 一剑. 此案几乎是五年前"佘祥林案"的翻版——赵作海冤案的前因后果 [J]. 检察风云，2010（12）：34-36.
② 殷红. 警察对警察的刑讯逼供 [N]. 中国青年报，2001-07-20.
③ 冬子. 唐山七民警涉嫌刑讯逼供被判有罪 [N]. 燕赵晚报，2005-05-26.
④ 怀若谷. 男子获死刑申诉 8 年无罪释放，曾被连审 20 个昼夜 [N]. 京华时报，2014-05-05.
⑤ 万毅. 底线正义论 [M]. 北京：中国人民公安大学出版社，2006：149.

素。特别是在刑事错案中，几乎每起刑事错案都伴随着超高的羁押期限（图 1-1）。刑事错案中的超期羁押，不但严重地侵害了无辜者合法的人身自由基本权利，而且还严重地损害了国家司法机关的权威和法律的尊严。

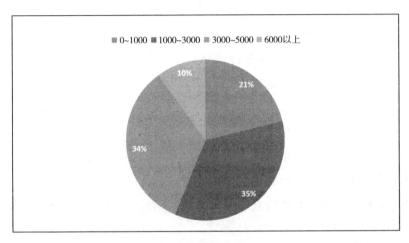

图 1-1　80 多起刑事错案中超期羁押分布统计（单位：天）①

　　姜自然案件中，1994 年 6 月，被判处死刑。1998 年 2 月，被宣告无罪。超期羁押长达 2335 天。

　　吴鹤声案件中，1993 年 7 月，被判处无期徒刑。1999 年 12 月，被宣告无罪。超期羁押长达 3174 天。

　　佘祥林案件中，1994 年 10 月，被判处死刑。2005 年 4 月，被宣告无罪。超期羁押长达 3995 天。

　　刘翠珍案件中，2004 年 4 月，被判处死缓。2009 年 12 月，被无罪释放。超期羁押长达 1494 天。

　　陈世江案件中，2001 年 3 月，被判处死缓。2006 年 4，被宣告无罪。超期羁押长达 2721 天。②

①　唐亚南. 刑事错案产生的原因及防范对策——以 81 起刑事错案为样本的实证分析［M］. 北京：知识产权出版社，2016：33-53.

②　唐亚南. 刑事错案产生的原因及防范对策——以 81 起刑事错案为样本的实证分析［M］. 北京：知识产权出版社，2016：33-53.

（二）证据的瑕疵性

神明裁判和主观断案的两种司法审判活动的证明方法随着人类社会的前进而被摒弃之后，便建立起来了具有司法公正的证据裁判原则。不仅要求司法机关在刑事诉讼的过程中对案件的事实认定要以获取的证据为证明依据，而且在刑事诉讼中对案件的认定要以证据为基础。① 而依据我国《刑事诉讼法》的规定，案件中的证据只有依法经过查证属实，才能够成为对案件进行认定的依据。因此，我国《刑事诉讼法》对证据在案件中对事实的认定和法律的适用也起到了认可和重视的作用，也进一步地体现了证据裁判原则在司法活动中的重要精神。然而，作为司法人员获取的证据由于具有不确定性的特点，也就致使证据对案件的事实认定具有一定的瑕疵性。对刑事错案的基本特点进行分析和归纳统计，发现证据存在的瑕疵性也是刑事错案表现的基本特点之一。

1. 徐计斌强奸案的血型鉴定瑕疵

1990 年 12 月 4 日，河北曲周县徐街村发生一起强奸案件，根据案件中的被害人和其家属的指认，徐计斌被侦查机关划定为重点犯罪嫌疑人。依据县公安局的法医对徐计斌的血型和强奸现场被褥所留的精斑进行鉴定，结果现场精斑和徐计斌的血型鉴定结果都是"B"型血，侦查机关便将徐计斌逮捕归案。1991 年 8 月，曲周县人民法院判处徐计斌强奸罪有期徒刑 8 年。1991 年 12 月，邯郸市中级人民法院做出裁定，驳回上诉，维持原判。1999 年，徐计斌服刑结束。2005 年 12 月 10 日，徐计斌的血型在一家医院被化验为 O 型。随后，徐计斌继续在县、市多家医院对其血型进行化验，结果均为 O 型。最后，徐计斌向邯郸市中级人民法院提出申诉，2006 年 7 月 28 日，徐计斌被曲周县人民法院判决无罪。②

---

① 何家弘，刘品新. 证据法学［M］. 北京：法律出版社，2004：79.
② 黄士元. 正义不会缺席：中国刑事错案的成因与纠正［M］. 北京：中国法制出版社，2015：180-181.

2. 裴树唐强奸案的被害人陈述瑕疵

1986 年 8 月 5 日，武威市文化馆的裴树唐给业余歌手刘慧芳（化名）在办公室辅导演唱技巧后，被赶来的刘慧芳未婚夫曹某撞见。曹某见裴树唐的办公室窗帘拉着，便与裴树唐发生争吵。8 月 30 日，裴树唐被侦查机关涉嫌强奸刘慧芳而逮捕。12 月 17 日，裴树唐被武威市中级人民法院以强奸罪判处有期徒刑 7 年。1987 年 3 月 21 日，武威市中级人民法院驳回上诉，维持原判。1993 年刑满释放后，裴树唐多次不断上访、申诉自己的冤屈，其间共递交了 3007 份"血状"。2000 年底，刘慧芳跪在裴树唐的面前，说文化馆的馆长、副馆长借当日曹某与裴树唐的争吵，数次逼迫她去诬告裴树唐强奸自己，并且答应事成后把他们双方安排到馆内工作。曹某也为了自己工作的利益，不断地逼迫自己去诬告，控告材料也是他们早就写好的。最后，刘慧芳陪同裴树唐一起到最高人民法院进行申诉，2011 年 1 月 27 日，裴树唐被武威市凉州区人民法院宣告无罪。①

3. 胥敬祥抢劫、盗窃案的物证瑕疵

1991 年初，在杨湖口乡发生几起涉嫌抢劫犯罪的刑事案件。犯罪嫌疑人都是蒙面抢劫，致使侦查机关的侦查陷入僵局。1992 年 3 月，一件绿色毛背心的出现促使案情出现了转机。村民卫国良发现，胥敬祥身穿的绿色毛背心可能是其妻妹梁秀阁被抢劫的物品之一。4 月 13 日，胥敬祥就被依法逮捕。1997 年 3 月，胥敬祥被法院以抢劫罪、盗窃罪判处有期徒刑 16 年。1997 年 11 月，河南省人民检察院认为：胥敬祥案件的关键性证据——绿毛背心，村民胥祖国可以证明该背心的确是胥敬祥在集市上买的，并不是梁秀阁被抢劫的物品，而胥敬祥在被讯问时的 10 多份讯问笔录也并不是胥敬祥本人亲笔签名。因此，胥敬祥案件中的关键性证据存在严重的瑕疵。直到 2005 年 3 月 13 日，鹿邑县人民检察院在省检察院的督办下，向胥敬祥宣布不起诉的决定书。②

---

① 董丽娜. "强奸犯"裴树唐的 24 年申冤路：3007 份"血状"［N］. 辽沈晚报，2010-7-28.

② 杜萌. 胥敬祥：冤狱 13 年有罪变无罪［N］. 法制日报，2005-06-21.

4. 陈世江故意杀人案的证据瑕疵

1998 年 12 月 2 日，徐美芝被杀。12 月 5 日，陈世江被侦查机关以涉嫌抢劫杀人罪而逮捕，后连续被检察机关以证据不足为由退回 6 次。侦查机关为了让陈世江案件中的证据达到检察机关所要求的"确实、充分"条件，便把当时尸检报告的发案时间从上午改到下午 5 点 30 分，随后又改为下午 6 点，这样便给陈世江的杀人留出了充足的作案时间。侦查机关不但修改了陈世江的"作案时间"，而且还伪造了陈世江在犯罪现场的遗留痕迹。由于陈世江的鞋子与案发现场所留的足迹不吻合，侦查人员就在看守所的地面上撒一层石膏粉，然后让陈世江分别在没有撒石膏粉的地面和撒了石膏粉的地面上踩，留下并拍照陈世江的"犯罪"证据。为了提高该证据的证明力度，还把石膏粉上面陈世江的足迹作为犯罪的检材，而没有石膏粉的陈世江足迹作为样本送去公安部进行司法鉴定。结果，公安部实验室做出的司法鉴定结论是：现场留有的检材足迹痕迹与陈世江所留的样本足迹相吻合。2001 年 3 月，法院判处陈世江死刑缓期两年执行。2005 年，山东省人大建议山东省高院对该案进行再审。2006 年 4 月 18 日，陈世江才被宣告无罪释放。[①]

5. 文崇军强奸案的证据瑕疵

文崇军的女学生陆某某，在数次给班主任文崇军写情书被拒绝后，1989 年 4 月 8 日，陆某某在其母亲的陪同下来到公安局报案，声称在 4 月 5 日晚上自己遭到文崇军的 5 次强奸。然而经过公安局的法医鉴定报告显示：陆某某的处女膜并没有破裂、外阴也没有充血，并且在陆某某的身上以及内裤上面也没有检测到精斑。经讯问，认为文崇军涉嫌强奸案的事实认定不清，证据不足，便释放了文崇军。1989 年 7 月 10 日，文崇军被抓送往灌阳县公安局看守所。虽然陆某某的陈述与法医物证报告及自身的陈述前后不一致，但是，灌阳县人民法院却以强奸罪判处文崇军有期徒刑 5 年。1993 年文崇军刑满释放后便开始了艰难的申诉之路。2005 年 12 月 1 日，广西壮族自治区高级人民法院再审文崇军强奸案件，决定撤销原判，

---

① 刘卓，齐崇淮.坚强母亲八年上访：我儿无罪枪下留人［N］.法制周报，2006-07-3.

文崇军被宣告无罪。①

(三) 纠错的困难性

刑事诉讼中司法人员主观认识的局限性和案件事实的客观不可逆转性，就决定了刑事错案在刑事诉讼的司法过程中是一种无法完全避免的现象。② 由于刑事错案是刑事诉讼司法活动结果的一种副产品，这就要求我们面对刑事错案只能及时有效地预防和纠正。国家必须设立法定的救济程序来达到既打击犯罪又保障人权的纠错目的。因此，各个国家的刑事诉讼法就专门设置了再审或上诉等程序，其目的就是依法纠正已经发生的刑事错案，从而保障在刑事错案中无辜者仍然有获救的司法权利。③ 我国《刑事诉讼法》还专门地设置了再审的具体程序，目的就是要实现国家对已经发生的刑事错案能够及时地进行依法纠错的司法价值。但是，经对近年来发生的数起刑事错案调查发现，我国刑事诉讼程序中的审判监督对刑事错案的依法纠正并没有达到法律所预期的司法效果。一言以蔽之，现阶段我国刑事错案被审判监督依法纠正还存在一定的制度化不足、纠错发现的偶然性、效率性较低等纠错困难性的基本特征。④

经过对刑事错案的归纳和统计，发现大部分的刑事错案从发生到被纠正都需要经过相当的时间。有学者对近十几年所发生的近 120 起刑事错案进行统计，统计出这近 120 起刑事错案纠错时间大概总共需要 810 年，即使平均起来每起刑事错案也需要近 7 年左右的时间。据统计：需要耗时 10年以上的占据 28%。⑤ 如佘祥林故意杀人案件被纠错耗时 6 年、赵作海故意杀人案件被纠错耗时 7 年，张氏叔侄强奸、故意杀人案件被纠错耗时 7

---

① 刘品新. 刑事错案的原因与对策 [M]. 北京：中国法制出版社，2009：263-264.
② 王恒认. 侦查行为诱发刑事错案原因分析 [J]. 江西警察学院学报，2013 (4)：42-46.
③ 金泽刚. 法官错判的原因与防治——基于 19 起刑事错案的样本分析 [J]. 法学评论，2015 (2)：139-151.
④ 申文宽，杨二奎，王尚飞. 刑事错案纠正的偶然性 [J]. 河南司法警官职业学院学报，2011 (4)：60-63.
⑤ 孙应征. 刑事错案防范与纠正机制研究 [M]. 北京：中国检察出版社，2016：61.

年，高如举、谢石勇强奸、故意杀人案被纠错耗时 8 年，王元松故意杀人案被纠错耗时 9 年，萧山命案被纠错耗时 15 年，黄家光故意杀人案被纠错耗时 13 年，钱仁凤故意杀人案被纠错耗时 13 年，陈满故意杀人案被纠错耗时 16 年，徐金龙等抢劫案被纠错耗时 16 年，杨明故意杀人案被纠错耗时 17 年，呼格吉勒图流氓、故意杀人案被纠错耗时 18 年，有的刑事错案甚至还需要花费 25 多年才能够被纠错如裴树唐案件，在这 25 年内，裴树唐不但锒铛入狱失去人身自由，而且还伴随着工作丢失、名誉扫地、家庭破碎、妻离子散的悲剧和痛苦。①

同时，大部分的刑事错案都需要经过数次的审判才能够得以被纠正。②如有学者在统计 108 起被法院判处有罪而后被纠正为无罪的刑事错案中：二审直接被改判无罪的占 2%；经过发回重审而被纠正的占 59%；再审改判被纠正的占 39%（图 1-2）。由此可见，我国的刑事错案被法院依法纠正的诉讼程序不但时间长，而且其投入的刑事诉讼成本也比较高。因此，刑事错案在实践的过程中被依法纠错的过程可谓是困难重重。

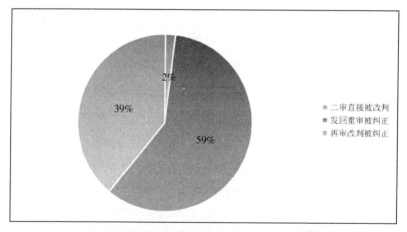

图 1-2　108 件刑事错案被纠正的情况统计③

①　陆思颖. 我国刑事错案纠错难的原因及其应对 [J]. 知识经济, 2016 (8)：31-33.
②　李永航. 刑事错案纠正难问题研究——基于 34 件刑事错案纠正历程的思考 [J]. 上海政法学院学报（法治论丛）, 2015 (3)：19-25.
③　孙应征. 刑事错案防范与纠正机制研究 [M]. 北京：中国检察出版社, 2016：61.

1. 刑事错案是刑事诉讼运行的结果

在刑事诉讼的过程中，司法机关往往忽略或没有引起足够重视各种各样诱发刑事错案发生的因素。对刑事案件在事实认定或法律适用方面或许还会受到刑事诉讼之外环境因素的影响和制约，如社会公众的民愤、网络的舆情导向、上级机关的压力等。但是，司法机关在办理案件时，有罪推定的思维导向还是占据了一定的主体地位。[①] 首先，侦查机关为了获取犯罪嫌疑人的有罪供述，不断地对犯罪嫌疑人进行连续的讯问，甚至还连续地对犯罪嫌疑人采取刑讯逼供等暴力非法的取证行为。如河南赵作海被逮捕后，就被侦查人员连续不断地刑讯逼供讯问了33天；安徽的代克明被侦查人员连续地刑讯逼供20个昼夜，对其采取了坐老虎凳、拉背铐、衣服扒光、浇冷水等刑讯逼供措施；湖北的佘祥林也被侦查人员刑讯逼供了10天10夜，包括殴打、不让睡觉、呛水。这些都致使犯罪嫌疑人在被讯问时实在无法忍受，便做了"自愿"的"有罪供述"。其次，公诉机关过于追求对犯罪嫌疑人的追诉效果，对侦查机关移送案件审查中的非法证据有时候还采取了默认的态度。[②] 如果属于侦查机关刑讯逼供等非法获取的证据，只要侦查机关经过补正或合理的说明，公诉机关基本按照合法证据使用。即便是被退回的"瑕疵证据"，公诉机关还会具体说明补充的方法措施。对于部分被公诉机关排除的非法证据，公诉人员还会提前与侦查机关协商、沟通，甚至还指示侦查机关重新收集和固定证据。公诉机关和侦查机关这样互相配合的做法看似符合《刑事诉讼法》的规定，其实《刑事诉讼法》等有关非法证据排除的规则则被这种"潜规则"给无情地架空了。[③]最后，法院在审判的时候对案件的处理结果，不仅会考虑公检法三机关的自身内部的关系，而且还会考虑社会公众、网络舆情等的影响，致使法院在对刑事案件做出判决时不能够以事实为根据、以法律为准绳，造成小错

---

① 陈海平. 死刑案件审判程序研究［D］. 重庆：西南政法大学，2010.

② 赵琳琳. 刑事冤案问题研究［D］. 北京：中国政法大学，2008.

③ 唐亚南. 刑事错案产生的原因及防范对策——以81起刑事错案为样本的实证分析［M］. 北京：知识产权出版社，2016：118.

积大错的后果。总而言之，刑事错案不但是在刑事诉讼的过程中侦查机关、公诉机关、审判机关三机关合力的结果，而且还有部分的刑事错案是党委政法委组织的"三长"会议的协调结果。① 因此，基于对刑事错案在刑事诉讼过程中形成的基本规律分析，期待司法机关在出现"确实、充分"的证据之前主动地发现并纠正对已生效案件在事实认定或法律适用中存在的错误基本上是困难重重。

2. 刑事错案会导致司法机关的国家赔偿

刑事错案的发现与被纠正，并不是一件简单的事。刑事错案的被纠正也就意味着伴随着国家赔偿的有关问题。② 依据我国《国家赔偿法》的具体规定，经过再审而改判为无罪的，做出原生效判决的人民法院为法定的负有赔偿义务的具体机关；二审被改判无罪以及二审被发回重审后做出无罪处理的，做出一审有罪判决的人民法院为法定的赔偿义务机关，而刑事错案的赔偿金对赔偿义务机关而言也的确是一笔不小的资金（表1-1）。

表1-1 部分刑事错案赔偿金额表③

序号	姓名	罪名	赔偿金额（单位：万元）	赔偿理由	赔偿时间
1	张亮新	故意杀人罪	18.7	错误羁押2236天	1999年
2	杜培武	故意杀人罪	9.11	错误羁押814天	2001年
3	谢洪武	无	63.9	错误羁押10348天	2003年
4	童立民	故意杀人罪	13.7	错误羁押2773天	2003年
5	孙万刚	强奸、故意杀人罪	16.6	错误羁押2961天	2004年
6	佘祥林	故意杀人罪	68.29	错误羁押4009天	2005年
7	滕兴善	故意杀人罪	66.67	已执行死刑	2006年
8	孟存明	强奸罪	24	错误羁押9年	2007年

① 李春刚. 刑事错案基本问题研究 [D]. 长春：吉林大学，2010.
② 姚建才. 错案责任追究与司法行为控制——以佘祥林"杀妻"案为中心的透视 [J]. 国家检察官学院学报，2005 (5)：28-36.
③ 孙应征. 刑事错案防范与纠正机制研究 [M]. 北京：中国检察出版社，2016：320-321.

续表

序号	姓名	罪名	赔偿金额（单位：万元）	赔偿理由	赔偿时间
9	胥敬祥	抢劫、盗窃罪	52.99	错误羁押4732天	2009年
10	王子发	抢劫罪	89	错误羁押3222天	2010年
11	赵作海	故意杀人罪	65	错误羁押4019天	2010年
12	黄立怡	票据诈骗罪	82	错误羁押4094天	2012年
13	王本余	强奸罪	150	错误羁押18年	2012年
14	赵艳锦	故意杀人罪	63	错误羁押3307天	2013年
15	于英生	故意杀人罪	100	错误羁押17年	2013年
16	张氏叔侄	强奸、故意杀人罪	110.57（分别）	错误羁押3596天	2013年
17	吴昌龙	爆炸罪	126	错误羁押12年	2014年
18	李桂银	故意杀人罪	72.3	错误羁押3143天	2014年
19	黄家光	故意杀人罪	160	错误羁押6149天	2014年
20	呼格吉勒图	流氓、故意杀人罪	205.96	已执行死刑	2014年

因此，当司法机关在纠正刑事错案时就必须要对有关国家赔偿金的问题给予考虑和计算。只有在面对真凶再现、亡者归来等确实、充分的证据时，司法机关才不得不承认原生效的判决中确实存在对案件的事实认定或法律适用的错误问题，此时司法机关将要面对的国家赔偿也在所难免。但是，在这些能够证明已生效的判决中确实存在的错误证据发现之前，大部分司法机关基本都是消极的、被动地去寻找或发现已经生效判据中的错误问题。① 毕竟，这样司法机关不但不会出现什么不良的法律结果，而且司法机关还可以进一步权威性地支持本判决，从而避免刑事错案的出现将会导致本机关所面临国家赔偿的问题。显而易见，对于已经生效的判决案件，司法机关基本不会主动积极地去证明原审案件的判决确实存在错误，除非新的证据出现能够证明原审判决确实存在错误。

---

① 吴天宝，杨伦华. 刑事错案的司法救济及其法律监督［J］. 中国检察官，2012（1）：26-27.

3. 刑事错案是追究司法责任的内在条件

1998 年 7 月，最高人民检察院发布了《人民检察院错案责任追究条例（试行）》；1998 年 8 月，最高人民法院发布了《人民法院审判人员违法审判责任追究办法（试行）》；2013 年，中央政法委出台《关于切实防止冤假错案的规定》；2016 年 1 月，公安部发布了《公安机关人民警察执法过错责任追究规定》。这就将侦查人员、公诉人员、审判人员有关刑事错案方面的责任追究作为一项正式的基本制度给确定了，而且还在全国范围内执行。

根据上述的条例、办法、规定，刑事错案的发现和被纠正，不仅具体承办案件的司法人员需要承担有关的司法责任，而且对该案件直接负责的部门负责人甚至对本案间接性负责的上一级司法部门的有关人员在特殊情况下也需要对刑事错案负有相应的司法责任。如依据《人民法院审判人员违法审判责任追究办法（试行）》的规定，不仅要对导致刑事错案发生的办案审判人员追究其法律责任，而且还需要对案件所属庭的庭长、审判委员会的委员直至法院的院长在某些具体的情况下也需要承担相应的法律责任。[①] 诚然，在对中央政法委、最高人民检察院、最高人民法院、公安部的有关刑事错案的责任追究制度的规范性文件进行解读后，虽然这些规范性文件对于促进司法人员提高办案水平、强化职业素质、实现司法公正等具有积极的司法意义。但是，纵观这些规范性文件对刑事错案追究责任的主体规定，其主体具有广泛性的鲜明特点。如果一起已经生效的判决被依法纠正确定为刑事错案，那么当时参与对该案件进行刑事诉讼司法活动的侦查人员、公诉人员、审判人员等都需要承担相应的错案责任。[②] 而且，在对刑事错案追究责任的实践过程中，还存在部分司法机关扭曲等不适当地对错案追究的责任进行扩大。只要发生刑事错案，不但需要追究刑事司

[①] 袁小刚. 刑事错案的成因及其对司法改革的启示 [J]. 河南警察学院学报，2012 (5)：91-95.

[②] 陈巧燕. 刑事错案的形成原因与防范对策——以审判环节为中心的分析 [J]. 中共福建省委党校学报，2010 (12)：35.

法人员的错案责任，而且还会对刑事司法人员案件质量考核责任、纪律处分等有关的责任进行追究。并且，随着刑事错案责任的追究，还会造成其级别、待遇、名誉等方面负面的不良影响。显而易见，《人民检察院错案责任追究条例（试行）》《人民法院审判人员违法审判责任追究办法（试行）》《关于切实防止冤假错案的规定》以及《公安机关人民警察执法过错责任追究规定》等的威慑作用和在实践中被扭曲、扩大的应用就像一把"达摩克利斯之剑"随时都有可能降临到侦查人员、公诉人员、审判人员的头顶之上，造成司法人员"谈错色变"，又岂敢主动地去碰触错案的这个"雷区"？例如，在河南的赵作海案件被依法纠错后，当时具体负责该案件的审判人员与复核的审判人员均被暂停司法职务并且还接受有关的法律调查。假设，在赵作海案件还没有被依法纠正之前，负责该案的司法人员能够有几人去积极主动地向司法机关证明确有错误的问题？司法人员自己就是承担由于造成刑事错案而被追究责任的具体对象。因此，一方面，具体负责本案办理的司法人员即使是发现案件确实存在错误也只会尽量地隐瞒或大事化小、小事化了等避免举报；另一方面，即使是其他的司法人员来对案件是否存在错误进行审查纠正时，如果案件被审查证明确实存在错误，那么不但会涉及追究自己同事责任的风险，而且还有可能致使刑事错案被追究责任主体范围被不断地扩大化，甚至还会追究自己领导的法律责任等。① 一言以蔽之，不论是否是本案承办的司法人员，在对生效的判决是否存在错误的证明审查问题上，大部分都是能避则避、能掩则掩。

三、刑事错案存在的类型

揭示和掌握事物的基本类型，是认识事物本质的必要环节。任何事物都会按照不同的分类标准而被划分为不同的基本类型，而作为刑事错案这一司法现象也不能避而远之。对刑事错案的存在进行基本类型的划分，不

---

① 自正法，张波.转型期刑事冤案的预防机制探讨［J］.云南警官学院学报，2014（5）：95-102.

但有利于司法人员正确地掌握刑事错案发生的基本规律和揭示刑事错案存在的本质特点，而且还有利于司法人员在刑事诉讼的过程中及时有效地预防刑事错案的再次发生。

关于对刑事错案存在基本类型的划分，不论是实务界还是理论界都没有形成一个统一、科学的划分标准。依据不同的研究内容、方法、角度可以把刑事错案划分为不同的基本类型：依据司法人员心理态度的不同，划分为故意性的刑事错案、过失性的刑事错案、无过错性的刑事错案；依据是否追究司法人员的责任，划分为追责性的刑事错案和免责性的刑事错案；依据是否存在损害被告人的利益，划分为有利于被告人的刑事错案和不利于被告人的刑事错案；依据刑事错案的内容，划分为实体性的刑事错案和程序性的刑事错案①；依据刑事诉讼的程序环节，划分为立案环节的刑事错案、侦查环节的刑事错案、起诉环节的刑事错案、审判环节的刑事错案②；依据刑事错案认定的内容，划分为事实认定方面的刑事错案和法律适用方面的刑事错案；依据主客观方面，划分为主观性的刑事错案和客观性的刑事错案；依据是否提起国家赔偿，划分为应提起国家赔偿的刑事错案和不应提起国家赔偿的刑事错案；依据司法人员的行为方式，划分为作为性的刑事错案和不作为性的刑事错案。③

由于我们研究的重点内容是无辜者的刑事错案即无罪者被判决为有罪，属于狭义刑事错案的范畴。因此，我们把刑事错案存在的基本类型划分为真凶再现型的刑事错案、亡者归来型的刑事错案、证据存疑型的刑事错案。

（一）真凶再现型的刑事错案

真凶再现型的刑事错案是目前我国刑事错案主要表现的类型之一，通过司法机关在其他涉嫌犯罪案件的办理过程中被动发现或者真正的犯罪嫌

---

① 刘品新. 刑事错案的原因与对策 [M]. 北京：中国法制出版社，2009：202-203.
② 刘品新. 刑事错案的原因与对策 [M]. 北京：中国法制出版社，2009：213-218.
③ 薛亚龙. 侦查错误的基本问题研究 [M]. 长春：吉林大学出版社，2014：14-19.

疑人主动坦白自首两种方式来发现真凶再现的刑事错案（表1-2）。在侦办刑事案件的实践中，侦查人员基本认为犯罪嫌疑人不仅可能犯有目前被正在调查的涉嫌犯罪事实，而且还很有可能犯有没有被侦查机关所发现的违法犯罪事实。所以，侦查人员往往在讯问犯罪嫌疑人时通过深挖余罪的侦查讯问策略而使案件的侦查效果达到最大化的侦查效益，从而实现"一案带一串"的社会效果。

表1-2　部分真凶再现型刑事错案的情况统计①

序号	姓名	罪名	是否错杀	羁押时间（单位：天）	是否刑讯逼供	基本类型
1	吴鹤声	故意杀人罪	否	3174	是	真凶再现
2	李久明	故意杀人、非法持有私藏枪支罪	否	866	是	真凶再现
3	秦艳红	强奸、故意杀人罪	否	1392	是	真凶再现
4	张绍友	强奸、故意杀人罪	否	3060	是	真凶再现
5	杜培武	故意杀人罪	否	730	是	真凶再现
6	王元松	故意杀人罪	否	3650	是	真凶再现
7	王海军	故意杀人罪	否	4282	是	真凶再现
8	杨云忠	故意杀人罪	否	2648	是	真凶再现
9	王本余	故意杀人罪	否	6570	是	真凶再现
10	郝金安	抢劫罪	否	4732	是	真凶再现
11	王俊超	奸淫幼女罪	否	1902	是	真凶再现
12	李化伟	故意杀人罪	否	16 年	是	真凶再现
13	李杰等四人	故意杀人罪	否	2795	是	真凶再现
14	陈金昌等四人	抢劫、故意杀人罪	否	878	是	真凶再现

---

① 唐亚南．刑事错案产生的原因及防范对策——以81起刑事错案为样本的实证分析［M］．北京：知识产权出版社，2016：33-53.

序号	姓名	罪名	是否错杀	羁押时间（单位：天）	是否刑讯逼供	基本类型
15	谭俊虎、兰永奎	抢劫、故意杀人罪	否	不详	是	真凶再现
16	陈建阳等五人	故意杀人罪	否	不详	是	真凶再现
17	黄亚金、黄圣育	抢劫罪	否	2920	不详	真凶再现
18	呼格吉勒图	流氓、故意杀人罪	是	已执行死刑	是	真凶再现
19	高如举、谢石勇	抢劫、故意杀人罪	否	不详	是	真凶再现
20	萧山命案	抢劫、故意杀人罪	否	不详	是	真凶再现
21	张氏叔侄	强奸、故意杀人罪	否	3596	是	真凶再现

1. 杜培武故意杀人案

1998年4月22日，昆明市公安局通讯处民警王晓湘和石林彝族自治县公安局副局长王俊波在一辆昌河牌的面包车内被枪杀。经法医检验，犯罪嫌疑人所用的作案工具正是王俊波的"七七"式手枪。经昆明市公安局"4·22"专案组的调查，王晓湘的丈夫杜培武有重大的犯罪嫌疑，尤其是对杜培武进行GPS心理测试的结果显示："杜培武不承认杀人的供述90%以上存在谎言。"随后，在连续20多天的刑讯逼供下，杜培武终于做出"有罪"的犯罪供述。1999年2月5日，杜培武被法院以故意杀人罪判处死刑。1999年11月12日，杜培武被省高院判处死缓两年执行。然而，2000年6月14日，昆明市公安机关在破获杨天勇特大杀人案时，该案的案犯承认包括枪杀王晓湘和王俊波两名警察在内的犯罪事实。至此，杜培武故意杀人案由于真凶再现而被云南省高级人民法院在2000年7月6日再审改判为无罪。

2. 郝金安抢劫案

1998 年 11 月 18 日，郝金安因涉嫌抢劫杀害刘茵河而被临汾地区中级人民法院以抢劫罪判处死刑，缓期两年执行。2006 年 4 月 11 日，宜阳县公安局民警在巡逻时，发现形迹可疑的三位行为人，一经盘问，才得知叫牛金贺。由于良心的发现，牛金贺主动坦白了在 1997 年和其他人一起杀害刘茵河的作案过程等犯罪事实。真凶牛金贺的再现，使郝金安的刑事错案被依法纠正。2008 年 1 月 25 日，再审宣告赫金安无罪。

3. 李化伟故意杀人案

1986 年 10 月 29 日，李化伟怀孕 6 个月 21 岁的妻子邢伟在家中被人杀害，侦查机关经立案后很快便锁定其丈夫李化伟为本案的重点犯罪嫌疑人。1989 年 12 月 4 日，李化伟被法院以故意杀人罪判处死刑。1990 年 1 月 12 日，辽宁省高院维持原判。但是，2000 年 7 月 3 日，侦查机关在另案中抓获了犯罪嫌疑人江海，他坦白自己才是杀害李化伟妻子邢伟的真正凶手。最后，2002 年 6 月 25 日，李化伟被营口市中级人民法院再审宣判为无罪。

（二）亡者归来型的刑事错案

亡者归来型的刑事错案也是目前我国刑事错案主要表现的类型之一，主要是指由于"被害人"的突然回归，从而证明杀害"被害人"已被法院判决生效的被告人案件是属于刑事错案。

1. 滕兴善故意杀人案

1987 年 4 月，在湖南麻阳的锦江河中不断地发现 6 块被肢解的女性尸块，随即侦查机关成立了"4·27 特大杀人碎尸案"专案组。对失踪人口进行比对，认定该"被害人"是曾在广场做过服务员的石小荣。侦查机关根据案件中尸块被肢解的手法熟练特征分析，把侦查范围划定为医生和屠夫两个方向，很快便锁定本地的屠夫滕兴善为重点犯罪嫌疑人。在侦查机关连续的刑讯逼供中，滕兴善承认了"犯罪事实"。1988 年 12 月 13 日，滕兴善被一审以故意杀人罪判处死刑。1989 年 1 月 28 日，滕兴善被执行枪决。然而，1993 年本案的"亡者"石小荣却突然回到家中。2006 年 1 月 28 日，再审宣告滕兴善为无罪。

2. 佘祥林故意杀人案

1994 年 4 月 11 日，在湖北吕冲村发现一具女尸，经村民张在年对该女尸的辨认，认为是其妹妹张在玉。法医报告显示：本案中的女尸与张在玉存在 11 处符合点。于是，张在玉的丈夫佘祥林立即就被侦查机关划定为重点犯罪嫌疑人。1994 年 10 月 13 日，一审判处佘祥林故意杀人罪死刑。1998 年 3 月，经政法委组织协调和讨论，检察院再次对佘祥林起诉。1998 年 6 月 15 日，佘祥林被法院判处有期徒刑 15 年。1998 年 9 月 22 日，中级人民法院裁定驳回上诉，维持原判。但是，2005 年 3 月 28 日，"亡者"张在玉却活着归来。2005 年 4 月 13 日，再审宣告佘祥林无罪。

3. 赵作海故意杀人案

1998 年 2 月 15 日，河南省商丘市赵楼村村民赵作亮报案，称其父赵振裳失踪 4 个多月怀疑被赵作海所杀害。1999 年 5 月 8 日，村民在挖井的时候发现井内有一具高度腐烂的尸体。侦查机关经过侦查取证，认定该尸体就是赵振裳，便把赵作海划定为重点犯罪嫌疑人。2002 年 12 月 5 日，赵作海被商丘市中级人民法院判处死缓。然而，2010 年 4 月 30 日，"亡者"赵振裳却突然回到家里。2010 年 5 月 8 日，再审改判赵作海无罪。

（三）证据存疑型的刑事错案

真凶再现型和亡者归来型这两种刑事错案从被纠正的角度而言是属于比较快速和容易的。毕竟，这些证据不但是显而易见，而且还毫无争议地证明案件中的确实存在错误。① 而证据存疑型的刑事错案就属于一种比较特殊的错案类型。司法人员在对案件的事实进行认定时，发现涉案的证据没有达到《刑事诉讼法》所规定的证据确实、充分的法律标准，担心如果按照《刑事诉讼法》中有关疑罪从无的原则处理案件恐怕会造成"放纵"

---

① 王森. 刑事错案成因、预防及纠正对策 [J]. 辽宁公安司法管理干部学院学报，2014（4）：32-35.

犯罪的危害后果。所以,在证据存疑的情况下,多数司法人员会做出"疑罪从轻"的处理即"留有余地"的判决。尤其是应当对被告人判处死刑的时候,都会改判为死刑缓期执行两年或无期徒刑。因此,证据存疑就转变为刑事错案存在的基本类型之一(表1-3)。

表1-3 部分证据存疑型刑事错案的情况统计①

序号	姓名	罪名	是否错杀	羁押时间(单位:天)	是否刑讯逼供	基本类型
1	姜自然	故意杀人罪	否	2335	是	证据存疑
2	王洪学、王洪武	故意杀人、保险诈骗罪	否	800	是	证据存疑
3	刘翠珍	故意杀人罪	否	1494	是	证据存疑
4	陈世江	故意杀人罪	否	2721	是	证据存疑
5	崔宝富	故意杀人罪	否	4778	是	证据存疑
6	徐东辰	强奸、故意杀人罪	否	3001	是	证据存疑
7	李春兴	故意杀人罪	否	915	是	证据存疑
8	刘俊海、刘印堂	放火、故意杀人罪	否	5475	是	证据存疑
9	刘志连	故意杀人罪	否	1929	不详	证据存疑
10	赵艳锦	故意杀人罪	否	3307	是	证据存疑
11	张从明	抢劫、故意杀人罪	否	1392	是	证据存疑
12	李怀亮	故意杀人罪	否	4380	不详	证据存疑
13	杨波涛	故意杀人罪	否	3650	是	证据存疑
14	孙万刚	强奸、故意杀人罪	否	2961	是	证据存疑
15	尹用国	故意杀人罪	否	555	不详	证据存疑
16	高进发	强奸、故意杀人罪	否	1215	是	证据存疑

① 唐亚南.刑事错案产生的原因及防范对策——以81起刑事错案为样本的实证分析 [M].北京:知识产权出版社,2016:33-53.

续表

序号	姓名	罪名	是否错杀	羁押时间（单位：天）	是否刑讯逼供	基本类型
17	叶求生	故意杀人罪	否	3419	是	证据存疑
18	徐辉	强奸、故意杀人罪	否	5840	是	证据存疑
19	孙邵华	故意杀人罪	否	3978	是	证据存疑
20	王有恩、米巧玲	包庇、故意杀人	否	2209	是	证据存疑
21	陈琴琴	故意杀人罪	否	1810	是	证据存疑
22	张辉、张高平	故意杀人罪	否	3596	是	证据存疑
23	庞成师	故意杀人罪	否	1501	是	证据存疑
24	黄家光	故意杀人罪	否	614	是	证据存疑
25	王什彩	故意杀人罪	否	1460	是	证据存疑
26	于英生	故意杀人罪	否	6201	是	证据存疑
27	代克明等三人	故意杀人罪	否	2555	是	证据存疑
28	刘吉强	故意杀人罪	否	18 年	是	证据存疑
29	胥敬祥	抢劫、盗窃罪	否	4732	是	证据存疑
30	张光祥	抢劫罪	否	4015	是	证据存疑
31	孟存明	强奸罪	否	3288	是	证据存疑
32	刘前	强奸罪	否	2192	不详	证据存疑
33	张金波	强奸罪	否	3650	不详	证据存疑
34	吴昌龙	爆炸罪	否	4215	不详	证据存疑
35	董文枨	贩卖毒品罪	否	2953	是	证据存疑

1. 孙万刚强奸、故意杀人案

1996 年 1 月 2 日，云南财贸学院的学生陈兴会被强奸并且杀害。侦查机关经过侦查把陈兴会的男朋友孙万刚列为重点犯罪嫌疑人。1996 年 9 月 20 日，昭通市中级人民法院以强奸罪、故意杀人罪判处孙万刚死刑。1998 年 11 月，被告人孙万刚被云南省高院判处死缓两年执行。2004 年 2 月 10

日，云南省高级人民法院认为原审判决存在"证据不足"，从而宣告孙万刚无罪。

2. 张金波强奸案

民警张金波由于在工作时得罪了女老板郭淑兰，1995 年 5 月 31 日，郭淑兰来到哈尔滨市公安局南岗分局报案，称在本年的 3 月到 5 月被张金波强奸了 3 次，当天晚上张金波就被分局刑事拘留。因证据不足，张金波于 1997 年 2 月被释放。但是，1998 年 2 月 16 日，张金波被再次刑事拘留。1998 年 10 月 26 日，张金波被南岗区人民法院以强奸罪判处有期徒刑 10 年。直到 2006 年 12 月 18 日，黑龙江省高级人民法院认为原判张金波强奸案存在"证据不足"，从而宣告张金波无罪。

3. 吴风故意伤害案

2004 年 12 月 8 日，吴风与李强发生争吵，吴风一拳没有打到李强却将李强面前的彭某击中。然而，李强却突然倒地，三天后李强死亡。法医鉴定报告结果显示：吴风与李强的争吵导致李强脑底部的血管破裂，并发气管炎和心肌炎。2005 年 8 月 8 日，吴风被成都市成华区人民法院以故意伤害罪判处有期徒刑 7 年。但是，2006 年 3 月，四川华西法医鉴定中心出具《法医病理学补充鉴定书》显示：经过对李强尸体检验，其头面部并没有受到损伤。李强死亡之前的饮酒会导致其脑底部血管破裂出血。2006 年 8 月 29 日，成都市中级人民法院再审认定原判存在"证据不足"，宣告吴风无罪释放。

第二节　刑事错案的现状

追求案件的客观真实性一直都是司法人员在刑事诉讼的过程中所期待的理想目标。[1] 但是，刑事诉讼的司法过程是司法人员对案件进行的一种

---

[1]　王天民．实质真实论［D］．重庆：西南政法大学，2010．

逆回性的认识活动。① 受到案情的复杂性、认识的局限性、追诉程序的法定性、办理案件时间的期限性等主客观条件的影响或制约，司法人员对案件的处理实现完全的"不枉不纵"是难上加难。所以，刑事错案的发生也是在所难免。毕竟，公正公平的司法审判是一件很不容易处理的法律事件，许多内部和外部的因素都会影响或制约误导那些办理案件的司法人员。不确切的材料、瑕疵的证据、证人证言的伪证、不科学的鉴定意见等，都可能会导致刑事错案。② 如近年来的张高平、张辉强奸案，赵作海故意杀人流氓案，佘祥林故意杀人案，郝金安抢劫案，杨明银抢劫案，王俊超奸淫幼女案，吴大全故意杀人案，呼格吉勒图故意杀人案，聂树斌故意杀人、强奸案等。我们经过对 100 多起刑事错案的分析和研究，归纳和统计出现阶段刑事错案所表现出来的基本现状。

一、严重暴力犯罪案件占据的比例高

经过对 100 多起刑事错案所涉及的具体罪名进行归纳，统计出涉及最多的分别是故意杀人罪、强奸罪、抢劫罪等严重暴力犯罪的刑事案件。一方面，由于杀人、强奸、抢劫等这些严重的暴力犯罪案件基本都会造成被害人重伤、死亡严重的危害后果，具有严重的反社会性和反道德性的特点。③ 每当发生杀人、强奸、抢劫这些危害严重的刑事案件，不但被害人及其亲属要求"杀人偿命"，而且社会公众、网络媒体也强烈地要求司法机关对犯罪嫌疑人判处最严厉的死刑刑罚，达到"不杀不足以平民愤"的社会效果。④ 如在佘祥林故意杀人案件中，"被害人"张在玉的家属让人写了近 200 多名本地村民签名的"联名上书"，强烈地向司法机关提出要严

---

① 谭志君. 证据犯罪研究 [D]. 长春：吉林大学，2004.
② [法] 勒内·弗洛里奥. 错案 [M]. 赵淑美，张洪竹，译. 北京：法律出版社，2013：1.
③ 刘静坤. 现阶段侦查取证工作存在的问题及改革重点——结合"两个证据规定"的分析 [J]. 山东警察学院学报，2012 (1)：138-143.
④ 高春兴. 我国刑事错案产生的原因及对策探析 [J]. 山东警察学院学报，2012 (1)：120-125.

惩杀人凶手佘祥林。① 此时，侦查机关不仅需要面临受害者家属惩罚犯罪的强烈愿望，而且还需要面临上级机关、社会公众、网络媒体的舆论、当地政府等多方面的压力，甚至还会受到破案率、命案必破、办案不利责任追究等方面的压力。另一方面，现阶段侦查中受到刑事科学技术水平的限制，而被害人也遇害了，又没有目击证人，造成侦查机关对案件唯一的突破口就是犯罪嫌疑人的口供，甚至还会出现无犯罪嫌疑人的口供不定案、不结案等。② 如果犯罪嫌疑人不承认该案件中自己所实施的犯罪行为，那么侦查机关迫于各方面的办案压力，为了获取犯罪嫌疑人的有罪供述，不但连续地对犯罪嫌疑人采用刑讯逼供等暴力的取证方法，而且侦查人员有时还会亲自地给犯罪嫌疑人勾画具体的"犯罪过程"，然后让犯罪嫌疑人再作重复性的有罪供述，这种"由供到证"的侦查取证模式是极其容易导致刑事错案的不断发生。

二、辩护意见没有被引起足够的重视

辩护律师是具有专门的法律知识和丰富的辩护经验为维护犯罪嫌疑人、被告人的合法权益而提供法律服务的专业法律援助人员。③ 帮助犯罪嫌疑人、被告人进行刑事辩护特别是无罪辩护，但是从被公布或揭露的刑事错案中发现，辩护律师发挥的作用并没有达到显著的法律效果，尤其是对案件进行无罪辩护的辩护意见基本上很少能够被司法机关所采纳。

在滕兴善故意杀人案中，当时的辩护律师就明确地提出了本案存在的无罪证明：①滕兴善在自己的供述中承认是用手把被害人石小荣给捂死的，但是法医报告结果显示死者存在颧骨骨折。可见如果滕兴善用手捂死石小荣而造成其骨折是不可能的，只有石小荣受到钝器的打击才会造成骨折的结果。②滕兴善在供述中称：用于杀害石小荣的犯罪工具斧头被他藏在其弟弟的家中，再也没有拿出来被使用过。但是法医对斧头的检验报告

---

① 孙应征. 刑事错案防范与纠正机制研究 [M]. 北京：中国检察出版社，2016：57.
② 卫跃宁. 口供制度研究 [D]. 北京：中国政法大学，2005.
③ 管宇. 论控辩平等原则 [D]. 北京：中国政法大学，2006.

结果是斧头上并不存在可疑的人血。③本案出现的尸体被辨认为是石小荣的关键性依据是石膏头像牙齿稀，但是经过对石小荣与尸体的颅骨进行司法鉴定，结果却是是尸体的颅骨部位与石小荣的照片不太符合。④案件中的尸体被发现时位于河道的上游。① 但是，滕兴善的供述中尸体被抛尸的位置是河道的下游。如果上述明显的疑点无法合理地排除，那么滕兴善被认定有罪的证据就显然不能够成立。然而当滕兴善的辩护律师向司法机关提出这些无罪的辩护意见时，司法机关不但没有给出这些可疑的证据被合理排除的解释，而且还不重视采纳辩护律师提供的无罪辩护证据，依然枉法裁判判处滕兴善故意杀人罪死刑并且被执行。

在张氏叔侄的案件中，辩护律师也对本案提出了无罪辩护的意见：①张氏叔侄在连续的 4 个小时内没有实施犯罪，而为什么要到杭州城内才实施强奸杀人呢？②为什么要在被害人与其家里人通话结束之后才实施强奸杀人行为？③张氏叔侄两人对强奸杀人犯罪过程的供述为什么存在明显的差异？如张高平供述他们在对被害人进行强奸杀人后继续开车前进，而张辉的供述则是先将车开到犯罪现场后掉头，然后他们才实施的强奸犯罪行为。② 当辩护律师提出本案证据存在疑点以及无罪辩护意见时，司法机关完全没有采纳该无罪辩护意见，也没有就证据存在的疑点给予合理的排除解释。

三、案件被发现的周期较长

就刑事错案被依法纠正的案例统计而言，目前，从法院对已经生效的有罪判决再到无辜者被改判宣告为无罪的案件一般都是需要较长的时间。③司法机关对刑事错案的纠错基本上是属于消极被动的作为。一方面，如果已生效的判决被证明确实存在对案件的事实认定或法律适用方面的错误，那么司法机关就可能面临国家赔偿的压力；另一方面，如果存在刑事错

---

① 郭欣阳. 刑事错案评析［M］. 北京：中国人民公安大学出版社，2011：445.

② 樊崇义. 底线：刑事错案防范标准［M］. 北京：中国政法大学出版社，2015：14.

③ 杨宇冠，赵珊珊. 刑事错案的预防与补救［J］. 甘肃社会科学，2010（5）：131-135.

案，那么司法机关还需要面临追究办理案件时的司法人员甚至在特殊情况下还需要追究有关领导的责任。有时即使是刑事错案中的真凶再现，对刑事错案的纠正仍然需要很长的时间。如在呼格吉勒图强奸杀人案件中，真凶赵志红早在 2005 年就已经供述了自己在 1996 年所实施强奸杀人的犯罪事实过程，但是呼格吉勒图强奸杀人案件依然还没有及时地被依法纠正。呼格吉勒图的家属经过长达 9 年漫长的冤屈申诉。直到 2014 年，在强大的社会公众的关注和网络媒体舆情的压力下，司法机关才开始启动对该案件的纠错程序。

　　另外，目前我国对刑事错案依法纠正的渠道非常有限，而且纠错的程序还存在一定的缺陷和不足，与美国等国家的"无辜者运动"的民间社会组织力量比较而言，我们国家援助无辜者方面的社会团体组织才刚刚起步。① 因此，对刑事错案的依法纠错，不但司法机关对其启动程序的困难重重，而且还迫使无辜者及其家属需要到处申诉，其经过不仅辛酸苦难而且还需要漫长的时间（表 1-4）。

表 1-4　部分刑事错案被纠正的时间情况统计②

序号	姓名	罪名	宣判时间	纠错时间	纠错耗时（单位：年）
1	陈满	故意杀人罪	1999 年 4 月	2016 年 2 月	16
2	蔡金森等四人	抢劫罪	1999 年 4 月	2016 年 2 月	16
3	钱仁凤	故意杀人罪	2002 年 3 月	2015 年 12 月	13
4	杨明	故意杀人罪	1998 年 3 月	2015 年 12 月	17
5	呼格吉勒图	流氓、故意杀人罪	1996 年 6 月	2014 年 12 月	18
6	王元松	故意杀人罪	2005 年 4 月	2014 年 10 月	9
7	徐辉	强奸、故意杀人罪	2001 年 12 月	2014 年 9 月	12
8	黄家光	故意杀人罪	2000 年 12 月	2014 年 9 月	13

---

① 王守安，董坤. 美国错案防治的多重机制 [J]. 法学，2014（4）：135-144.
② 杨宇冠，赵珊珊. 刑事错案的预防与补救 [J]. 甘肃社会科学，2010（5）：131-135.

序号	姓名	罪名	宣判时间	纠错时间	纠错耗时（单位：年）
9	高如举、谢石勇	抢劫、故意杀人罪	2005年11月	2014年7月	8
10	于英生	故意杀人罪	2001年7月	2013年8月	12
11	陈建阳等五人	抢劫、故意杀人罪	1997年12月	2013年7月	15
12	张高平、张辉	强奸、故意杀人罪	2004年10月	2013年12月	9
13	赵作海	故意杀人罪	2003年2月	2010年5月	7
14	佘祥林	故意杀人罪	1998年9月	2005年4月	6

第三节　刑事错案的危害

我国《刑事诉讼法》第一条规定："为了保证刑法的正确实施，惩罚犯罪，保护人民，保障国家安全和社会公共安全，维护社会主义秩序，根据宪法，特制定本法。"第二条规定："保证准确、及时地查明犯罪事实，正确应用法律，惩罚犯罪分子，保障无罪的人不受刑事追究，教育公民自觉遵守法律，积极同犯罪行为作斗争，维护社会主义法制，尊重和保障人权，保护公民的人身权利、财产权利、民主权利和其他权利，保障社会主义建设事业的顺利进行。"然而，随着杜培武故意杀人案，佘祥林故意杀人案，滕兴善故意杀人案，胥敬祥抢劫、盗窃案，赵作海故意杀人案，王本余强奸案，于英生故意杀人案，黄家光故意杀人案，呼格吉勒图强奸、故意杀人案，张高平、张辉强奸、故意杀人案以及2016年的陈满故意杀人案、蔡金森等四人抢劫案、聂树斌故意杀人、强奸案等刑事错案的不断发生和揭露，不仅给刑事错案中无辜者及其家属造成了名誉损失、工作丢失、妻离子散、家庭破碎等痛苦，甚至还使滕兴善、呼格吉勒图、聂树斌等无辜者付出了生命的悲剧代价，造成了社会公众、网络媒体舆论对国家司法机关和国家法律权威尊严降低、质疑的负面影响。

一、损害无辜者及其家庭的合法权益

刑罚的惩罚方式不同于其他民事、行政的法律承担方法，刑罚以国家的强制力为后盾，是国家最为严厉的惩罚措施。① 而刑事错案的出现，不但会使无辜者名誉扫地、工作丢失、锒铛入狱甚至还会被剥夺生命造成无法挽回的局面，而且还会使无辜者的家庭成员也受到牵连，导致家庭中妻离子散、家破人亡的悲剧发生，造成"一人入狱、十户不宁"的灾难，几乎每起刑事错案都会伴随着一个悲剧故事的发生。

刑事错案在形成的过程中，部分无辜者还会在讯问时遭到刑讯逼供等暴力取证的非法行为侵害。如赵作海就被侦查机关连续讯问了长达 33 天，其间侦查人员把赵作海锁在摩托车、床腿、椅子上进行讯问，而且还给赵作海采取"木棒敲头＋催眠＋头顶放鞭炮"等非法取证方法。杜培武在被讯问时，还被侦查人员用警棍电击、毛巾堵嘴、罚跪。李久明案件中，侦查人员也采取了灌辣椒水、抹芥末油、扇耳光以及一次性灌 10 多瓶矿泉水等暴力的取证手段。代克明案件中，侦查人员不但不让代克明睡觉进而连续20 个昼夜对其进行讯问，而且还让代克明拉背铐、坐老虎凳、扒光衣服、泼冷水、吹风扇甚至还被逼得吃辣椒等。显然，无辜者在被侦查人员讯问时采取这些刑讯逼供等暴力取证的非法方法，给无辜者在身体上造成了极大的伤害。如因遭受侦查人员的刑讯逼供和无辜的牢狱之灾之后，佘祥林患上了严重的心脏病、风湿病、高血压，双目近乎失明，脊椎多处也存在问题。而且刑事错案还会导致无辜者被错误羁押，精神上也造成了非常大的创伤。如在这些刑事错案中，张亮新被错误羁押 2236 天、杜培武被错误羁押 814 天、童立民被错误羁押 2773 天、孙万刚被错误羁押 2961 天、佘祥林被错误羁押 4009 天、胥敬祥被错误羁押 4732 天、王子发被错误羁押

---

① 刘邦明. 罪刑相适应原则研究［D］. 重庆：西南政法大学，2011.

3222 天、赵作海被错误羁押 4019 天、黄家光被错误羁押 6149 天以及孟存明被错误羁押 9 年、吴昌龙被错误羁押 12 年、于英生被错误羁押 17 年、王本余被错误羁押 18 年、裴树唐被错误羁押 25 年，甚至还有如呼格吉勒图、滕兴善、聂树斌无辜者已经被执行死刑。

随着无辜者被蒙冤入狱，有时候无辜者的亲属也会被连累，甚至还会造成妻离子散、家破人亡等悲惨的后果。在佘祥林故意杀人案中，佘祥林的母亲因为不断地到各处上访为儿子的冤屈申诉而被公安机关关押了 9 个多月，被释放 3 个月后就不幸去世。其大哥也因为申诉上访而被关押，此时的佘祥林几乎就是"家破人亡"。然而在赵作海的案件中，由于赵作海含冤被判入狱，其妻赵晓起离家出走改嫁他人，赵作海的四个孩子被妻子送养了三个，大儿子赵西良也辍学到建筑工地打工，家里也因为长期没人居住而破败坍塌。对于无辜者的赵作海而言，可谓是妻离子散，好不凄凉。

因此，刑事错案的发生，无辜者自身受到名誉、人身自由的侵害甚至还导致丧失宝贵的生命。其配偶或朋友也会在各方的舆论压力下选择离婚或分手，往往好好的一对情侣或夫妻就会遭到无情拆散。对其儿女们的心理也会造成一定的负面影响，自己的亲人被定罪服刑，从而使自己被学校、社会以及用人单位歧视，导致儿女们无法过上正常人的生活。而且"百善孝为先"，对其父母而言，随着无辜者被判有罪而在监狱里面几年、十几年、二十几年等的长期服刑，导致无辜者不能在生活上悉心照顾父母、不能在物质方面供养父母、不能在精神方面安慰父母，看着心爱的孩子含冤入狱，对无辜者父母的打击也是沉重而痛苦的。

二、增加诉讼成本

案件在经过立案、侦查、公诉、审判等刑事诉讼程序的过程中，侦查机关、公诉机关、审判机关以及执行机关都已经投入了相应的人力、物力、财力等有限的司法资源。但是，刑事错案的出现，不但使司法机关的司法资源不能够得到合理有效的利用，而且还需要投入更多的司法资源去重新审查和纠正判决中的确存在错误的案件。① 正如学者所言："刑事错案的成本的消耗，不仅使刑事诉讼的产出结果等于零和该案件的司法活动失去全部的价值意义，而且还会引起再审程序的启动，迫使需要投入更多的司法成本。"同时，大部分刑事错案都需要经过数次的审判才得到依法纠正。如有学者在统计 108 起被法院判处为有罪而后被纠正为无罪的刑事错案中，二审直接被改判无罪的占 2%；经过发回重审而被纠正的占 59%；再审改判被纠正的占 39%。可见，二审法院在一般情况下是不会直接改判，而是大部分被发回一审法院重审，有的案件甚至会被多次以"事实不清、证据不足"为由而发回重审。②

例如，在张新亮故意杀人案中，2001 年 3 月 27 日，张新亮被一审法院以故意杀人罪判处死刑；2001 年 7 月 4 日，被二审法院裁定撤销原判，发回重审；2002 年 7 月 2 日，重审一审判处张新亮无期徒刑；2002 年 8 月 21 日，重审二审裁定撤销原判，发回重审；2003 年 7 月 28 日，重审一审判处无期徒刑；2005 年 8 月 28 日，重审二审宣告张新亮无罪。在李怀亮故意杀人案中，2003 年 9 月 19 日，李怀亮被一审法院以故意杀人罪判处有期徒刑 15 年；2003 年 12 月 2 日，二审裁定撤销原判，发回重审；2004 年 8 月 3 日，重审一审判处死刑；2005 年 1 月 22 日，重审二审裁定撤销原判，发回重审；2006 年 4 月 11 日，重审一审判处死刑，缓期两年执行；2006 年 9 月 27 日，重审二审裁定撤销原判，发回重审；直到 2013 年 4 月 25 日，重审一审才宣告李怀亮无罪释放。在于英生故意杀人案件中，1998 年 4 月 7 日，于英生被一审法院以故意杀人罪判处死刑，缓期两年执行；1998 年 9 月 14 日，二审裁定撤销原判，发回重审；1999 年 9 月 16 日，重审一审判处死刑，缓期两年执行；2000 年 5 月 15 日，重审二审撤销原判，发回重审；2000 年 10 月 25 日，重审一审判处无期徒刑；2002 年 7 月 1 日，重审二审维持原判；2013 年 8 月 13 日，再审，于英生被宣告无罪。在张光祥抢劫案中，2007 年 6 月 7 日，张光祥被一审法院以抢劫罪判处死

---

① 王乐龙. 刑事错案危害的经济学分析 [J]. 北京人民警察学院学报，2011 (2)：12-15.
② 孙应征. 刑事错案防范与纠正机制研究 [M]. 北京：中国检察出版社，2016：61.

刑，缓期两年执行；2007 年 8 月 9 日，二审裁定撤销原判，发回重审；2008 年 9 月，重审一审判处死刑，缓期两年执行；2009 年 4 月，重审二审裁定撤销原判，发回重审；2012 年 12 月，重审一审判处有期徒刑 15 年；直到 2014 年 4 月 29 日，张光祥才被重审二审宣告无罪。

三、司法机关公信力受损

司法机关在社会公众中一直都是代表公正、公平的国家机构，具有崇高和权威的公信力地位，不仅是代表国家惩恶扬善、打击犯罪的法律机关，而且还是社会公众和百姓诉求保护其合法权益的司法途径。① 然而刑事错案的出现，不但使国家赋予其打击犯罪和保障人权司法公正的公信力受到降低和质疑，而且还使无辜者受到名誉、财产、人身的损害，甚至还被夺取生命等严重的悲剧，造成无辜者及其家人无法挽回的局面。正如最高人民法院院长周强所言："万分之一的错案就是百分之百的不公平，司法机关多年的辛勤工作和大力宣传建立起来的司法公信力，却有可能因为一起严重的刑事错案就引起社会舆论广泛的质疑。"以典型的杜培武故意杀人案件为例，杜培武自己经历了从警察到罪犯和再从罪犯到警察的身份角色的转换，杜培武故意杀人案的刑事错案被揭露之后，社会公众、网络媒体、专家学者等都对案件的最后处理结果高度的重视。不但对原审法院审判人员的枉法裁判进行了深刻的批判，而且还对侦查人员在讯问的时候采取刑讯逼供等暴力非法取证的行为予以严厉的谴责。这些被暴露出来的侦查机关刑讯逼供非法取证、公诉机关监督不力、审判机关枉法裁判等严重的司法弊端，导致社会公众、网络媒体以及专家学者对我国司法机关司法公正的公信力产生了严重的质疑和批评。② 诚如弗兰西斯·培根而言："一次不公正的审判，其恶果超过十次犯罪，因为犯罪是无视法律，而不公正的审判则是毁坏法律。"因此，目前，在我国构建和谐社会主义和依

---

① 张曙. 刑事司法公正论 [D]. 北京：中国政法大学，2007.
② 朱孝清. 冤假错案的原因和对策 [J]. 中国刑事法杂志，2014（2）：3-9.

法治国的战略背景下，无罪而被判为有罪的无辜者却在监狱里面服刑给其造成了名誉扫地、家破人亡、妻离子散等惨痛的悲剧，其合法的人身、民主权益得不到司法机关的保障。无辜者及其家属和社会公众就不得不对司法机关的公信力产生怀疑，导致司法机关的公信力被严重降低的危害。

第二章　刑事错案的原因剖析

　　屡禁不止的刑事错案，就好像是一面镜子，折射出某个国家在某个阶段内刑事诉讼程序运行的司法状态。如果这面镜子所折射出来的有关问题没有被我们重视和反思，而仅仅对刑事错案的发生给予批评和愤怒，那么刑事错案就会不断地"长大"，到最后我们也只能祈求耶稣让自己永远都远离刑事诉讼的"苦海"。① 毕竟，刑事错案的发生对于我国刑事诉讼程序的正常运行、司法机关的公信力以及无辜者的人权保障都产生了很大的危害。因此，寻求导致刑事错案不断发生的主要原因，探求刑事错案的预防对策则是研究刑事错案的落脚点，也是为刑事诉讼程序改革和完善提供基础和建议的必然要求。正如美国的基思·芬蒂利教授所说："错案仿佛打开了一扇改良刑事司法体制的窗户，我们应该从错案中寻找推动司法改革的现实方法，而不要让机会白白流失。"②

---

① 刘品新. 刑事错案的原因与对策［M］. 北京：中国法制出版社，2009：25.
② 孙应征. 刑事错案防范与纠正机制研究［M］. 北京：中国检察出版社，2016：67.

第一节　司法观念方面的原因

一、人权观念的淡薄

刑事诉讼法和刑法都具有惩罚犯罪和保障人权的双重功能,从近年来不断被披露的刑事错案来看,在刑事诉讼的过程中保障人权的功能却依然没有达到国家对刑事司法所预期的效果。相反,则出现了许多践踏犯罪嫌疑人、被告人合法权益的事件。① 长期以来,我国的刑事司法基本处于重实体、轻程序和重打击犯罪而轻保障人权惯性的办案思维,特别是在刑事诉讼程序中对犯罪嫌疑人、被告人合法权益的保护较为弱势。毕竟,我国经历了长期的封建社会,封建社会具有特殊的等级性、专制性,造成了封建社会的司法制度逐渐形成实体法律至高无上而程序法律发育不健全的鲜明对比。在司法价值的导向上,受到我国传统法律文化思想观念的影响,形成社会稳定安全、国家利益至上的诉讼司法观念,而个人利益基本上处于让步于国家利益。② 于是,为了维护社会的安全稳定,在面对打击犯罪和保障人权的价值冲突选择时,我国的刑事诉讼法赋予侦查机关、公诉机关、审判机关等强大的诉讼权力,而刑事诉讼最主要的任务就是打击和惩罚犯罪,犯罪嫌疑人、被告人的合法权益无法得到全面的保障,使其处于从属的地位。然而,随着普法教育的开展和社会公众普遍知识水平的提高,促使人们对自己的人身权利、民主权利等基本权利受到国家法律保护的意识也逐渐地被觉醒和提高。但是,根深蒂固的社会本位、国家本位的传统法律思想文化不仅仍然在社会文化中占有重要的地位,而且还一直对

---

① 周平. 遏制刑事"冤假错案"顶层设计的法治思考 [J]. 中国刑事法杂志, 2013 (10): 73-82.

② 张卫平. 绝对职权主义的理性认识——苏联民事诉讼基本模式评析 [J]. 现代法学, 1996 (4): 61-66.

刑事诉讼司法活动产生不可估量的影响。① 因此，对于在刑事诉讼司法活动中的司法人员来说，当国家利益和社会安全被侵害或破坏，任何社会中的个人利益都要让步于国家利益和社会安全稳定的需要，已处于被司法机关约束或控制中的犯罪嫌疑人、被告人就必然成为实现打击犯罪的诉讼目标而服务。所以，在这种人权观念淡薄的司法观念影响下，司法机关为了实现打击和惩罚犯罪的实体法目的，往往在办案的过程中不重视或忽略对犯罪嫌疑人、被告人合法权益的保障。部分的司法人员在刑事诉讼办案的过程中还表现出"打击多、服务少、限制多、保护少"以及"为了抓住罪犯，即使抓错也没有关系""为了维护社会稳定的大局，侵犯犯罪嫌疑人、被告人的合法利益也是必要的"等错误的执法观念，导致侦查措施被滥用、刑讯逼供等暴力非法取证等现象屡禁不止。最终，小错积累成大错，刑事错案的发生也是不可避免的。

二、有罪推定的惯性思维

英国的法律学者丹宁勋爵曾言："推理往往使人误入歧途，最初的印象往往是错误的，人们的认识会被偏见所歪曲。"② 有罪推定是在封建社会纠问式诉讼模式下产生和发展的必然结果，是指行为人在未经审判机关依法对其进行有罪判决之前，即对刑事诉讼过程中的犯罪嫌疑人、被告人推定为犯罪人。③ 通俗而言，就是指在刑事诉讼的过程中，犯罪嫌疑人、被告人首先就被司法人员推定为"罪犯"，然后就以"罪犯"为中心去发现和收集案件中的犯罪证据。虽然，司法人员还没有充足的证据甚至最基础的证据，但是在司法人员长期的办案思维里，涉嫌实施犯罪的对象根本就不是犯罪嫌疑人，而是100%的"罪犯"。长期以来，有罪推定的惯性思维已经根深蒂固地影响着侦查机关、公诉机关、审判机关等司法机关的办案

---

① 郑牧民. 中国传统证据文化研究 [D]. 湘潭：湘潭大学，2010.
② [英] 丹宁勋爵. 法律的训诫 [M]. 杨百揆，刘庸安，丁健，译. 北京：法律出版社，2002：2.
③ 王永杰. 从程序异化到事实异化：以冤案为中心 [D]. 上海：复旦大学，2007.

理念。尤其是在侦查阶段，侦查人员在有罪推定的惯性思维模式影响下，只要被侦查机关立案侦查的涉嫌犯罪案件，那么犯罪嫌疑人就已经被推断为是"罪犯"。侦查人员在取证的过程中，最主要的就是发现和收集不利于犯罪嫌疑人的有罪或罪重的证据，而犯罪嫌疑人无罪或罪轻的证据往往不被重视或被忽略。因此，侦查人员在办案中就具有"口供情节"即无口供不定案，只有获取了犯罪嫌疑人有罪的口供，那么该案件才能够被认定并且结案。① 而且，在有罪推定的惯性思维影响下，还会使侦查机关在案件侦查终结后对案件进行移送审查时，由于案件在侦查的过程中犯罪嫌疑人往往都会出现翻供的现象，而侦查人员对犯罪嫌疑人翻供的供述不重视或不予理会，只认为犯罪嫌疑人在被讯问时做出的有罪供述才具有证据的价值。最后，侦查人员只会对有罪的证据进行移送。

例如，在杨明银抢劫案中，因为杨明银有违法犯罪的"前科"，离家出走到广东就被侦查人员推定为"罪犯"。杨明银被抓后在连续十几天刑讯逼供下终于承认了"犯罪事实"。虽然在侦查的过程中，杨明银也做了无罪的辩解，可是侦查人员根本对其不予理睬，而且还对杨明银说："你迟早会被枪毙的，早点招免受皮肉之苦吧。"侦查人员的工作就是希望得到杨明银有罪的口供供述。但是杨明银最后并没有被法院判处死刑，而是被判处有期徒刑16年。因为证据不足、矛盾重重，根本无法形成有效的证据链，判处死刑证据不足，判无罪又不愿意，左右为难于是就做了判处有期徒刑的判决。但是，为什么侦查机关、审判机关都是无视杨明银案中的无罪证据，而非要特别重视杨明银有罪口供的供述？归根结底就是侦查人员、审判人员"有罪推定"的惯性思维在作怪。

在杨云忠故意杀人案中，侦查人员将案件的侦查方向确定为情杀之后，就对杨云忠先入为主地推定其为"罪犯"，为获取杨云忠有罪的供述，不但在讯问杨云忠的时候采取刑讯逼供等非法的取证方法，而且还对证人张景江进行非法暴力取证，从而对案件中能够证明杨云忠无罪的重要证据

---

① 周颖. 口供制度研究［D］. 上海：复旦大学，2013.

置之不理。如证人证言可以证明杨云忠没有作案的时间证据、张景江的证言证明杨云忠鞋子上的血迹是一个月前由于打架才遗留下的与所办的案件事实之间并没有所谓的证据关联性。不论是在侦查阶段、公诉阶段还是审判阶段，司法机关不但对能够证明杨云忠无罪的证据视而不见，而且还想尽一切办法把无罪证据变为有罪的证据。不但没有重视和采纳张景江能够证明杨云忠无罪的证人证言，而且还认为张景江是在给杨云忠做无罪的伪证，反而对张景江以包庇罪判处有期徒刑三年。因此，对于本案的司法机关而言，能够证明杨云忠无罪的证据根本就不应该存在，因为在办案人员的内心已经认定杨云忠就是"罪犯"，反倒是那些无罪的证据却是本案司法人员办案的障碍。① 可见，司法人员只收集和认定杨云忠有罪的证据，而忽略无罪的证据，是导致本案成为刑事错案的根本性原因。

三、重实体、轻程序的错误观念

"重实体、轻程序"一直是在我国古代刑事司法中占有主导地位的诉讼理念，而且在这种传统法律文化思想长期以来的影响下，到目前为止"重实体、轻程序"的错误理念仍然对刑事诉讼过程中司法人员的办案思想具有重要的影响。② 为了能够及时有效地打击犯罪，维护社会的安全和稳定，司法人员在办案的过程中片面地追求实体的正义而忽略或置之不理程序的正义。只要案件在最终的处理结果上符合实体正义的要求，那么在具体的办案过程中是否存在严重违反程序正义的行为而则无关紧要。③ 尤其是故意杀人、强奸、抢劫等严重暴力犯罪的案件，侦查人员不但要受到被害人及其家属要求严惩犯罪分子的强烈压力，而且还要受到上级机关的指示、领导的批示、社会公众和网络媒体的舆论愤怒等方面的内外压力，并且还在"限期破案""命案必破""办成铁案""破案率"等的影响和制

---

① 郭欣阳. 刑事错案评析 [M]. 北京：中国人民公安大学出版社，2011：46-47.
② 林国强. 刑事诉讼中的非法取供行为研究 [D]. 重庆：西南政法大学，2014.
③ 巩寒冰，蔡鑫. 刑事错案预防与侦查能力的提升 [J]. 福建警察学院学报，2012（1）：50-53.

约下，投入大量的人力、物力、时间等侦查资源去侦破案件。侦查人员为了获取犯罪嫌疑人对犯罪事实的有罪供述，加快对案件的侦破进程，达到打击犯罪的实体正义要求，往往在案件中采取刑讯逼供、暴力取证、伪造证据等严重违反刑事程序法的非法行为，导致刑事错案的出现也是在所难免。

例如，在孙万刚故意杀人案中，首先，侦查机关为了达到打击犯罪的实体正义要求，而对程序正义的要求视而不见。在孙万刚的一份有罪口供的笔录上，其被讯问人员的签名笔迹并不是孙万刚本人亲自所写，而是由侦办案件的侦查人员所代签。面对这样的程序违法，侦查机关给出的解释居然是："农村大部分的犯罪嫌疑人没有文化基本都不认识字，侦查人员也就代签习惯了，只要有犯罪嫌疑人的手印就行了。"对于公安机关这样的解释真的很荒谬，孙万刚可是大学生，哪里有大学生不识字而看不懂讯问笔录的，还需要侦查人员来代签？不言而喻，侦查人员之所以代签而没有让孙万刚看到自己有罪的供述笔录，就是不承认刑讯逼供等非法行为的存在，进而强迫孙万刚承认自己的"犯罪事实"。其次，在审查起诉阶段，由于从昭通市需要坐车 10 多个小时才能够到达巧家县，昭通市检察院审查起诉的办案人员竟然嫌太远就不去讯问犯罪嫌疑人孙万刚了。我国《刑事诉讼法》第一百七十三条就明确规定："人民检察院审查案件，应当讯问犯罪嫌疑人。"这是检察院对侦查机关案件侦查终结后移送审查必经法定的程序，也是对犯罪嫌疑人孙万刚是否提起公诉最关键性的审查步骤，就这样被检察院由于"太远"而省掉了。再次，在法院的审判阶段，我国《刑事诉讼法》第二百三十九条明确规定："原审人民法院对于发回重新审判的案件，应当另行组成合议庭，依照第一审程序进行审判。"但是，当省高院对孙万刚故意杀人案件进行二审裁定撤销原判，发回重审后，原审法院并没有按照《刑事诉讼法》的规定另行组成对案件进行审理的合议庭，依然是原审的审判人员对案件进行重审，其审判结果毋庸置疑仍然是判处孙万刚死刑。最后，为什么本案在刑事诉讼的过程中侦查机关、审查起诉机关以及审判机关都会出现如此严重的程序性违法行为？我们认为，这是"重实体、轻程序"错误理念导致刑事程序失灵①而造成刑事错案的必然结果。

四、疑罪从无贯彻得不彻底

我国《刑事诉讼法》第十二条规定："未经人民法院依法判决,对任何人都不得确定有罪。"第二百条第三款规定："证据不足,不能认定被告人有罪的,应当作出证据不足、指控的犯罪不能成立的无罪判决。"2013年,中央政法委在《关于切实防止冤假错案的规定》的第七条明确规定:"对于证据不足的案件,应当坚持疑罪从无原则,依法宣告被告人无罪,不能降格作出'留有余地'的判决。"虽然,我国的《刑事诉讼法》在具体的规定中没有明确地规定无罪推定的原则,可是从《刑事诉讼法》的第十二条、第二百条的规定来看已经包含了无罪推定的重要精神,从而为全面贯彻无罪推定原则奠定了夯实的基础。然而,疑罪从无则是无罪推定原则在司法实践中的必然要求。"疑"是指就现有的证据而言还没有达到依据法律规定对被告人做出有罪的判决证据标准,但根据证据可以推断出案件中的犯罪事实可能是被告人实施的。简而言之,所谓的疑罪从无就是指案件中证据不足发生存疑时应该对被告人做出无罪的判决。② 值得强调的是,疑罪从无原则并不是放纵犯罪,疑罪从无是从刑事司法价值的角度对刑事诉讼制度的改革和完善,维护犯罪嫌疑人、被告人在刑事诉讼程序中的合法权益。③

由于受到传统法律文化思想根深蒂固的思维惯性或《刑事诉讼法》普法工作不到位等的影响和制约,疑罪从无原则在刑事诉讼的过程中并没有得到彻底贯彻,反而作为其对立面的疑罪从轻原则在司法的实践中得到不断的兴起和发展。我们认为,疑罪从轻是有罪推定的派生表现。从法逻辑

---

① 陈瑞华. 刑事程序失灵问题的初步研究 [J]. 中国法学, 2007 (6): 141-156.
② 陈士渠. 刑事错案的证据分析——以侦查为视角 [D]. 北京: 中国政法大学, 2008.
③ 刘文化. "疑罪从无"原则与刑事错案防范初探 [J]. 河南警察学院学报, 2014 (5): 128-132.

角度而言，疑罪从轻自身就是相互矛盾的。① 一方面，对被告人刑事责任依法追究的过程应该是首先对其定罪然后才考虑有关的量刑情节，也就是说对被告人的定罪是其量刑考虑的前提性条件，即没有定罪就没有所谓的量刑；另一方面，公诉机关提出的证据没有达到审判机关依据《刑事诉讼法》规定对被告人进行有罪判决的证据标准即"犯罪事实清楚，证据确实充分"，那么审判机关就应该对被告人依法做出无罪的判决。如果案件出现证据不足，不能认定被告人有罪的，那么审判机关就应该做出证据不足、指控被告人犯罪不能成立的无罪判决，而不是采取疑罪从轻的判决。如果证据没有达到死刑案件的证明标准也就没有达到死刑缓期两年执行、无期徒刑、有期徒刑等的证明标准。因此，疑罪从轻从法逻辑角度而言就属于互相矛盾，它是有罪推定原则的派生物。

例如，在王学义故意杀人案中，王学义涉嫌投毒致使四人死亡的具有严重危害社会的犯罪案件。依据《刑法》的相关规定，应该对王学义判处死刑立即执行的极刑。但是，一审法院根据案件的实际情况却以故意杀人罪判处王学义死刑，缓期两年执行。而所谓的实际情况就是案件中存在认定王学义有罪的证据不足，而且案件中的证据还互相矛盾、疑点较多。第一，侦查机关提供的刑事科学技术鉴定的结果与被告人王学义的供述并不相符合。鉴定结果显示：面灌底部和粮仓内木升子底部检测具有毒鼠强，而王学义的供述则称：自己在案板上、灌内、菜盆内撒了毒鼠强。既然是被告人撒的毒鼠强，那么面灌底部为什么会出现毒鼠强？被告人也没有去过粮仓，那么粮仓的毒鼠强该如何解释？第二，本案的讯问笔录、录音录像存在被告人的有罪供述，但是被告人王学义已经翻供了，而且被告人的供述还前后矛盾。第三，证人王某某做证被告人王学义具有不在犯罪现场的证明，这就证明被告人王学义不具有作案时间条件。然而，审判机关却采用了"留有余地"的疑罪从轻的有罪判决。② 但是，依据本案中定罪的

---

① 贾延安. 避免刑事错案需确立无罪推定原则 [J]. 森林公安，2010（6）：35-37.
② 郭欣阳. 刑事错案评析 [M]. 北京：中国人民公安大学出版社，2011：10-16.

证据存在"证据不足,证据之间相互矛盾和疑点表多"的情况,审判机关就应该依据《刑事诉讼法》中的规定:"证据不足,不能认定被告人有罪的,应当作出证据不足、指控的犯罪不能成立的无罪判决。"对被告人王学义做出无罪判决。显而易见,从王学义故意杀人案的刑事错案中可以看出,审判机关对证据不足的存疑案件所持有的司法态度:一方面,如果对被告人认定为有罪,可是证据不足;另一方面,如果认定被告人无罪,可是被告人又有重大犯罪嫌疑。审判机关只好在"不枉"与"不纵"之间进行选择,然而却选择了"不纵"的"留有余地"的有罪判决。因此,在刑事诉讼的过程中疑罪从无的原则不但没有被司法机关彻底地贯彻执行而且还变相地采用疑罪从轻"留有余地"的有罪判决,这就为刑事错案的不断发生提供了一定的"土壤"环境。

第二节 刑事诉讼方面的原因

一、刑讯逼供现象较为突出

"几乎所有发生在司法实践中的程序性违法现象都是可以在刑事诉讼立法中找到原因"①,而且经过"中外刑事诉讼的历史已经反复证明,错误的审判之恶果从来都是结在错误的侦查之病枝上的"。② 虽然我国《刑事诉讼法》《人民检察院刑事诉讼规则》《最高人民法院执行〈中华人民共和国刑事诉讼法〉若干问题的解释》《公安机关办理刑事案件程序规定》《关于办理死刑案件审查判断证据若干问题的规定》《关于办理刑事案件排除非法证据若干问题的规定》以及《关于切实防止冤假错案的规定》等法律法规都明确地规定,侦查人员在侦办案件的过程中,严禁采用刑讯逼

---

① 陈瑞华. 刑事诉讼法的立法技术问题 [J]. 法学,2005(5):16-27.

② 李心鉴. 刑事诉讼构造论 [M]. 北京:中国政法大学出版社,1992:179.

供、暴力取证和威胁、引诱、欺骗等非法的取证方法进行证据收集。如果发现侦查人员采用这些方法获取了犯罪嫌疑人的口供、被害人的陈述、证人证言等证据，只要经过查证属实就属于非法的言词证据，那么这些非法的言词证据就应当被排除，而且还不能成为对案件进行事实认定方面的依据。① 但是，在侦查办案的实践中，由于受到"重实体、轻程序""重打击、轻保障""命案必破""限期破案"以及破案率、绩效考核等的影响和制约，侦查人员往往为了获取犯罪嫌疑人有罪的供述而采取刑讯逼供等非法取证的方法。尤其是发生故意杀人、强奸、抢劫等严重暴力犯罪案件的时候，侦查人员不但受到被害人以及家属要求严惩犯罪分子的强烈压力，而且还要受到社会公众、网络媒体等对案件严重危害社会的愤怒压力，于是侦查人员就对犯罪嫌疑人采取刑讯逼供等非法的讯问方法，从而快速有效地获取了犯罪嫌疑人"有罪"的供述，有时对证人也采取暴力取证的非法方法，甚至部分侦查人员还自己伪造犯罪嫌疑人"实施犯罪"的有罪证据。即使构成刑讯逼供罪，也不会承担较严重的后果，一般也仅仅是缓刑或免于刑事处罚。但是，故意杀人、强奸、抢劫等严重暴力、重特大犯罪案件如果被快速侦破，不但侦查人员自身能够得到有关物质的嘉奖、职务的晋升、级别的提高等不菲的效益，而且作为侦查人员的负责人、主管领导、上一级也会得到不同程度的好处和利益。

在河南的赵作海刑事错案中，当赵作海被侦查机关第二次刑事拘留后，从 1999 年 5 月 9 日到 6 月 10 日期间，赵作海在被审讯的时候，分别被铐在摩托车后轮、床腿、椅子等上，然而这种非法体罚的讯问行为一直连续 33 天。为了得到赵作海的有罪供述口供，原刑警大队的大队长罗明珠不但持枪恐吓赵作海，而且还指使李德领等人用手枪、木棍殴打赵作海。赵作海说"从抓走我那一天，就开始打""想睡觉的时候，他们就拳打脚踢"，还有"木棒敲头、催眠、头顶放鞭炮"，当时真的是"生不如死"。②

---

① 闫召华."名禁实允"与"虽令不行"：非法证据排除难研究［J］. 法制与社会发展，2014（2）：181-192.
② 牛亚皓. 冤枉赵作海的公安局副局长被起诉了［N］. 成都商报，2010-07-14.

赵作海的妻子赵晓起也说："他们用棍子打我，让我跪在砖头上，砖头上还有棍子。"① 就连杜金慧的臀胯也被侦查人员用棍子殴打，迫使其长时间跪着，造成膝盖短时间内无法站起来。② 赵作海说："打得我受不了了，我就认了，这些供词都是假的。他们这么说，我就重复一遍，如果说得不对，就开始打。"③ 赵作海就"自愿"连续不断地做了9次"有罪"供述。最后，商丘市中级人民法院也正是依据这9次"自愿""有罪"的供述而做出了有罪的判决。④

在张氏叔侄强奸、故意杀人案中，据张高平供述："办案人员让我吃尽了苦头：让我连续站了七天七夜，不给我吃饭而且还让我蹲马步；我实在忍受不住了就坐在地上不起来，办案人员不但抓我的头发让我起来，而且还把我的手铐提起来，强制地把我提起来；甚至还用拖把硬按我的脚，感觉骨头都要碎了，还把矿泉水灌到我的鼻子里面；至于对我扇耳光、烟头烫胳膊、跪皮鞋底那些对我来说已经是小事了。我的有罪供述就是这样写的，否则他们就打我。"⑤

在陈金昌等四人抢劫杀人案中，侦查人员不仅没有出示任何法律手续和执法证件，屡次不符合刑事诉讼法的法定程序进行证据收集，而且还在上述情况下，直接故意伪造陈金昌等四人有罪的"犯罪证据"。例如，在本案中，当侦查人员第四次非法对犯罪嫌疑人姚泽坤的姐姐姚美湘的家里进行乱翻乱搜时，姚美湘实在忍不住了就问："你们究竟是在找啥子?"侦查人员晦气地说："犯罪用的锤子。"姚美湘忍不住笑着说："我家真的没有你们要的锤子。"侦查人员喝道："不要笑，赶紧去找锤子，没有找到锤子，就是生，你也要给生个锤子出来，不然我们就抓你回去。"由于侦查人员还是没有找到锤子，就罚姚美湘在地上连续跪了四个小时。最后，姚

① 石玉."杀人犯"赵作海妻子曾被羁押审讯月余［N］.南方都市报，2010-05-09.
② 张寒.河南警方掘地三尺重查无名尸案［N］.新京报，2010-05-09.
③ 石玉.赵作海讲述被刑讯逼供的细节［N］.南方都市报，2010-05-12.
④ 一剑.此案几乎是五年前"佘祥林案"的翻版赵作海冤案的前因后果［J］.检察风云，2010（12）：34-36.
⑤ 樊崇义.底线：刑事错案防范标准［M］.北京：中国政法大学出版社，2015：21.

美湘实在不行了，就对侦查人员说："你们别找了，我家真的没有，我给你们去借一个可以不？"侦查人员说："可以，快点。"于是，姚美湘就从邻家借了一把小锤给了侦查人员。使用同样的方法，侦查人员还从温绍国家里拿来了削水果的小刀。由于这些作案工具上面没有血迹，侦查人员还特别地安排了详细的细节：犯罪后作案工具用水清洗了。①

有时候在侦办案件的过程中，侦查人员为了将案件办成所谓的"铁案"，当面对有证人证言能够证明犯罪嫌疑人无罪时，侦查人员还威胁证人让其作假证，甚至还对证人采取暴力取证的非法方法。② 例如，在湖北佘祥林故意杀人的案件中，佘祥林的母亲杨五香因提供姚岭村盖有"中共天门市石河镇姚岭村支部委员会"的"良心证明"而被侦查机关监视居住关在看守所，被释放三个月以后就去世了。而京山县公安局的一名警察对佘树生的上访无情地喝道："你老婆死了，关我们什么事情。"同时，侦查人员还将聂麦清、倪乐平等7位证人带到石河镇的派出所。当倪乐平被带进讯问室后，京山县的一位政法工作人员就"啪"地把手枪放在桌面上，怒斥："就因你们作'伪证'，本来已经被判了的案子，现在上面还要查！"倪乐平不悦地说："我们只是按照村民的意见写个证明？怎么了？不要用枪吓我，我也是当过兵的！"然而这位工作人员说："还敢顶嘴，老子把你关进号子里去！"很快，该"良心证明"的执笔人倪新海和聂麦清都被抓进看守所。60多岁的倪新海说："办案人员还指使人打我，总是用拳头打我胸口，最后被逼得只好作'伪证'。"办案人员还对聂麦清说："你只要说没有见过那个疯女人，我们就放了你。"聂麦清被逼得也自杀了很多次，但是都被发现了，办案人员恶狠狠地说："你死了没有关系，还有你老公和儿子。"③ 就这样侦查人员对这些可以证明张在玉还活着的证人证言采取

---

① 黄士元. 正义不会缺席：中国刑事错案的成因与纠正［M］. 北京：中国法制出版社，2015：191.

② 李蕤. 刑事错案的形成与救济——以侦查工作为视角［J］. 湖南警察学院学报，2011（5）：33-38.

③ 黄士元. 正义不会缺席：中国刑事错案的成因与纠正［M］. 北京：中国法制出版社，2015：30.

暴力取证的获取方法,逼迫证人作"伪证"。

二、批捕起诉审查不严格

创设检察机关的一个重要的价值,就是在刑事诉讼的司法过程中,以客观公正的角色审查和监督侦查活动的合法性,摆脱警察国家的梦魇。[①] 而检察机关审查批捕部门就是专门对侦查机关提请对犯罪嫌疑人实施逮捕的条件进行依法审查,以决定是否批准逮捕,防止犯罪嫌疑人逃避刑事诉讼司法程序或继续实施犯罪。[②] 我国《刑事诉讼法》第八十一条规定:"对有证据证明有犯罪事实,可能判处徒刑以上刑罚的犯罪嫌疑人、被告人,采取取保候审尚不足以防止发生下列社会危险性的,应当予以逮捕。"即逮捕的条件有三个:证据条件、刑罚条件、社会危害性条件。只有三者同时具备才符合逮捕的条件,缺一不可。然而,在这些刑事错案中不难发现,大部分的犯罪嫌疑人根本就不符合逮捕的法定条件,特别是其中的证据条件即"有证据证明有犯罪事实"。在侦查机关提请逮捕的申请中犯罪嫌疑人并没有达到有证据证明其实施犯罪的证据条件,可是检察机关审查批捕部门却同意并批准了侦查机关的逮捕申请,造成犯罪嫌疑人被长期无辜羁押。如在杜培武故意杀人案中,侦查机关以杜培武涉嫌故意杀人罪向市检察院的审查批捕部门提请批准逮捕,在检察院的检察人员讯问杜培武的过程中,杜培武说自己是冤枉的,以前的有罪供述都是被侦查机关刑讯逼供给逼的,还向检察人员看手上被侦查人员的烟头所烫伤的疤痕。但是检察院的检察人员并没有重视和调查杜培武所说的这些情况,更没有对侦查机关提请的逮捕材料进行严格的审查是否符合逮捕的法定条件。虽然侦查机关提请逮捕的证据只有杜培武的口供,但审查批捕部门仍然批准正式逮捕杜培武。[③] 犯罪嫌疑人或被告人被羁押时间过长或超期羁押后,如果法院依据证据不足、指控的犯罪不成立做出无罪的判决,那么侦查机关和

---

① 林钰雄. 检察官论 [M]. 北京:法律出版社,2008:7.
② 孙谦. 逮捕论 [M]. 北京:法律出版社,2011:39.
③ 孙应征. 刑事错案防范与纠正机制研究 [M]. 北京:中国检察出版社,2016:213.

审查批捕部门将要面临国家赔偿和追究责任的问题，为了维护侦查机关和审查批捕部门的有关利益，便衡量权益后做出"留有余地"的有罪判决，从而导致刑事错案不断发生。正如有学者所言："人已经被羁押很久了，定罪没有确实充分的证据，判了证据不足放了又不愿意，进退两难。最后，也只能少判几年了。"① 因此，审查批捕部门如果对侦查机关提请的逮捕审查不严格，那么就会为刑事错案的发生埋下重大的隐患。

检察院的审查起诉不仅是连接侦查程序和审判程序的中间环节，而且还是刑事诉讼程序一个重要的关键点，是刑事诉讼各参与主体争夺利益的主战场。② 由于审查起诉部门和侦查机关都属于对犯罪嫌疑人进行刑事责任追究的控诉机关，造成我国检察机关的审查起诉部门也具有强烈的追究犯罪嫌疑人刑事责任的追诉倾向。在刑事诉讼办案的实践过程中，审查起诉部门不但注重与侦查机关侦办案件的互相配合义务，而且有时还对侦查机关侦办的案件提前介入进而引导侦查机关对案件中证据的发现、收集、提取和固定即所谓的公诉引导侦查。审查起诉部门对侦查机关移送的案件审查不全面、不仔细、不严格，在审查起诉的过程中对侦查活动中刑讯逼供等非法取证行为存在走过场或默许的态度，对辩护律师提出的犯罪嫌疑人无罪、罪轻的辩护意见或证据不予重视，对侦查机关的结论和证据存在过分的相信，甚至对不符合法定条件的案件仍然向法院提起诉讼。

在李化伟故意杀人案中，侦查机关在对案件侦查终结移送审查起诉部门之后，当检察人员对李化伟进行提审的时候，犯罪嫌疑人李化伟声称自己是被冤枉的，而且还说自己的有罪供述是在侦查人员的刑讯逼供下作的虚假供述，完全地推翻了自己的有罪供述。虽然这些引起了当时审查起诉部门检察人员的注意，并且案中的关键性证据菜刀、碗柜把手、磁带、炕上的指纹和足迹并不是李化伟本人的。尽管这些证据存在重大疑点，然而审查起诉部门却降低了提起公诉的法定标准依然对李化伟以涉嫌故意杀人

---

① 何家弘. 迟到的正义：影响中国司法的十大冤案 [M]. 北京：中国法制出版社，2014：307.

② 陈光中，江伟. 诉讼法论丛 [M]. 北京：法律出版社，1998：127.

罪向法院提起公诉。①

依据我国《刑事诉讼法》的规定，检察机关在起诉审查的环节中，应当对犯罪嫌疑人进行讯问。但是在实践中，有的检察人员根本就没有对犯罪嫌疑人进行提审，不但严重地违反了刑事诉讼法的程序法规定，而且还剥夺了犯罪嫌疑人辩护的合法权益。如在云南的孙万刚故意杀人案中，从孙万刚被立案侦查到法院的开庭前，根本就没有见到过一个检察人员。检察人员给的解释居然是："从昭通市到巧家县要坐 10 多个小时的车，太远了！"由于距离太远就没有按照刑事诉讼法的规定讯问犯罪嫌疑人。显而易见，检察院的审查起诉部门在对本案的审查起诉时不仅违反法律规定，而且还是极不负责的不严格审查。

部分审查起诉的检察人员有时候还会出现对侦查机关取证中的刑讯逼供等非法行为持放任和包庇的态度，甚至还在讯问犯罪嫌疑人的时候对其进行恐吓、威胁。② 例如，在张新亮故意杀人案中，当张新亮对检察人员说自己曾被侦查人员非法刑讯逼供时，检察人员不但不重视，而且还威胁张新亮，对其恐吓："如果不按照以前的供述说，那么就给你加刑！"对于张新亮的辩护律师提供的张新亮被刑讯逼供的照片以及法医的鉴定结论，审查起诉部门不但置之不理，而且还在向法院提起公诉的时候进行选择性的忽略③，进而隐藏和包庇侦查机关刑讯逼供非法取证的证据。

因此，检察院对侦查机关提起的逮捕和案件移送都存在严重的违法和不严格的现象。如对佘祥林案件、滕兴善案件、赵作海案件在审查起诉时存在案件的犯罪事实都基本没有查清、被害人的认定都存在重大的嫌疑；张高平、张辉案件、于英生案件、王本余案件等案件还存在侦查机关刑讯逼供和伪造证据的取证行为、暴力取证获得证人证言、包庇和隐藏犯罪嫌疑人的无罪证据等。然而，面对这些案件审查部门却对其顺利地通过了审查，依然做出批准逮捕或提起公诉的决定。显而易见，在实践的过程中，

① 刘品新. 刑事错案的原因与对策［M］. 北京：中国法制出版社，2009：299.
② 司钦山. 刑讯逼供的主观因素及对策［J］. 江苏公安专科学校学报，2001（2）：61-66.
③ 刘品新. 刑事错案的原因与对策［M］. 北京：中国法制出版社，2009：298-299.

批捕起诉审查存在人为地降低标准和审查的不严格造成"够罪即捕""一捕到底"和"事实不清、证据不足"却坚持起诉的现象。① 正如有学者所言："批捕、审查起诉的不严格，造成检察机关对刑事诉讼程序环节把关的落空，导致所有刑事错案在检察环节上出现了共同的基本特点。"② 还有学者提议："应该把我国的审查起诉程序修改为起诉程序，因为侦查机关移送给公诉机关的大部分案件都被提起了公诉，不起诉的案件实在少得可怜！"③

三、法院审判缺乏独立性

审判独立是现代法治国家在刑事诉讼的过程中普遍确立的一项基本原则。这不仅是依法治国的本质要求，而且还是规范作为审判机关的人民法院与其他立法、执法、司法等机关之间关系的必然要求。我国的《宪法》《刑事诉讼法》对人民法院依法独立行使审判权都有明确的规定。审判权的独立有利于审判人员在对案件的审判过程中避免来自系统内外因素的不良干扰，减少地方党委、政府等机关单位的不当干预，避免受到被害人及其家属、社会公众、网络媒体等舆论的误导，从而为审判人员依法独立行使审判权提供良好的司法环境。促使每起案件都能够依据"以事实为依据，以法律为准绳"进行审判。毕竟，审判独立有利于每一起刑事案件得到公正公平的判决和预防或降低刑事错案出现的概率。而每起刑事错案的发生，不但造成司法机关公信力的降低、刑事诉讼成本的提高、国家法律尊严的质疑，而且还会导致错案中的无辜者遭受名誉、人身自由被非法侵害甚至生命权被剥夺的惨痛局面。但是，有时候往往事与愿违，在法院对案件进行依法独立审判的过程中，时常会受到法院系统内部或外部的各种不当因素的干扰，审判独立难以得到切实有效的司法保障。一方面，在人民法院系统内部，每当合议庭对重大、复杂、疑难的案件存在难以做出具

---

① 张剑峰. 逮捕制度新论 [D]. 长春：吉林大学，2013.
② 樊崇义. 底线：刑事错案防范标准 [M]. 北京：中国政法大学出版社，2015：191.
③ 樊崇义. 底线：刑事错案防范标准 [M]. 北京：中国政法大学出版社，2015：23.

体决定的时候，合议庭会提请院长决定提交审判委员会进行讨论决定，而对于审判委员会讨论结果的决定，合议庭应当执行；另一方面，在人民法院系统外部，还要受到地方党委、政府以及作为我国法律监督机关人民检察院的限制或制约。因此，这些方方面面的因素都会在不同程度上影响或牵制法院的审判独立，造成"审而不判""判而不审""未审先判""下审上判"等不良现象。①

（一）审判的行政化倾向

我国《刑事诉讼法》第一百八十五条规定："合议庭开庭审理并且评议后，应当作出判决。对于疑难、复杂、重大的案件，合议庭认为难以作出决定的，由合议庭提请院长决定提交审判委员会讨论决定。审判委员会的决定，合议庭应当执行。"在法院审判的实践过程中，每当合议庭在遇到"疑难、复杂、重大"等刑事案件而难以作出决定的情况下，基本都会把案件提交审判委员会讨论和决定，毕竟审判委员会更具有权威性。因此，各级人民法院的审判委员会就像是案件审判的"行政决策中心"②，法院的院长必须组织和协调"审判决策"的过程和结果。于是，法院的审判独立就转化为下级服从上级、合议庭服从审判委员会、重大案件院领导拍板，有时法院这种审判决策的"潜规则"就演变为案件审判行政化倾向的潜在诱发原因。有学者认为，在法院的独任制、合议制、审判委员会制中，合议制和审判委员会制属于"民主"的审判方式，但实质上是属于行政管理对案件做出决定的决策方式。在案件审判的过程中，审判人员要将案件的审判情况向庭长做汇报和请示，而案件的判决文书也要交与庭长和主管的副院长进行审批；主管副院长如果不同意可以退回合议庭要求重新合议或提交本院的审判委员会进行讨论决定；如果审判委员会也不同意或

① 谭泽林，朱新军. 防止冤假错案的底线思考与实践探索［J］. 湖南行政学院学报，2015（3）：43-46.

② 唐亚南. 刑事错案产生的原因及防范对策——以81起刑事错案为样本的实证分析［M］. 北京：知识产权出版社，2016：122.

者对案件难以做出决定，那么还可以请示上一级人民法院。而法院对案件的层层请示、审批、汇报等审判模式，正是典型的行政管理的决策模式。造成具体案件中的审判人员无法享有对案件处理的决定权，而对案件处理享有决定权的却没有权参与案件审理即"审者不判、判者不审"。① 因此，如果审判委员会的决定与合议庭的意见不相同，那么合议庭也只能服从审判委员会的决定，结果就是造成了刑事错案。

例如，在李永财故意杀人案中，1998 年 4 月 21 日，被害人张益国被人发现身中 14 刀而死亡。经侦查机关的调查访问，认为张益国的工友李永财具有重大的犯罪嫌疑，因为据调查在 4 月 20 日的晚上李永财与张益国发生了激烈的争吵行为，于是李永财被批准逮捕而提起公诉。辩护律师提供了强有力的证据证明李永财是无罪的。当时负责该案审判的合议庭采纳了辩护律师的意见和证据，合议庭作出的意见是李永财无罪。当案件被提交到审判委员会进行讨论后，审判委员会的决定却是李永财构成故意杀人罪，但是案件存在证据不充分的情况，于是判决李永财故意杀人罪死刑，缓期两年执行。②

（二）政法委的不当干预

政法委是我国各级党委领导和管理政法工作的职能部门，其主要的职责就是支持和督促公安机关、检察机关、法院、国家安全机关等政法各单位依法行使职权，组织和协调各政法单位之间的关系。然而在司法实践中，地方政法委的领导往往协调司法机关之间过分的配合关系，而忽略各司法机关之间的制约或监督的关系。尤其是在面对重大、复杂、疑难案件的时候，政法委基本都会组织和协调各司法机关采取"联合办案"的模式，强调司法机关之间要"统一指挥""协同作战"，案件被侦查机关侦查终结以后，检察机关应该及时地向法院提起公诉，而法院也只能做出有罪

① 王禄生. 我国刑事错案成因分析——基于案件过滤的视角 [J]. 湖北社会科学，2014（10）：148-154.

② 刘品新. 刑事错案的原因与对策 [M]. 北京：中国法制出版社，2009：326-327.

的判决。

例如，在张金波强奸案中，张金波被一审法院判处强奸罪，然后上诉。当时负责对张金波审判的二审审判长刘道源经过对案件的证据进行详细的审查，认为本案只有被害人郭淑兰和其儿媳妇的言辞证据，这两人之间的言辞证据还存在互相矛盾的疑点，案件中根本就没有指控张金波有罪的核心证据即张金波的精斑。于是，审判长刘道源认为本案事实不清、证据不足，提出张金波应该"无罪"的处理意见。但是，由于张金波不断地对其案件上访，有人认为张金波是对市公安局负责纪委的某位领导不满。为此，政法委专门组织和协调公检法讨论和研究张金波的案件。政法委很反感张金波的上访和其要求的国家赔偿，当时政法委领导问："张金波强奸案能不能定？"有人回答："能。"在政法委的组织和协调下，二审的审判长刘道源也就只好违背良心地作出了判决，判决张金波强奸罪有期徒刑10年。①

在重庆的童立民故意杀人案中，侦查机关对犯罪嫌疑人童立民提请批准逮捕时，检察院认为，案件中存在证据疑点较多，而且犯罪嫌疑人童立民的供述与侦查机关的现场勘验、司法鉴定结论都存在严重的矛盾。于是，检察机关没有批准侦查机关逮捕童立民。在长达21个月两次童立民的"有罪"供述后，检察机关终于批准逮捕童立民。在案件移送审查起诉时，检察机关认为案件指控的证据不足，不予起诉。然而，重庆市政法委数次召开公检法三机关领导会议，专门对童立民的案件进行讨论，其中侦查机关坚持童立民有罪，检察机关坚持证据不足，不符合起诉条件。最后，政法委拍板该案"疑罪从轻"进行"留有余地"的判决，见法院举棋不定顾虑较多，政法委领导说："万一判错了，你们不承担责任，一切由政法委承担，但钱由检察院赔偿。"最后，1999年10月，重庆市第一中级人民法院以故意杀人罪判处童立民死刑，缓期两年执行。然而2002年10月11

---

① 刘品新. 刑事错案的原因与对策［M］. 北京：中国法制出版社，2009：329.

日，重审宣告童立民无罪。①

还有如李化伟故意杀人案，丁志权故意杀人案，任树君等四人故意杀人案，林超忠抢劫案，黄立伩爆炸案，胥敬祥抢劫、盗窃案等刑事错案中均出现过政法委组织和协调公安机关、检察机关、人民法院进行"联合办案"。其中在胥敬祥抢劫、盗窃案中，某审判人员告诉胥敬祥："胥敬祥，你也被关了这么久了，应该知道胳膊拧不过大腿吧？你上诉也是白上诉！政法委已经研究决定了，就这样判你！我也知道对你不公平。"② 因此，政法委组织和协调的办案模式也就变成了检察机关和人民法院"互相配合"对案件侦办，致使"事实不清、证据不足"的案件也能够顺利地通过检察机关的起诉审查和法院的审判，造成法院出现"未审先判"的现象，从而使法院审判也变成了"走过场"，这样也就为刑事错案的发生提供了的"土壤"。

（三）社会舆论的负面影响

正如英国史学家阿克顿勋爵所言："权力导致腐败，绝对的权力会导致绝对的腐败。"所以，刑事诉讼的权力就应该受到社会公民、社会舆论、网络媒体等对其运行的状况以及刑事司法的各个程序进行适当的监督和报道，从而达到预防刑事司法权被恣意行使的效果，实现司法公正的社会价值。然而，任何事物都具有两面性，社会舆论在监督刑事司法的同时，也会对刑事司法的运行造成许多的干扰，部分还会转化为"舆论审判"的不良局面。尤其是发生严重危害社会的故意杀人、强奸、抢劫、爆炸等暴力案件时，被害人及其家属和社会公众都会向司法机关强烈要求严惩犯罪分子，对于案件性质特别严重、犯罪手段极其残忍的还会进一步地引起民众、网络媒体强大的"愤怒"，"部分网络媒体对法院还没有进行审判的案件进行报道时，为了达到本地以及全国网络媒体对该案件关注的目的，报

---

① 何家弘. 迟到的正义：影响中国司法的十大冤案［M］. 北京：中国法制出版社，2014：300.

② 王亦君. 胥敬祥：我这 13 年的噩梦生涯［N］. 中国青年报，2005-05-10.

道时完全不考虑所使用的语言是否正确与恰当，甚至还表达出必须要'杀一儆百''不杀不足以平民愤'等强烈的愤怒谴责"。① 诚如有学者所言："在法院审判完全依附于外部的情况下，几乎所有为保证司法公正而设计的原则、制度都会名存实亡。"② 因此，在"大局观念""稳定压倒一切"等压力下，审判人员在一定程度上被这些民众、网络媒体的社会舆论所影响和制约，导致审判人员不得不在这些社会舆论面前妥协，从而使司法公正的天平出现了倾斜，造成审判独立被社会舆论所"绑架"。最后，"舆论审判"酿成了刑事错案。

例如，在赵新建故意杀人案中，亳州市 17 岁的女孩邢红艳被人杀害后还遭到强奸。侦查机关在现场勘查时发现一件可疑的衣物，经调查访问该衣物属于同村的村民赵新建所有，侦查机关便认为赵新建存在重大的犯罪嫌疑，在讯问的过程中犯罪嫌疑人赵新建也供述了杀害和强奸邢红艳的"犯罪事实"。当侦查机关对赵新建提请检察院批准逮捕时，检察院以案件事实不清、证据不足为由不予批准对赵新建的逮捕，之后犯罪嫌疑人赵新建便被侦查机关释放。但是，当得知犯罪嫌疑人赵新建被侦查机关释放后，被害人的家属愤怒到了极点。不但邢红艳的奶奶邢吕氏到公安局、检察院、法院各个办案单位强烈要求严惩杀人"罪犯"赵新建，甚至还在法院上吊进而威胁审判人员。而且，案发地邢家庄的村民也极为愤怒，都不断地给司法机关、党委、政府施加强大的舆论压力。面对这样强大的民愤和社会压力，司法机关也束手无策，只好快速地对案件进行起诉和审判，以安抚被害人家属、邢家庄村民的强大愤怒和稳定本地的社会治安。赵新建也就成了社会舆论的牺牲品，于 2001 年被一审法院判处死刑。事后亳州市法院的一名审判人员直言不讳地就本案被社会舆论所"审判"的无奈地说："面对被害人邢红艳家属及邢家庄村民的社会愤怒压力，司法机关根本就不敢把犯罪嫌疑人赵新建给放了，虽然赵新建的案件证据不足，但是邢红艳的奶奶邢吕氏到处上访告状，总是到省委、省政府、省公安厅、省

---

① 贺卫方. 司法的理念与制度 [M]. 北京：中国政法大学出版社，1998：270.
② 陈瑞华. 看得见的正义 [M]. 北京：中国法制出版社，2000：58-59.

高院、省检察院等单位上访，每次的省政府领导接待日，邢吕氏就必定前往去喊冤告状。而且还三天两头地来办案单位闹，邢家庄村民的愤怒舆论严重地影响到了地方的稳定，你说怎么办？只能哪边闹得凶就往哪边靠一点。"① 诚然，本案中被害人家属和邢家庄村民的社会舆论似乎成了公检法三机关办案的"指南针"，然而这种社会舆论对法院审判独立造成"未审先判"的不良影响，也并不仅限于此案，在佘祥林故意杀人案和刘金新强奸案中也有所体现。因此，社会舆论的负面影响也是造成刑事错案发生的重要原因之一。

四、辩护律师作用难以发挥

控辩平等是刑事诉讼程序的基本理念，也是犯罪嫌疑人、被告人在刑事诉讼中实现司法公正的基本保障。② 我国的《刑事诉讼法》不但赋予了犯罪嫌疑人、被告人在刑事诉讼中维护自己合法权益的辩护权，而且还赋予了犯罪嫌疑人、被告人聘请律师或其他人为其进行辩护的权利，促使辩护人维护犯罪嫌疑人、被告人在刑事诉讼过程中的合法权益不受非法侵害。并和犯罪嫌疑人、被告人共同肩负在刑事诉讼中的辩护职能，而且还可以对侦查机关、检察机关、审判机关的刑事诉讼行为起到一定的"监督"作用，防止司法人员主观片面甚至徇私枉法等非法行为的发生，为保障和实现司法公正起着至关重要的作用。但就目前实际情况而言，虽然我国的《刑事诉讼法》在一定程度上加强了辩护律师在刑事诉讼程序中的辩护权利，对其享有刑事诉讼权利的范围也进行了扩大，且还对律师介入刑事诉讼程序的时间也给予了提前，但是辩护律师的诉讼权利和地位还远远不能与国家的控诉机关相比较。③ 一方面，辩护律师在刑事诉讼程序中的权利仍然得不到完全的保障；另一方面，《刑事诉讼法》等法律法规还对辩护律师的诉讼权利进行了部分的限制。虽然依照我国《刑事诉讼法》的

---

① 陈磊. 一起奸杀案的若干"真相"[J]. 农村. 农业. 农民（B版），2007（2）：27-29.
② 艾超. 辩护权研究 [D]. 武汉：武汉大学，2010.
③ 李义凤. 律师辩护机制与刑事错案预防 [J]. 河南社会科学，2014（7）：53-58.

规定，辩护律师在刑事诉讼中享有部分基本的诉讼权利如会见权、阅卷权等，但是往往在实践中辩护律师想要行使和实现这些诉讼权利确实困难重重。①

例如，在赵作海故意杀人案中，辩护律师认为公诉机关提出的指控证据存在许多的矛盾和疑点，并在法院审判的过程中为赵作海做无罪辩护。辩护律师认为：①侦查机关对案件中高度腐烂的尸体进行了四次 DNA 鉴定，结果都不能确定该尸体的具体身份，也就不能认定该尸体就是赵振裳；②侦查机关将赵作海列为重大犯罪嫌疑人，但没有查找赵作海涉嫌犯罪的作案工具，而且也没有与该尸体的痕迹是否同一进行司法鉴定；③侦查机关对该不完整的尸体进行检验，认为该尸体的身高应该是 1.7 米，但赵振裳的身高才 1.65 米，存在差异。因此，辩护律师认为案件事实不清、证据不足，被告人赵作海应该属于无罪。遗憾的是法院并没有采纳辩护律师对赵作海的无罪辩护意见，辩护律师的作用难以发挥。

在杜培武故意杀人案中，辩护律师刘胡乐、杨松在辩护词中指出：①侦查机关在司法鉴定中的检材是来源于刹车和油门的踏板，而现场照片和现场勘查笔录的记载泥土来源于离合器的踏板，二者存在不吻合的情况；②侦查机关对在云 OA0455 警车内的气味与杜培武的气味进行警犬气味鉴定其结果为气味符合，辩护认为：云 OA0455 警车为杜培武妻子的车，车内有杜培武的气味属于正常现象，案发时是 4 月 20 日，而警犬气味鉴定是 6 月 4 日，间隔这么长的时间车内杜培武的气味还能否存在？更何况，侦查机关在做警犬气味鉴定时两只警犬只有一只有反应，其结果也并不确定；③侦查机关对车内刹车踏板上的泥土与杜培武衣服上的泥土进行鉴定存在不科学，这与侦查机关现场勘查笔录、现场照片对泥土的来源存在完全的不吻合，该鉴定存疑不能作为本案的证据；④戒毒所的民警赵坤生和黄建忠的证人证言证明案发时杜培武正在本单位，所以，被告人杜培武没有实施犯罪的作案时间；⑤被告人杜培武的有罪供述，都是侦查机关在刑

---

① 万伟岭. 刑事错案原因探析［J］. 中国检察官，2012（1）：73.

讯逼供的情况下获取的，而且还有被告人刑讯伤情照片等证据能够证明，该证据不能够成为认定本案事实存在的依据。因此，辩护律师刘胡乐、杨松向法院提出本案事实不清、证据不足，公诉机关指控杜培武故意杀人罪不成立的无罪辩护意见。① 但是，法院在审判的过程中对辩护律师提出无罪辩护的意见并没有引起重视和采纳，而且法院还轻易地认为该无罪辩护词是辩护律师的主观推理和分析，仍然判处被告人杜培武故意杀人罪死刑。

在四川的黄刚、李杰等人的故意杀人案中，当辩护律师张国珍要给被告人作无罪的辩护时，就立即被市政法委的领导予以了批评，禁止辩护律师张国珍对本案的被告人作无罪的辩护，最后辩护律师张国珍被迫无奈的作了罪轻的辩护。于是就有人认为："刑案中的辩护律师辩是辩、判是判，辩护律师的介入基本就是虚设，公检法都存在不正确的理解辩护律师在案件中的基本功能。"反正辩护律师都是"为被告脱罪""为钱而辩"其辩护意见也是"可有可无"，"即使在法院审判的过程中，你辩护得再对，最后还不是'本院认为'"。

五、非法证据难以被彻底排除

我国《刑事诉讼法》第五十六条规定："采用刑讯逼供等非法方法收集的犯罪嫌疑人、被告人供述和采用暴力、威胁等非法方法收集的证人证言、被害人陈述，应当予以排除。收集物证、书证不符合法定程序，可能严重影响司法公正的，应当予以补正或者做出合理解释；不能补正或者做出合理解释的，对该证据应当予以排除。在侦查、审查起诉、审判时发现有应当排除的证据，应当依法予以排除，不得作为起诉意见、起诉决定和判决的依据。"显然，非法取证行为不但违背了《宪法》对公民基本人权的保护规定，而且还违背了《刑事诉讼法》中对犯罪嫌疑人基本合法权益

---

① 黄士元. 正义不会缺席：中国刑事错案的成因与纠正［M］. 北京：中国法制出版社，2015：57-58.

保障的基本理念。从已经发生的赵作海故意杀人案、佘祥林故意杀人案、杜培武故意杀人案、王本余强奸案、李久明故意杀人案等系列的刑事错案来看，都与侦查机关采取刑讯逼供、暴力取证等非法取证而获得的证据有着直接的关系。口供历来就被侦查机关视为"证据之王"。然而，侦查机关对犯罪嫌疑人口供的获取方法往往得不到合法的保证。① 尤其是对犯罪嫌疑人采取刑讯逼供等非法的取证方法，除非导致出现犯罪嫌疑人重伤、死亡等严重的后果发生，否则即使犯罪嫌疑人或其辩护律师提出侦查机关在取证的时候存在刑讯逼供等非法行为，如果没有确凿的证据能够证明刑讯逼供等非法取证的存在，那么该非法获取的证据一般是很难被排除。② 毕竟，获取犯罪嫌疑人的有罪供述，是侦查机关侦破案件的最好捷径。如果对口供形成过分地依赖即"口供情节"，甚至对犯罪嫌疑人采取刑讯逼供等非法的获取口供，那么就必然会造成出现刑事错案。③

依据《刑事诉讼法》的有关规定，在审判的时候对非法证据排除的启动方式有两种：一种是被告人以及辩护律师提出申请对非法证据的排除；另一种是法院依职权主动地对非法证据的排除。首先，法院以职权主动对非法证据予以排除，不但是法院的权力也是法院的法定责任。然而从法院审判的实践而言，如果发现在审判的过程中发现存在涉及非法取证的证据时，法院对其态度往往是不愿排或不敢排。有法官指出："法官在审判时未以职权主动启动对非法证据进行排除并不是因为没有发现依据法律规定应当排除的非法证据，而是因为启动对非法证据进行排除的程序会致使案件延期审理、增加诉讼成本、降低诉讼效率以及还会造成案件出现疑难、复杂的局面。"④ "一般情况下，法官都会要求检察院对该非法证据进行补正"。依据《刑事诉讼法》的规定只有物证和书证出现瑕疵时，才可以通

---

① 赵培显. 刑事错案中的口供问题及对策 [J]. 郑州大学学报（哲学社会科学版），2014（3）：64-67.

② 张智辉. 刑事非法证据排除规则研究 [M]. 北京：北京大学出版社，2006：92.

③ 陈兴良. 错案何以形成 [J]. 浙江公安高等专科学校学报，2005（5）：14-15.

④ 左卫民. "热"与"冷"：非法证据排除规则适用的实证研究 [J]. 法商研究，2015（3）：151-160.

过对该证据进行补正或合理的解释使其重新获得证据的证明力。但是，审判过程中的法官往往都会把刑讯逼供等非法获取的言辞证据也按照瑕疵证据进行转换处理，然后通知检察院对该瑕疵证据进行补正，而经过检察院对瑕疵证据进行补正后，那么就使这些非刑讯逼供的非法证据变成了"合法"的证据，只要经过法庭质证就能够起到对被告人进行定罪量刑的作用。如果有非法证据确实无法通过瑕疵证据而转换成"合法证据"，那么法官也会对该证据予以剔除，不会让它出现在判决书里面，犹如从来都没有见过这份证据。① 其次，对于被告人或辩护律师提出对非法证据进行排除的申请来说，部分被控方也仅仅以口头表达的方式提出在侦办案件地过程中受到侦查机关的刑讯逼供等非法行为，但是却无法提供具体的有关线索或材料如被刑讯逼供的具体时间、地点、讯问人员、有无伤情、有无证人等，这种情况下往往不会引起法官的重视和被记录案卷。当然，也有部分被告人可能确实遭受到了侦查机关的刑讯逼供，也很想向法院提出对非法证据排除的申请，可是经过再三的考虑最后也被放弃了。毕竟，被告人认为，如果提起对非法证据排除的申请最后仍然没有得到对案件定罪量刑起到重大作用的实体意义，可能会让法官认为自己是故意推延诉讼进程或主观认罪态度不端正等消极的行为，那么还不如不向法官申请对非法证据的排除，以免起到适得其反的反作用。

最为重要的原因是法官在案件审判的过程中根本就不希望出现对非法证据进行排除的情形，不管是法官以职权提起还是被控方提出的申请。法官认为：一方面，如果被控方提起对非法证据排除的申请，那么不仅会使法官的审判工作量增加，而且还会严重的影响审判的诉讼效率；另一方面，法院对提起非法证据的排除工作并没有纳入对法官绩效考核的范围之内，而且对非法证据的排除还会需要大量的时间重新调查、法医伤情鉴

---

① 左卫民．"热"与"冷"：非法证据排除规则适用的实证研究［J］．法商研究，2015（3）：151-160．

定、收集证据等，这些都会对法官的绩效考核产生重大的影响。① 于是，法官一般都会采取"思想工作"的方式劝解被控方不要提起或撤销对案件中存在的非法证据排除的申请，即使提起申请法官也仅仅是适当地对该证据获取的"合法性"进行一般性的调查。如有学者对某抢劫案等 10 起存在刑讯逼供等非法取证的案件进行统计，结果显示没有一起案件因为对排除非法证据而导致该案件被判无罪，大部分的案件对非法证据进行排除后都没有对案件的定罪量刑产生任何实质性的影响，只有 1 起致使案件中部分的指控事实不成立，但仍然没有改变法官对案件最后有罪判决的结果。② 显而易见，在法院审判的实践过程中，法官基本很少会以职权主动地对非法证据进行排除，而被告人及辩护律师提出对非法证据排除的申请，也经过"瑕疵证据"转化为"合法证据"。即使法官真的排除被告人提出的侦查机关通过刑讯逼供等非法获取的有罪供述，但是其他被告人合法重复性的有罪供述仍然是具有法定的证据效力，基本对被告人的定罪量刑不会产生根本性的影响。正如某位法官所说："被法院排除的非法证据往往都是被告人还没有被羁押到看守所所作的供述，只要被告人被羁押到看守所，有铁栅栏拦着就想刑讯逼供都不可能，而被告人所做的供述却还和没有进来之前的一样，那么法院就会采用被告人在看守所里面所做的供述来作为对案件进行定案的依据，其实对非法证据的排除与不排除基本没有什么区别。"③ 诚如何家弘教授所言："在许多刑事错案中，被告人及辩护律师都在法庭审判的时候辩护在侦查阶段曾受到侦查人员的刑讯逼供等非法取证并且还推翻了以前的有罪供述，然而法官并没有排除那些被告人的有罪供述，却结合其他的证据对被告人的有罪证据经过印证后依然予以采信。"④

---

① 左卫民. "热"与"冷"：非法证据排除规则适用的实证研究 [J]. 法商研究，2015 (3)：151-160.

② 左卫民. "热"与"冷"：非法证据排除规则适用的实证研究 [J]. 法商研究，2015 (3)：151-160.

③ 左卫民. "热"与"冷"：非法证据排除规则适用的实证研究 [J]. 法商研究，2015 (3)：151-160.

④ 何家弘. 证据的采纳和采信——从两个"证据规定"的语言问题说起 [J]. 法学研究，2011 (3)：147-148.

因此，面对法院这种具有选择性排除非法证据的决定，不但对被告人及辩护律师的辩护没有任何实质性的诉讼意义，而且还在一定程度上表现出对非法证据排除规则及有关刑事诉讼司法改革部分不良的粉饰，更大的危害是与非法证据排除规则制定的法律价值意义背道而驰。毕竟，由于受到"重实体、轻程序"的影响和司法机关以案件事实认定是否存在错误为错案责任追究标准的制约，造成法官无法承担因为排除非法证据而可能导致出现刑事错案被追究的责任后果，从而导致非法证据排除规则出现"理论热闹"与"实务冷清"的强烈差异。①

六、侦查监督刚性不足

我国《宪法》第一百三十四条规定："中华人民共和国人民检察院是国家的法律监督机关"，《刑事诉讼法》第八条规定："人民检察院依法对刑事诉讼实行法律监督"，最高人民检察院的《人民检察院刑事诉讼规则（试行）》第五百五十七条规定："人民检察院对公安机关的刑事立案活动进行监督"，第六十六条规定："对采用刑讯逼供等非法方法收集的犯罪嫌疑人供述和采用暴力、威胁等非法方法收集的证人证言、被害人陈述，应当依法排除，不得作为报请逮捕、批准或者决定逮捕、移送审查起诉以及提起公诉的依据。"2000年最高人民检察院将审查批捕厅更名为侦查监督厅，而侦查监督的范围以立案监督、审查逮捕、侦查活动监督三个方面为主。因此，从刑事诉讼程序的应然角度而言，检察机关的侦查监督是对侦查机关及侦查人员的工作活动进行全面而有效的法律监督。然而，我国《刑事诉讼法》及《人民检察院刑事诉讼规则（试行）》法律规定不全面等方面的缺陷，致使检察机关的侦查监督在刑事诉讼的实践过程中存在刚性不足的一面，从而无法发挥法律法规赋予其监督的职能作用。② 从而造成对刑事错案在侦查阶段防范的不足、过滤作用的不严格，这就难免的造

---

① 左卫民.“热”与“冷”：非法证据排除规则适用的实证研究 [J]. 法商研究，2015（3）：151-160.
② 韩成军. 侦查监督权配置的现状与改革构想 [J]. 法学论坛，2011（4）：135-141.

成了部分刑事错案的出现。

（一）侦查监督的范围较窄

从检察机关侦查监督的范围而论，侦查监督的范围也是相当的狭窄，这种范围对侦查人员讯问犯罪嫌疑人、强制措施中的扣押、搜查、技术监听等基本不进行审查。致使侦查活动中的侦查措施严重的缺乏检察机关的监督和制约，造成侦查机关在办案的过程中往往会出现刑讯逼供、暴力取证、滥用扣押、搜查等强制措施，为刑事错案的诱发埋下了重大的隐患。① 在对侦查机关刑讯逼供等暴力非法取证遏制方面，虽然侦查机关采用了全程录音录像措施进行防控，但是检察机关对此进行的侦查监督并没有全面严格的制约机制。而且在刑事诉讼的实践中，由于检察机关和侦查机关在大部分的刑事诉讼过程中共同承担着打击犯罪和追究犯罪嫌疑人刑事责任方面的控诉职能，于是就很容易形成打击和惩罚犯罪的共同合力，造成检察机关和侦查机关的关系主要是"互相配合"，而"互相制约"的关系则被处于从属的地位。因此，检察机关对侦查机关在办案过程中侦查活动的监督作用基本被形式化，从而导致侦查监督并没有起到实质性的作用。②

（二）侦查监督方法的滞后

我国《刑事诉讼法》第一百条条规定："人民检察院在审查批准逮捕工作中，如果发现公安机关的侦查活动有违法情况，应当通知公安机关予以纠正，公安机关应当将纠正情况通知人民检察院。"《人民检察院刑事诉讼规则（试行）》第五百六十七条规定："人民检察院应当对侦查活动中是否存在以下违法行为进行监督：（一）采用刑讯逼供以及其他非法方法收集犯罪嫌疑人供述的；"等。第五百五十三条规定："人民检察院发出纠正违法通知书的，应当监督落实。被监督单位在纠正违法通知书规定的期限内没有回复纠正情况的，人民检察院应当督促回复。"显而易见，我国

---

① 刘计划.侦查监督制度的中国模式及其改革［J］.中国法学，2014（1）：243-265.
② 杨振江.检察机关侦查监督问题研究［M］.北京：中国检察出版社，2005：219.

目前检察机关对侦查机关的侦查活动进行的侦查监督是属于一种事后监督的滞后方法。① 同时也是一种仅仅依靠通过对侦查机关移送的有关案卷及证据材料进行审查的静态监督，而对侦查机关的立案开始及对案件的后续具体侦办过程基本是很少主动或提前进行动态同步的监督，从而造成检察机关对侦查机关侦查监督效果不足。

（三）侦查监督制裁的效果较弱

我国《宪法》《刑事诉讼法》《人民检察院刑事诉讼规则（试行）》等法律法规赋予了检察机关具有侦查监督的职能权力，对实践中侦查机关对于检察机关提出的违法纠正建议往往总是会出现消极的拖延纠正甚至拒绝纠正的现象。而依据有关的法律法规及司法解释检察机关对于这种情况都会表现出一种心有余而力不足的制裁措施，致使其侦查监督的效果很难得到全面的落实。② 如我国《刑事诉讼法》第一百一十三条规定："人民检察院认为公安机关对应当立案侦查的案件而不立案侦查的，或者被害人认为公安机关对应当立案侦查的案件而不立案侦查的，向人民检察院提出的，人民检察院应当要求公安机关说明不立案的理由。人民检察院认为公安机关不立案理由不能成立的，应当通知公安机关立案，公安机关接到通知后应当立案。"诚然，根据法律规定及司法解释而言，这里的"应当"并不是带有强制性的法律规定，也仅仅是带有"通知性"的检察建议。对于如果出现侦查机关拖延纠正或者不予纠正的现象，《刑事诉讼法》并没有明确规定侦查机关应该承担哪些不予纠正的法律责任，也没有具体规定检察机关具有哪些制裁性的法律措施，致使检察机关对侦查机关的侦查活动进行监督的效果并没有达到法律所预期的效果。在侦查实践中，检察机关有时也会对不立案情况提出纠正，而往往没有引起侦查机关足够的重视。即使侦查机关对不予立案的给予了立案，但是最后也会出现立而不

---

① 吴建雄. 诉讼监督的错案预防价值及其实现［J］. 人民检察，2011（6）：31-36.
② 孙婷婷. 略论非法取证的诉讼监督［J］. 公安学刊（浙江警察学院学报），2014（3）：66-70.

侦、侦而不结、结而不送等消极的应对策略。因此，虽然我国法律法规赋予了检察机关的侦查监督权力，但是往往在具体操作的时候由于没有规定相对应的法律责任和制裁性的具体措施，这就使检察机关的侦查监督权出现了被侦查机关"架空"的现象。不但会使《刑事诉讼法》等法律法规造成出现"打白条"的不良现象，而且也会迫使检察机关对侦查机关的侦查监督难以发挥其实质性的法律监督作用。①

例如，在湖北的佘祥林故意杀人案中，当时京山县人民检察院对侦查机关提请逮捕申请的材料中只有犯罪嫌疑人佘祥林的有罪供述时没有提出任何的意见而批准。同时，在对该案进行起诉审查时，检察机关虽然要求侦查机关进行对证据的补充侦查，但是侦查机关也只是提交了无法补充证据的说明，然而荆门分院却对佘祥林涉嫌故意杀人案做出了起诉的决定。而在河南的赵作海故意杀人案件中，当时的省检察院蔡宁检察长就对商丘市检察院做出明确的要求："对该案中检察机关的法律监督不严格、没有坚持检察机关正确的意见、对案件的监督不敢坚持原则性以及没有履行重大案件向省检汇报等问题进行反思。"又如在浙江的张氏叔侄案中，当时的省检察院王祺国副检察长在面对采访时就指出："在张氏叔侄案件中，原来办案的检察机关存在批准逮捕把关不严格、审查起诉不详细、侦查监督行使不力等严重的法律问题，因而对此案检察机关存在不可推卸的法律责任。"再如在面对福建念斌投毒案中，就有文章直接指出："在念斌投毒案中，定案证据最大的存疑就是侦查机关对证据的发现、收集、固定程序存在重大的瑕疵，而办案的检察人员没有对这些非法证据进行应当的依法排除，致使念斌被冤枉八年的牢狱之灾。在一定程度上，本案的检察机关应该承担部分的过失责任。"②

---

① 胡常龙. 论检察机关视角下的冤假错案防范 [J]. 法学论坛，2014（3）：124.
② 孙应征. 刑事错案防范与纠正机制研究 [M]. 北京：中国检察出版社，2016：213-214.

第三节　运行机制方面的原因

一、限期破案机制不科学

基于维护社会秩序的安全稳定、打击和震慑违法犯罪分子、增强社会公众的安全感、抚慰被害人及其家属的愤怒情绪、应对网络媒体的舆论压力等方面的需要，侦查机关在侦办案件的实践中往往会提出对案件进行"限期破案""命案必破"等侦查机制。这种破案机制的提出对案件的侦破工作具有一定的信心和决心，其成为侦查机关自身对案件侦办的要求和追求是值得肯定。但是"限期破案""命案必破"的提倡却违背了侦查机关对案件进行侦查的基本规律。虽然公安部解释"限期破案""命案必破"仅仅是侦查机关对案件侦查工作的追求和奋斗的目标，并不是必须达到100%的命案必破，但是对侦查机关破案的底线却是要求必须达到85%以上。[①] 尤其是当发生故意杀人、抢劫、强奸、爆炸等严重危害社会的暴力犯罪案件时，公安机关的有关领导就会对负责案件侦办的侦查人员提出"限期破案"的破案要求，如果该案件还进一步的引起了社会公众、网络媒体的广泛关注，那么也会引起公安机关的上级机关或者省市有关领导的过问或指示侦查机关要"限期破案"。一方面，"限期破案"的要求，不但符合被害人及家属对犯罪分子进行严惩的强烈要求，而且也对维护社会安全的稳定和震慑犯罪分子都有重大的积极作用;[②] 另一方面，"限期破案"的提出，不仅表明上级公安机关和党委政府有关领导对该案的关注和重视，而且还可以促进侦查人员对案件侦办的决心和信心以及能够调动大部分的人力、物力等侦查资源投入对案件的侦破工作。例如，在当初的滕兴

[①] 陈光中，汪建成，张卫平. 诉讼法理论与实践：司法理念与三大诉讼法修改［M］. 北京：北京大学出版社，2006：59.

[②] 林维业，张进. 论侦查破案"三大关系"［J］. 公安研究，2011（5）：47-51.

善故意杀人的案件中，上级公安机关就对负责侦办的侦查机关就明确的提出"限期破案"的工作要求，所以，当时为了快速地实现"限期破案"的目标，麻阳县大约有 2/3 的警力都被投入到对该案的侦查工作之中。然而，侦查机关并没有在"限期破案"的期限内侦破案件，直到八个多月才"破案"。诚然，在"限期破案"与侦查人员的奖励、晋升等挂钩的激励下，就会全面的调动侦查人员对案件侦破的主观能动性。可见，"限期破案"的提倡对提高侦查机关对案件的侦破效率而言不失为一种良策。

　　但是，毕竟"限期破案""命案必破"严重地违背了侦查犯罪案件的基本规律。部分侦查人员在侦破案件的过程中，为了实现"限期破案"的侦查目标，就会片面的追求对案件侦破的速度，不顾案件的侦办质量，注重效率而不管案件是否符合司法公正的法律要求；甚至为了获取犯罪嫌疑人的有罪供述而希望早日破案，进而对犯罪嫌疑人在讯问的时候采取刑讯逼供等暴力非法的取证方法，弄虚作假、滥竽充数。最后，就毫不避免的导致刑事错案的发生，如佘祥林案件、杜培武案件、李久明案件以及赵作海案件等刑事错案就是典型的证明。另外，由于历史等方面的原因，侦查机关往往通过严打、专项活动、大会战等具有军事色彩的思维模式来指挥侦查工作，特别是重大严重危害社会的暴力犯罪发生后，部分侦查机关不仅要实现"限期破案"的工作目标，而且还进一步的提出所谓"命案必破"的侦查效果。只要发生如故意杀人、强奸、抢劫、故意伤害等暴力犯罪中出现致人死亡的刑事案件，那么对这些案件的侦破率就应该达到或者接近 100% 的要求。如果这些"限期破案""命案必破"的提倡只是侦查机关在其侦查工作中的主观愿望或为了调动侦查人员侦破案件的积极性，那么就无可厚非。然而，有些侦查机关却把这些"限期破案""命案必破"当作一项基本的侦查制度给制定下来，甚至是为了完成上级机关给予的任务指数或给被害人及家属、社会公众一个满意的交代而承诺的"军令状"，① 那么就很值得进行反思和质疑。

---

① 孙伟忠. 强化公安侦查证据意识的几点思考 [J]. 公安学刊（浙江警察学院学报），2013（4）：65-67.

2004 年 11 月，在南京召开的"全国侦破命案工作会议"上公安部就对河南、湖北等地侦查机关采取的"命案必破"的做法给予了充分的认可和支持，然后就正式地对涉及命案的侦查工作提出"命案必破"的要求。殊不知，侦查机关的侦查任务主要是查明案件的基本事实、发现和收集能够证明犯罪嫌疑人有罪、无罪或罪重、罪轻的各种证据、抓捕犯罪嫌疑人。但是，如何完成以及何时完成这些侦查任务并不是单方面的由侦查人员所努力而就能够被决定的，对案件的侦破工作不仅需要侦查人员具有较强的工作时间和能力，而且还需要面对案件中的各个复杂、动态的侦查情势。例如，案发的地点、时间、人物、现场环境、案件的性质、是否有证人以及对证据的发现、固定、提取、鉴定等各种各样复杂的侦查情况。可见，对案件的侦破工作取决于各种各样的因素，如果单方面的仅仅依靠"限期破案""命案必破"，那么就会严重地违背了案件侦查的基本规律。不但会出现与"限期破案""命案必破"南辕北辙的现象，而且还会诱发侦查人员为了追求破案的速度，而采取刑讯逼供、暴力取证等非法的取证行为，甚至有的侦查人员还用精神病人来顶替犯罪嫌疑人的荒唐现象。[1]如在侦办佘祥林故意杀人案时就有侦查人员所说："上面一次次的要求发回重新审查，而张在玉的家属也总是到县里面上访闹腾，实在是上下两头逼迫，我们也没有办法，只能希望案子早日了结，上级领导还要求必须'命案必破'，我们的压力真的是难以想象……。"虽然这是部分侦查人员在侦办案件过程中存在无奈的内外表达，但也却实实在在地反映了侦查人员面对案件侦破时压在自身的重大破案压力。正如学者而言："各种不当或过分的破案压力基本都是导致刑事错案发生的元凶"，"久而久之，这些强大的破案压力就会为刑讯逼供、暴力取证等非法取证行为发生提供必然的催化剂"[2]。因此，"限期破案""命案必破"侦查机制在侦查实践中做法的不科学，使侦查人员片面的追求案件的侦破速度，忽略了对案件的质量把关和对司法公正的要求，为了获取犯罪嫌疑人有罪的供述而不惜采取

---

① 朝格图 . 命案必破，疯人顶罪［N］. 南方周末，2010-05-05.

② 刘品新 . 破案压力：制造错案的元凶［N］. 检察日报，2005-06-01.

一切手段"撬开犯罪嫌疑人的嘴",视犯罪嫌疑人为罪犯,造成刑事错案的不断发生。

二、绩效考核机制不合理

科学合理的绩效考核机制是刑事司法机关管理体系中不可缺少的重要组成部分,合理的绩效考核机制不但能够调动司法人员对办理案件工作的主观积极性,而且还能够提高刑事司法的诉讼效率和实现对有限司法资源利用成本的降低。目前,侦查机关、检察机关、审判机关在各自的系统内部都有自己的一套对绩效考核的运行机制。如侦查机关的立案率、破案率、逮捕率;检察机关的起诉率、不起诉率、撤诉率、抗诉率;审判机关的有罪判决率、上诉率、发回重审率、改判率以及再审率等。而其中重要的一个绩效考核指标就是以后一阶段的诉讼结果为其前期诉讼工作的检验和评价,为了不给前一诉讼程序的办案机关带来不良的影响如错案追究、国家赔偿等,后续的刑事诉讼程序机关基本上是很少对前一诉讼程序机关的诉讼结果给予否定性的评价,造成公检法三机关在刑事诉讼中是"配合有余、制约不足""流水式"的诉讼模式。① 正如有学者所言:"公检法三机关之间的关系可以比喻为做饭、卖饭、吃饭,侦查机关负责'做饭'、检察机关负责'卖饭'、审判机关负责'吃饭',而这里所谓的'饭'就是指在刑事诉讼程序中具体的案件。"② 而各司法机关的绩效考核具体的不合理主要包括以下几个方面:首先,司法机关绩效考核的重点主要是犯罪嫌疑人、被告人被提起诉讼以及有罪判决等。司法人员在办案的过程中,只要做出对犯罪嫌疑人、被告人不利的有罪方面的结果,如侦查机关的立案率、逮捕率;检察机关的批捕率、起诉率;审判机关的有罪判决率等,那么这些都是给司法人员进行绩效考核时的加分衡量指标,而且谁的分数越高,最后谁的奖励也是最高。如果做出对犯罪嫌疑人、被告人无罪方面

---

① 田科. 刑事错案问诊刑事诉讼法 [J]. 中国司法,2014 (3):85-87.
② 何家弘. 公、检、法=做饭、卖饭、吃饭? [J]. 政府法制,2003 (2):14-15.

的处理结果，如对犯罪嫌疑人、被告人依法做出不逮捕、不起诉、无罪判决等，那么不仅在绩效考核中得不到加分而且还会被相应的扣分，使其在绩效考核的体系中分数不高，不但得不到丰厚的年终奖，而且还会被所在的司法机关予以批评、检查或者年底评比不合格等。如2005年，最高人民检察院在《检察机关办理公诉案件考评办法（试行）》中就对公诉案件的绩效考核做出了明确的规定，其中无罪判决率不能高于0.2%、撤诉率不能高于0.8%。据统计，2005年全国的无罪判决率为0.25%，2006年直接降为0.19%。随着最高人民检察院制定《检察机关办理公诉案件考评办法（试行）》的公布，各地检察机关的公诉部门也纷纷地制定了本部门对公诉案件的绩效考核标准，主要包括：不起诉率、撤诉率、抗诉率、无罪判决率等。如河南省某市检察院的绩效考核就明确规定，如果检察人员承办的案件出现一起被法院无罪判决，那么不但会使该检察人员年底取消参加评优的资格，而且还要对该检察人员追究有关的办案责任。其次，绩效考核的重点是针对案件中的实体问题，而对程序性的问题考核较少。如对案件在刑事诉讼的过程中是否存在违反《刑事诉讼法》的程序规定、是否保障辩护律师能够充分行使辩护权、是否存在侵犯犯罪嫌疑人、被告人的合法权益等程序性的问题都基本没有被纳入司法机关的绩效考核之中。再次，各级的人民法院对上诉发回重审率和改判率都被纳入一审法院法官的绩效考核指标，增加了二审法院纠错的难度。如果被改判或者发回重审的话，那么一审法院的法官就会面临绩效考核的被扣分。因此，大部分的刑事案件被依法上诉之后，一审法院都会向二审法院作有关的思想工作，希望二审法院能够做出维持一审法院判决的裁定，造成我国法院"两审终审"的审级制度被架空。这不仅侵害了被告人合法的上诉权益，而且还导致刑事错案没有在二审阶段被及时有效的被预防。如在杭州萧山的陈建阳等抢劫杀人的刑事错案中，当时的二审审判长张德宝在面对媒体采访时就直言不讳地说："当审判委员会讨论会决定不杀陈建阳等五人后，省高院也征求了杭州中院和政法委的意见，当时对案件判决处理的意见存在争议很大。如果二审法院做出对本案改判的裁定，那么一审法院法官的处境是很难过的，省高院对案件的改判就表示下级法院对案件的判决存在错误，将要面临法院对法官的绩效进行考核，不管是审判长还是审判员，他们的奖金和职务调整都会必然的受到影响。"① 最后，将法院再审的申诉率、发回重审率、改判率作为原生效判决法院的绩效考核指标。最高人民法院在《人民法院绩效考核办法》的第九条中规定，发回改判或重审一件，责任法官扣2分；二审发回重审一件，责任法官扣2分；被再审改判一件，责任法官扣2分；由于错案而导致国家赔偿的一件，责任法官扣5分。如果法官在绩效考核指标中被扣的分数过高的话，那么就会影响或制约法官后续工资奖励的多少和职务的升迁。于是，一方面，使做出有罪判决的法官会利用法院的职权压制已经生效判决被纠正的机会；另一方面，法院也利用对法官绩效考核的办法来制约法官不敢随意地更改已生效的判决。由于司法机关绩效考核机制运行存在的不合理，侦查机关、检察机关、审判机关都会为了各自在绩效考核指标时能够得到高分或不被扣分。一般情况下，只要侦查机关提请对犯罪嫌疑人进行逮捕的申请，检察院基本都会给予批准。而对于检察机关向法院提起公诉的案件，法院也大部分都会判处被告人为有罪。即使法院经过审理发现案件存在事实不清、证据不足，也不会直接的判处被告人为无罪，而是采取"留有余地"的判决结果。因此，司法机关绩效考核机制的不合理，不仅会降低检察机关对案件的审查过滤作用和法院对案件审判被虚化的倾向，而且还会在一定程度上使我国《刑事诉讼法》形同虚设，甚至造成犯罪嫌疑人、被告人在刑事诉讼程序中的合法权益无法得到保障以及使案件在办理的过程中不能够体现司法公正的法律价值，致使出现自侦自判的现象，② 这就为刑事错案的出现埋下了严重的隐患。

① 黄士元. 正义不会缺席：中国刑事错案的成因与纠正 [M]. 北京：中国法制出版社，2015：72.
② 万毅. 实践中的刑事诉讼法：隐形刑事诉讼法研究 [M]. 北京：中国检察出版社，2010：139.

三、错案责任追究机制不适当

近年来，随着滕兴善故意杀人案、王本余强奸案、黄家光故意杀人案等刑事错案的被曝光，促使对刑事错案的责任追究制度逐渐被规范化落实。

1997年9月，在党的十五大报告中就提出："推进司法改革，建立冤假、错案的责任追究制度。"1998年，最高人民法院制定了《人民法院审判人员违法审判责任追究办法（试行）》和《人民法院审判纪律处分办法（试行）》，同年，最高人民检察院制定了《人民检察院错案责任追究条例（试行）》。2007年，最高人民检察院制定了《检察人员执法过错责任追究条例》。2013年，中央政法委公布了《关于切实防止冤假错案的规定》。随后，最高人民法院也制定了《关于建立健全防范刑事冤假错案工作机制的意见》、最高人民检察院《关于切实履行检察职能防止和纠正冤假错案的若干意见》、公安部《关于进一步加强和改进刑事执法办案工作切实防止发生冤假错案的通知》等类似预防刑事错案的有关规定。2013年11月，《中共中央关于全面深化改革若干重大问题的决定》重点指出："健全错案防止、纠正、责任追究机制。"2016年，公安部出台了《公安机关人民警察执法过错责任追究规定》。除了以上有关的司法解释或文件之外，地方各省、自治区、直辖市的人民法院、人民检察院以及人大常委会都制定了地方性的有关司法机关错案责任追究的办法。如陕西省人大常委会的《陕西省各级人民法院、人民检察院、公安机关错案责任追究条例》、海南省人大常委会的《海南省各级人民法院、人民检察院、公安机关错案责任追究条例》、江西省人大常委会的《江西省司法机关错案责任追究条例》、重庆市高级人民法院的《差、错案件评查及责任追究暂行办法》、河南省高级人民法院的《错案责任终身追究办法（试行）》、内蒙古自治区政法委的《内蒙古自治区政法机关冤假错案责任追究办法（试行）》、安徽省高级人民法院的《安徽省高级人民法院错案责任追究暂行办法》等等。

综上所述，我国就刑事错案责任方面的追究并没有被规定在某一部专门的法律之中，而是被分散在不同位阶的法律法规、司法解释、规定以及办法、条例中。通过综合分析归纳和统计，刑事错案责任追究一般需要满足以下四个方面：第一，错案责任承担的主体是刑事诉讼中办理案件的具体司法人员即侦查人员、检察人员、审判人员。第二，错案责任主体在主观方面具有故意或重大过失的过错。具体而言，主要是指在刑事诉讼的过程中有关的办案人员表现出刑讯逼供、暴力取证、隐匿或伪造证据、徇私枉法以及由于办案的责任心不强、业务能力差、疏忽大意、玩忽职守等。第三，案件存在明显的违法行为，这是构成错案责任追究的客观条件。一般而言，错案中的明显违法主要是指违法了《刑法》《刑事诉讼法》、司法解释以及最高人民法院等单位内部有关办案责任的具体规定。第四，案件造成了严重的后果，这是构成错案责任追究的结果条件。在刑事诉讼的实践中，刑事司法机关不但对犯罪嫌疑人、被告人的人身自由和财产进行限制，而且还能够依法剥夺犯罪嫌疑人、被告人的财产权利和自由权利，甚至在案件被法院判决后还可以剥夺被告人的生命权利。所以，对刑事错案责任追究的结果条件就是案件出现严重的法律后果或司法人员具有严重的违反程序影响司法公正的行为。

虽然，最高人民法院、最高人民检察院以及公安部等部门对错案责任追究给予了规范性的规定，但是这些有关刑事错案责任追究的规定在实践中却往往被扭曲或不适当的被扩大化，反而为刑事错案的发生没有起到预防的效果。

（一）错案责任认定缺乏明确的标准

除了最高人民法院、最高人民检察院的司法解释和公安部的有关规定对办案人员的错案责任追究进行了规定之外，各地地方的人大常委会、政法委以及高级人民法院等也对错案的责任追究给予了具体的规定，这就不可避免地造成对错案责任追究适用规定标准的不统一。通过对这些有关办案人员错案责任规定的标准进行分析归纳和统计，司法机关对错案责任追究的形式主要存在三个方面：第一，国家赔偿是刑事错案的认定标准。只要刑事案件的处理结果引起了国家赔偿，那么便认定该刑事案件为刑事错案，即国家赔偿是刑事错案责任追究的充分条件。第二，将侦查机关没有被批准逮捕、检察机关做出不起诉决定以及法院做出无罪判决的刑事案件都作为刑事错案的认定标准。只要出现这些情况，那么就要追究侦查人员、检察人员、审判人员的错案责任。第三，只要出现发回重审或直接被改判的裁决，那么就将视其为刑事错案，就会追究办案人员的错案责任。所以，司法机关在具体的实践中对刑事错案责任追究的认定由于缺乏明确的规定，很容易造成与当初制定有关刑事错案责任追究规定的初衷相违背，从而会使新的刑事错案发生，更加会导致司法的不公正和对法律权威的损害，致使对刑事错案责任在认定和适用的规范方面出现新的混乱和错误。

（二）"自查自究"的错案责任追究模式缺乏公正性

《公安机关人民警察执法过错责任追究规定》的第十三条规定："追究行政纪律责任的，由人事部门或者纪检监察部门依照《行政机关公务员处分条例》和《公安机关人民警察纪律条例》等规定依法予以处分；构成犯罪的，依法移送有关司法机关处理。"第十四条规定："作出其他处理的，由相关部门提出处理意见，经公安机关负责人批准，可以单独或者合并作出以下处理。"第二十二条规定："追究执法过错责任，由发生执法过错的公安机关负责查处。"《检察人员执法过错责任追究条例》规定："检察人员执法过错线索由人民检察院监察部门统一管理。没有设置监察部门的基础人民检察院，由政工部门统一管理"以及"执法过错责任调查结束后，调查部门应当制作执法过错责任调查报告，并提请检察长办公会审议。"《人民法院审判人员违法审判责任追究办法（试行）》规定："人民法院的裁决、裁定、决定是否错误，应当由人民法院审判组织确认。""各级人民法院监察部门是违法审判责任追究工作的职能部门，负责违法审判线索的收集、对违法审判责任进行调查以及对责任人员依照有关规定进行处理。"显而易见，这些对错案的责任追究主要的由各单位内部的监察或人事部门负责，而对是否为刑事错案以及对办案人员如何的追究责任则是由公安机关的负责人、检察院的检察长办公会议以及法院的审判委员会决定。而随之带来的问题便是，在司法的实践中，这种"自查自究"的规定办法能否起到对刑事错案给予合法有效的认定和对办案人员存在的错案责任是否真正被执行，其公正性和客观性很让人值得怀疑，更不用说对错案结果的判断是否是真实的。毕竟，"任何人不能做自己案件的法官"也不能"既是运动员又是裁判员"。因此，对司法机关在各自系统内部进行对刑事错案责任进行追究的调查和结果的决定，其运行的公正性和客观性的确令人质疑。

（三）错案责任追究负面地影响了司法公正

对刑事错案责任的追究，在一定程度上的确是对刑事诉讼中办案人员的违法活动给予了规范和限制，遏制了部分的刑讯逼供、暴力取证、徇私枉法等行为，使对案件给予司法公正的处理起到了积极的作用。[①] 但是，也迫使办案人员和案件最后处理结果之间的利益关系就更加的直接和紧密。一方面，不但造成侦查机关、检察机关、审判机关之间的"合作"关系更加的紧密，而且还致使上级公安机关与下级公安机关、上级检察机关与下级检察机关、上级审判机关与下级审判机关之间的关系也出现过于亲密的局面；另一方面，司法机关之间这种过于亲密的关系还严重的与我国现行刑事诉讼过程中司法独立的原则相违背，影响了司法公正的实现，损害了司法权威的尊严。例如，首先，在刑事诉讼的办案过程中，侦查人员在对案件侦查终结后做出移送检察机关起诉审查时，为了使自己对案件的处理结果能够得到检察机关和审判机关的认可和维持，有时候在案件还没有进入到下一诉讼程序时，就提前对后续的检察人员、审判人员进行所谓的诉讼"公关"。就这样侦查人员为了避免刑事错案的出现，而使后续检察人员、审判人员对案件事实进行司法独立的审查和判断就像"走过场"

---

① 张保生，张晓榕. 检察业务考评与错案责任追究机制的完善 [J]. 中国刑事法杂志，2014（4）：94-102.

而已。其次，错案责任追究造成会出现错案难以被及时有效的预防。因为，错案的纠正不仅涉及法院审判人员的责任追究，而且还涉及侦查机关的侦查人员和检察机关的检察人员的办案责任追究。同级的司法机关或者上一级的司法机关为了照顾兄弟单位之间的利益，往往也是"睁一只眼闭一只眼"的维持和主张他们对案件的处理结果。毕竟，在实践中侦查机关、检察机关、审判机关在面对刑事错案时，处于一种"一荣俱荣、一损俱损"的状态局面，造成检察机关对侦查活动的依法监督作用和法院审判机关对案件事实的审查认定对刑事错案的预防和过滤的作用被严重的"虚化"，导致刑事错案在刑事诉讼的程序中不能够得到及时有效的预防。再次，错案责任追究会使两审终审制被"架空"。下一级的法院法官为了能够使自己对案件的主张和判决不被上一级的法院法官所发回重审或直接改判，基本会在对案件做出判决之前就会提前与上一级的法院法官进行沟通交流。这样不但造成下级法院的判决就反映了上级法院的意见，而且上级法院也出于对下级法院绩效考核等方面的顾虑往往也只好做出维持原判的裁定，从而造成对无辜者依法上诉救济的权利被"依法"的实质性剥夺，致使两审终审制被上下两级法院合法"架空"。① 最后，办案人员对办理案件的积极性容易被错案责任追究所挫伤。就审判人员而言，由于存在错案责任追究的办法，为了防止或规避被错案责任的追究。只要在自己办理的案件中存在稍微的复杂、疑难等案情问题，就想方设法地将案件层层上报本院的审判委员会，最后由审判委员会进行对案件讨论和决定，从而便把办案的责任合理的转移到本院的审判委员会。久而久之，这样法院的审判模式不仅会降低司法的诉讼效率和对司法资源的浪费，而还会影响或制约法官对审判工作的主动性和积极性，导致出现"审而不判、判而不审"的现象，即使出现刑事错案也会使对错案责任追究的规定难以被落实。因此，司法机关有关对错案责任追究规定的不规范和不合理，负面地影响了刑事诉讼程序中司法独立办案的原则和制约了司法公正的实现。

---

① 蒋安杰. 说说错案追究制 [N]. 法制日报，2005-07-09.

四、诉求利益表达机制不畅通

随着我国经济社会不断的前进和发展，社会利益格局的多元化和利益关系的复杂化，为社会公众的利益诉求提供的内在的动力。网络媒体、电视、报纸、手机等大量媒体报道中介的普及，为社会公众对利益诉求的表达不但提供了良好的平台，而且还拓展了对其诉求利益表达的渠道。面对这些新兴的社会网络媒体等新的平台，我们应该与时俱进地适应这些新的变化情势，畅通社会公众对诉求利益表达的重要途径，尤其是刑事案件中的无辜者及其家属对其自身合法合理的诉求利益就更应该能够得到及时的反馈和保障，进而使刑事错案能够从刑事诉讼程序的源头即在侦查阶段就能够被及时有效的预防，保障无罪的人不受刑事追究。然而，我国《宪法》等法律法规定犯罪嫌疑人、被告人及家属的所合法享有的利益诉求表达方式却并没有及时地得到调整和完善，造成犯罪嫌疑人、被告人所享有利益诉求的表达权利还很难被依法有效的落实到具体的实处。导致犯罪嫌疑人、被告人无法通过正常合法地对自己的诉求利益给予畅通的表达，有时还会出现就现有诉求利益表达的权利被阻断。

首先，通过人民代表大会制度来进行诉求利益的表达。人民代表大会制度是我国《宪法》对公民诉求利益表达机制的最重要内容，全国人大代表和地方各级人大代表都是由人民选举而产生，代表人民行使和管理国家事务。而每年召开的全国人民代表大会和地方各级人民代表大会都是人大代表反映和表达社会公民诉求利益的重要渠道。同时，也是社会公民在其所有的诉求利益表达方式中最重要、最核心的表达途径。然而，通过各级人民代表大会来反映和表达社会公众的诉求利益在实践的操作过程中往往也是达不到宪法所规范的预期目标，主要存在以下几个方面的问题：第一，公民选举人大代表的程序影响或制约了其对诉求利益表达的渠道。在对各级人大代表选举的实际中还存在部分的不规范、不透明行为，部分被提名的代表候选人还存在一定的不公正性。造成不但使选举的程序犹如"走过场"的形式，而且还无法保证选民能够选择合格满意的人大代表，甚至还会出现选民不熟悉或不知道候选人的情况。第二，选民对人大代表选择的范围局限性，也就限制了其对诉求利益表达的范围。目前，就从人大代表被选举的范围而言，我国公民对具体人大代表的选举也仅限于区、县一级，根本无法参与对区、县以上的人大代表和有关政府领导的提名和候选。可见，社会公民对人大代表的提名和候选的制度严重的落后于现阶段我国社会经济、教育的发展水平。第三，各级的人民大代表往往是实行兼任制，致使没有足够的时间和精力来听取和关注社会公众的诉求利益表达。一方面，大部分的人大代表没有专门对其负责的助手或专项方面的经费，造成人大代表无法与地方社会公众之间取得经常性的联系，更不用说对社会公众的诉求利益表达形成议案给予研究和分析。另一方面，由于我国人大的权力主要被集中于人大的常务委员会，而人民代表大会也就属于事后被"鼓掌"或"批准"的大会。第四，各级的人民代表大会并不是主要的决策机构，而往往起决策机构的是各级人大的常务委员会，致使部分人大代表对社会公众有关诉求利益表达的提议或意见被行政机关、司法机关等单位接受或反馈的效率降低。因此，我国《宪法》规定社会公众所享有的最重要和最核心的有关诉求利益表达的重要渠道而并没有发挥到理想的状态。

其次，通过信访制度来进行对诉求利益的表达。信访制度是具有我国特色的一项专门的社会公众对其诉求利益进行表达的重要机制，也是我国各级的党和政府以及有关的单位了解和掌握社会公众民意的重要途径。社会公众通过各级的信访，不仅可以向国家的有关单位和机构对涉及自身利益给予正常的诉求表达，而且还能够对有关国家机构及其工作人员对其合法权益的非法侵害提出反映或举报，以达到其合法利益能够得到及时有效的保障。作为党和政府与社会公众之间衔接的纽带信访，已经是社会公众对其诉求利益表达最常用也是最普遍的渠道。但是，信访制度在实践中对社会公众诉求利益表达的效果发挥的并不是十分理想。第一，我国2005年的《信访条例》就明确的提出，信访应该坚持"属地管理、分级负责，谁主管、谁负责"的信访原则。而在国家信访局出台的在2014年5月1日起施行的《关于进一步规范信访事项受理办理程序引导来访人依法逐级走访的办法》中确定禁止越级上访如属于人大、法院、检察院职权范围内的来访事项、对跨越本级和上一级机关提出的来访事项，上级机关不予受理等六种具体的情况。而这种禁止越级上访的规定，重点是在对维护社会秩序安全稳定大局的强调，却忽略了对来访人进行诉求利益表达的救济。第二，《信访条例》中对涉及来访人的信访立案、答复具有一定的随意性，造成信访机构与各行政机关、司法机关等国家机构、事业单位之间出现互相拖延、互相推诿、互相扯皮的现象，致使社会公众的诉求利益表达很难被引起重视和关注。第三，信访责任的规定迫使地方政府会出现对来访人诉求利益表达渠道的限制或剥夺，严重地侵犯了来访人的合法权益。随着国家《信访条例》中对信访责任实施的规定，各级地方的政府也随即建立了"各级信访工作领导责任制和责任追究制"等，依据这些有关信访工作领导追究责任的规定。如果来访人不断地到省委、省政府或者北京上访来对其诉求的有关利益进行反映和表达，又对这些单位正常的工作秩序或社会的安全稳定具有严重的影响，那么就要对当地有关领导的责任进行追究。虽然，有关信访工作领导责任追究的规定，对部分来访人的诉求利益救济确实起到一定的积极效果。但是，在这种信访工作对领导责任被追究的压力下，有些地方对来访人采取"围追""堵截"等方法来阻断其对诉求利益表达救济的渠道，严重的还会演变为违法的限制或剥夺来访人的合法权利，甚至还会发生对来访人采取羁押、拘留等非法措施。如在佘祥林故意杀人的刑事错案中，佘祥林的哥哥佘锁林为了给自己的弟弟佘祥林申冤，不断地对佘祥林案件进行到处上访，以求通过上访来表达其弟弟佘祥林没有杀人而是被冤枉的诉求利益。但是，在 1995 年的 5 月，京山县公安机关就以湖北省高院来人要与其约谈为由，将不断上访的佘锁林带到看守所非法拘留 41 天。① 因此，目前我国信访制度还存在一定的制度性缺陷和不足，对于社会公众有关诉求利益的表达救济仍然无法能够实现全面及时

---

① 黄士元. 正义不会缺席：中国刑事错案的成因与纠正 [M]. 北京：中国法制出版社，2015：32.

有效的发挥。

最后，通过言论自由来对诉求利益给予的表达。我国《宪法》就明确的规定，我国的公民有言论、出版的自由。社会公众言论的自由主要是指社会公众具有使用语言文字而进行诉求利益的表达方式不受非法干涉的言论自由。广义的言论自由不仅包括社会公众以口头语言的形式对其诉求利益的表达，而且还包括社会公众通过采用文字等书面的诉求表达方式。因而，社会公众的言论自由不仅是我国《宪法》明确规定公民所享有的基本权利，也是社会公众在诉求利益表达的方法中处于最常用、最基本的社会途径。同时，社会公众的言论自由表达还具有重要的宪法价值和国家对人权的尊重和保障的重要意义。然而，社会公众在行使言论自由对诉求利益表达的实践中也存在影响或制约其发挥作用的因素。例如，在刑事方面，我国《刑法》中存在部分限制言论自由的法律规范如泄露国家秘密罪、包庇罪、诽谤罪、危害国家安全罪等罪名。这些具体的罪名在实践中往往被司法机关徇私枉法的滥用，致使有关社会公众的诉求利益无法能够得到有效的反映和解决，不利于社会公众对《宪法》规定的言论自由基本权利的合理行使。在民事方面，由于民事法律法规对名誉、肖像、隐私等基本公民权利的确认和保护的存在，尤其是对党委、政府、各行政机关和司法机关工作人员以及社会公众人物的过于保护，特别是对部分有权势、有背景人物的过度保护，也使得社会公众在通过言论自由对自己诉求利益表达的过程中往往被无故的限制或阻断甚至还会被非法的剥夺，造成言论自由诉求利益表达渠道的不畅通。在行政方面，有些行政机关在没有相关法律具体明确的对其进行授权的情况下，还依然地制定了部分的法规、规章等具有规范性的文件。诸如《出版管理条例》《期刊出版管理规定》《电子出版物管理规定》等具有限制社会公众对其言论自由的诉求利益表达方式和范围。因此，不管是在刑事、民事法律法规方面，还是在行政规范方面，都存在部分的对社会公众通过言论自由的限制，造成社会公众诉求利益表达渠道的不畅通。

五、法外救济途径不健全

刑事诉讼程序中的犯罪嫌疑人、被告人除了具有《刑事诉讼法》规定的上诉和申诉的救济预防途径之外，其他的法外预防救济途径基本上是比较狭窄的。并没有像国外的有些社会团体组织自愿的为犯罪嫌疑人、被告人提供法律帮助等，当犯罪嫌疑人被侦查机关讯问或采取强制措施后，犯罪嫌疑人的人身自由便被限制了。如果有这些自愿的社会团体组织，那么就会主动的帮助犯罪嫌疑人搜集能够证明其无罪的有关证据或者寻找有关的证人来证明其是无辜的。虽然，我国目前也存在一定的社会法律援助机构如有的大学在法学院就设有法律援助中心以及司法行政机关设立的法律援助中心等，由于刑事案件中犯罪嫌疑人、被告人的社会地位比较低，而且对于故意杀人、强奸、抢劫等严重危害社会的暴力犯罪的被害人及家属、社会公众以及网络媒体对其的愤怒都是比较的强烈，造成有些法律援助机构不愿意主动地去帮助犯罪嫌疑人、被告人，即使帮助也是被动的、消极的应付而已，更不会像国外的那些社会团体组织还主动的帮助犯罪嫌疑人、被告人搜集证据、寻找证人等实质性的法律服务。所以，犯罪嫌疑人、被告人除了通过刑事诉讼程序内的途径进行预防之外，如果想要通过法律外的预防救济途径基本是很艰难的。毕竟，我们国家还缺少这种主动自愿的能够帮助犯罪嫌疑人、被告人去搜集证明其无罪的证据或证人的社会团体组织。因此，我们认为，应该对犯罪嫌疑人、被告人拓宽其法外的预防救济渠道，因为刑事错案的出现不仅会造成无辜者几年、几十年的牢狱之灾，而且还会造成无辜者妻离子散、家庭破碎，甚至还需要付出宝贵的生命。

第三章　域外刑事错案预防的比较研究

随着人类社会的前进与发展，也就有了侵犯社会的违法犯罪活动。为了维护个人和社会的基本利益，专门进行打击和惩罚犯罪的刑事司法活动便应运而生，而作为刑事司法过程中的副产品刑事错案也随着人类司法活动的发展而不断出现。① 虽然大陆法系和英美法系还存在诸如法律的渊源、法律的适用、判例的地位以及诉讼的程序等方面的不同区别，但是两大法系在对刑事错案所造成的危害性方面却具有一定的共同性，都表现出严重地侵犯了社会公民的人身、自由等基本的合法权益。同时，刑事错案的不断发生，也与两大法系所共同追求的司法公正目标所违背。而且，随着社会的发展和科技的进步，两大法系的有关法律文化和法律体系的日益进步和完善。刑事司法程序不断的构建和改进，促使人们对人身自由、财产、生命等基本权利越来越被需要国家和法律的尊重和保障。因此，刑事错案也就被社会公众越来越多的给予关注和重视，虽然"既不冤枉一个好人，也不放过一个坏人"作为各国刑事司法活动的一个基础的信念。但是，毕竟刑事错案的出现，不但严重地侵犯了无辜者人身自由、名誉、财产等基本的合法权益，而且还对法律的尊严和司法机关的公信力也造成了严重的损害。可见，从古至今刑事错案都会伴随着刑事司法活动而屡禁不止的出现，犹如刑事司法活动的恶瘤，虽然能够预防，但是却难以被完全的根

---

① 陶婷. 错案论 [D]. 上海：华东政法大学，2014.

除。就刑事错案的本质而言，这不仅是警察、检察官、法官在刑事司法活动中对案件存在认识和判断出现偏差或错误，而且还是刑事司法程序在实践的运行中存在缺陷或不足而导致的，而这恰恰也是两大法系所共同面临的迫切需要解决的法律问题。所以，我们希望通过对域外大陆法系和英美法系有关国家刑事错案的现状、原因、预防等方面进行剖析和研判，期望域外各国在对刑事错案预防方面比较成熟的经验和做法能够被我国在刑事错案方面给予一定的启示和借鉴，希望能够实现"他山之石，可以攻玉"的初衷。

第一节　大陆法系刑事错案预防的比较研究

就从大陆法系的刑事错案来看，虽然法国、德国、日本以及荷兰等国家通过改革和完善法律法规来对刑事错案的预防，但是刑事错案仍然难以被完全的根除。据 Forejustice 的数据库统计，近年来，法国共发生刑事错案 17 起、德国发生刑事错案 37 起、日本发生刑事错案 21 起。① 虽然，Forejustice 数据库的统计可能出现偏差，可能与各国对刑事错案的报道数量以及获取资源信息的方法途径有关，但是从已经被统计的数据来看，统计中存在的黑数也并不能阻止法国、德国、日本等大陆法系国家中刑事错案的出现具有一定的普遍性。② 例如，法国的普采纳案、多米尼西案、帕斯居阿尔案、德莱弗斯案、拉菲特案、拉隆希尔案、杜阿兹案、里昂信使案，德国的胡佩特·哈尔德抢劫杀人案、安东纽斯爆炸案、哈利·沃尔茨杀人案、鲁道夫·鲁普安以及卡尔·豪案，日本的柳原强奸案、袴田岩雄杀人案，等等。

---

① 熊谋林，廉怡然，杨文强 . 全球刑事无罪错案的实证研究［J］. 法制与社会发展，2014（2）：31-57.
② 何家弘 . 刑事错判证明标准的名案解析［J］. 中国法学，2012（1）：159-174.

一、法国的刑事错案预防研究

在法国的刑事错案中影响比较大的就是当时的德莱弗斯案，无辜者是当时的一名炮兵军官的阿尔弗雷德·德莱弗斯。1894 年 9 月，法国的情报部门在德国驻巴黎的大使馆的废纸中发现了一封匿名信，匿名信的具体内容是涉及法国在德国边境附近的驻扎部队等军事机密，并且还是寄给德国的武官施瓦茨·考本。在对阿尔弗雷德·德莱弗斯开庭审判前，军队已经请了几位笔迹鉴定方面的专家对匿名信的字迹进行了鉴定，其鉴定的结果是匿名信的字迹不像阿尔弗雷德·德莱弗斯所书写，存在认定的证据不足。但是，由于对阿尔弗雷德·德莱弗斯的逮捕是由法国军方的陆军部长亲自所决定，为了维护部队军方的权威，检察机关将本案的唯一证据即阿尔弗雷德·德莱弗斯的笔迹和该匿名信涉及军事机密的笔迹之间存在"有些相似"移送法庭给予起诉。军方为了"坐实"阿尔弗雷德·德莱弗斯的有罪事实，在法庭审判前就通过军方的高级领导人给媒体报界透漏了大量的有关阿尔弗雷德·德莱弗斯的虚假事实，造成媒体报界不断地给法庭施加巨大的舆论压力。迫于巨大的社会压力和军方的压力，法国的军事法庭对阿尔弗雷德·德莱弗斯以叛国罪论处。然而，在 1896 的 3 月，法国的情报处再次的截获了一份泄露给德国的军事机密文件，其笔迹与当初阿尔弗雷德·德莱弗斯所泄露军事机密的匿名信极为相似，经皮卡特中校请笔迹专家鉴定后，认为两份的笔迹都是出自艾斯特海兹。可是，军事法庭却对艾斯特海兹给予无罪释放。最后，阿尔弗雷德·德莱弗斯的一位朋友左拉却公开发表提出军方的部分将军对阿尔弗雷德·德莱弗斯进行精心策划的陷害，还释放了真正的叛国者艾斯特海兹。迫于社会的巨大压力和无奈，法官的陆军部只好在 1899 年 8 月重审对阿尔弗雷德·德莱弗斯叛国案进行开庭审理，直到 1906 年，阿尔弗雷德·德莱弗斯才被法国的军事法庭正式宣告无罪释放。①

---

① ［法］勒内·弗洛里奥. 错案［M］. 赵淑美，张洪竹，译. 北京：法律出版社，2013：160-180.

这是一起因笔迹错误而引发的刑事错案，证实了由于笔迹鉴定出错，而最终导致阿尔弗雷德·德莱弗斯无辜者被判处叛国罪的刑事错案。

在拉隆希尔强奸案中，该案主要是一位 16 岁的女孩，为了向一个男人报仇，故意制造虚假的案情，最后影响了法庭中法官的判决。被告拉隆希尔是骑兵第一团的一名中尉，其父亲是一位将军，而原告也是一位将军的女儿叫玛丽。在索缪尔这个小城的一次聚会中，玛丽小姐和拉隆希尔在酒会上认识，玛丽问道："您觉得我母亲长得怎么样?"拉隆希尔回答："小姐，您的母亲很迷人，在您现在的年纪，您要像她可就令人遗憾了。"拉隆希尔的回答本来是为了讨好这位玛丽小姐，然而，由于玛丽对母亲的美貌除了羡慕还存在部分的嫉妒。因此，拉隆希尔在不知道的情况下也就得罪了玛丽小姐，玛丽准备让自己的侍女阿伦去告诉拉隆希尔自己对他的不满。但是，最后却把阿伦变成了拉隆希尔的情妇，这就更让玛丽小姐愤怒。随后，莫雷尔男爵及夫人、玛丽小姐等都收到了署名为拉隆希尔的信件，信中拉隆希尔对玛丽的人格进行了极其的侮辱。1834 年 9 月 24 日，清晨，侍女阿伦告诉将军和夫人，说夜间两点左右，玛丽小姐就差一点被拉隆希尔所杀害，并且现场还留一下一封署名为拉隆希尔的信件。随着这些信件的不断出现和刺激将军和夫人，终于拉隆希尔中尉被逮捕。在法庭上，玛丽小姐对法官主动地诉说自己被拉隆希尔所"侵犯"的具体过程，尽管法官强调玛丽小姐的证言对审判的重要性。但是，玛丽小姐还是进一步的"证实"了自己的指控：拉隆希尔就是侵犯她自己的人。法庭最后采纳了玛丽小姐指控拉隆希尔对自己进行"强奸未遂"的有罪供述，然而并没有讯问案件中存在具体的细节。法官认为，这个十六岁的而且受过良好教育的女孩并不会说假话，最终法庭判决拉隆希尔有期徒刑 10 年，拉隆希尔服刑了 8 年，直到 1848 年才被宣告无罪。①

---

① ［法］勒内·弗洛里奥. 错案［M］. 赵淑美，张洪竹，译. 北京：法律出版社，2013：13-18.

表5 法国部分刑事错案原因统计①

案件名称	原告的诬告	被告人的虚假供述	错误的辨认	错误的证人证言	辩护律师的失职行为	错误的科学鉴定	检控方的不当行为	忽视无罪证据
德莱弗斯案						√	√	√
拉隆希尔案	√				√		√	√
德塞耶案	√		√	√			√	
罗萨莉·加尔丹案		√		√				√
加斯东·多米尼西案				√			√	√
约索夫·勒絮尔克案			√	√	√		√	
索勒拉案				√		√	√	
卡约案						√		
勒内·拉菲特案						√		
莫罗夫妇案				√				
普采纳案		√					√	
多米尼西案		√				√	√	
帕斯居阿尔案	√					√		
杜阿兹案	√						√	

　　通过对法国的著名律师勒内·弗洛里奥在其《错案》中对德莱弗斯案、拉隆希尔案件、德塞耶案等刑事错案的原因进行分析和归纳统计，在

---

① ［法］勒内·弗洛里奥. 错案［M］. 赵淑美，张洪竹，译. 北京：法律出版社，2013：78-79.

法国导致刑事错案不断发生的主要原因有以下几个方面：原告的诬告、被告人的虚假供述、错误的辨认、错误的证人证言、辩护律师的失职行为、错误的科学鉴定、检控方的不当行为和故意不交涉及被告人无罪方面的证据以及忽视无罪的证据等，具体如表5统计，而法国对刑事错案方面的预防也积极主动地采取了部分可行性的措施。

（一）增加刑事诉讼的基本原则

2000年的6月，法国的参议院和国民议会混合委员会对刑事诉讼法典进行了修改，这次关于刑事诉讼法的修改是继1958年以来最重要、最全面的一次司法改革。这次关于刑事诉讼法典的法律修改，在其法典的前面增加了序言性的有关条款，确定了部分刑事诉讼的基本原则。例如，程序公正的基本原则、控审分离的基本原则、无罪推定的基本原则、控辩平衡的基本原则、法律面前人人平等的基本原则、辩护和司法保障的基本原则、强制措施的必要性审查原则以及人权与尊严保障的基本原则等等。[1] 这些修改后被确定的刑事诉讼基本原则一方面来源于法国的最高法院、宪法或者宪法委员会的有关判例，另一方面来源于国际公约或者具有国际性审判机构有关判决的判例。[2]

（二）对拘留制度的不断完善

法国刑事诉讼法典修改后的有关拘留方面的制度得到不断地完善，对刑事诉讼中的犯罪嫌疑人在被拘留时的辩护律师介入的时间、拘留的范围、拘留后指控机关的通知客观义务以及在拘留后犯罪嫌疑人的人权和尊严的保障方面等做了具体的规定。例如，在辩护律师的介入时间方面，原来的法律规定只有在犯罪嫌疑人被拘留后的第20小时辩护律师才能够介入案件中，而修改后的法律规定犯罪嫌疑人只要被拘留，辩护律师就随时的

---

① 赵海峰. 法国刑事诉讼法典的重大改革评介 [M]. 北京：法律出版社，2001：159.
② ［法］卡斯东·斯特法尼. 法国刑事诉讼法精义（下）[M]. 罗结珍，译. 北京：中国政法大学出版社，1999：67.

能够介入案件的侦查中。这就标志着法国的侦查程序向公开化和民主化迈进了前进的步伐，为保障无辜者不受刑事追究给予了重要的保障。① 对拘留的适用范围也进行了调整，原来法律规定在刑事诉讼的侦查阶段或预审阶段的拘留不仅适用于犯罪嫌疑人。而且还可以适用于证人，而在 2000 年 6 月 15 日的法律修改以后，将拘留的适用范围仅限于犯罪嫌疑人，废除了对证人适用拘留措施的有关规定，并且还将犯罪嫌疑人定性为："有足够的形迹使人推定他为犯罪或企图犯罪的人。" 2002 年 3 月 4 日，法律又将其定义为："有一个或数个理由可能怀疑他犯罪或企图犯罪"。而证人也在被询问的期间内才可以被依法扣留。通知和告知义务方面，犯罪嫌疑人在被侦查机关拘留以后，侦查机关应当尽快将该措施通知检察官，所谓法律规定的"尽快"具有一定的模糊性和不确定性。2000 年 6 月 15 日的刑事诉讼法修改，就明确的规定，侦查机关在对犯罪嫌疑人采取拘留措施开始时就应当通知检察机关，这种将侦查机关对检察官明确化的通知义务，不但有利于法官检察官对侦查阶段能够给予同步、动态的监督，而且还有利于对无辜者能够及时有效的发现，也是法官刑事诉讼改革的一大亮点。在侦查阶段的告知义务方面，修改后的法律规定侦查机关在对犯罪嫌疑人采取拘留措施之时就应该告诉其被侦查机关所侦查涉及的犯罪性质以及被拘留后犯罪嫌疑人所享有沉默的权利和告知犯罪嫌疑人家属的权利、告知辩护律师介入案件的权利以及告知医生接受对犯罪嫌疑人的身体进行检查等的基本权利。侦查机关在对犯罪嫌疑人采取拘留措施时告知义务的明确化和法定化，这不仅是对侦查机关行使侦查权力的监督和制约，还是对犯罪嫌疑人在刑事诉讼中所享有基本人权的尊重和保障。如果侦查机关根据案情的发展需要不能够及时有效的保障被拘留的犯罪嫌疑人行使各种法律规定的基本权利，那么侦查机关应该将具体的涉案及缘由情况通知检察官，由检察官作最后的处理决定。这种检察官对侦查机关实施同步、动态、及时的监督，正是检察权对侦查权监督和制约原则的具体体现。修改后的法

---

① SEAN K, MARK B. What happens when induction goes wrong: case studies from the field [J]. cogent education, 2016, 3 (1): 16.

律还对未满 18 周岁的犯罪嫌疑人在拘留期间被讯问时进行录音录像的详细规定，法律明确规定未满 18 周岁的犯罪嫌疑人在拘留期间被讯问时应当进行录音录像，并且只有在对侦查机关的讯问存在争议的情况下才能够对该讯问的录音录像进行查阅，而且也只能在法院的开庭前才能够被查阅，最后该讯问的录音录像至少在被保存 5 年之后才可以销毁。对于被拘留的未满 18 周岁的犯罪嫌疑人是否给予录音录像的规定，参议院和国民议会所持的观点还存在部分的分歧。参议院认为，对被拘留的犯罪嫌疑人讯问不应该采取录音录像的做法；国民议会则认为，不管是未成年人还是成年人在被拘留讯问时都应该采取录音录像。最后，结果参议院和国民议会两者的讨论和协商研究，决定对未满 18 周岁的未成年人在被拘留讯问时应当采取被依法录音录像的规定。同时，该法律的第十四条规定，在犯罪嫌疑人在拘留后被讯问采取录音录像措施实施一年以后，政府应当对其结果撰写报告总结和评估，以决定是否将对讯问时录音录像的措施扩大至所有的被拘留的犯罪嫌疑人。①

（三）构建自由与羁押法官模式

刑事诉讼中的预审法官制度不但是法国刑事司法的特色法律传统，而且也是法国大陆法系职权主义刑事诉讼模式的重要标志之一。2000 年法官刑事诉讼法典修改之前，法国的预审法官作用主要有两个方面：一方面，预审法官负责对涉及重罪和部分的轻罪案件进行侦查，收集对犯罪嫌疑人有利和不利的证据，查明案件的基本事实；另一方面，对犯罪嫌疑人的审前羁押负责司法审查。② 因而法国预审法官的这种诉讼模式具有行使诉讼权力过于被集中的特点，不但混淆了法官的职能，而且法律对预审法官的这种做法又缺少必要性的监督和制约，需要迫切性的改革和完善。因此，

---

① 陈卫东，刘计划，程磊. 法国刑事诉讼法改革的新进展——中国人民大学诉讼制度与司法改革研究中心赴欧洲考察报告之一 [J]. 人民检察，2004（10）：66-71.
② KOZHUKHAROV S. A Case of a misjudged constitutional disease（Marfan's disease）.［J］. Khirurglla，1999，54（1）：12-15.

2000 年 6 月 15 日，法国新的刑事诉讼法典赋予法官自由与羁押的职权，增加刑事诉讼中的对抗性，平衡刑事诉讼的程序，从而使犯罪嫌疑人的基本权益能够得到更进一步的尊重和保障。按照修改后新的法律规定，对犯罪嫌疑人采取所有的审前羁押措施都是由自由与羁押的法官负责具体的决定。对于自由与羁押法官裁决对犯罪嫌疑人是否采取审前羁押的措施的决定时应当说明，特别是当自由与羁押法官决定对犯罪嫌疑人采取审前羁押措施时，更应该说明为什么不采取刑事诉讼的替代性措施而必须要采取审前羁押的充分理由，而自由与羁押的法官应该由具有管辖权法院的院长或副院长级别的法官任职。自由与羁押的法官主要对犯罪嫌疑人或被告人在刑事诉讼中是否采取审前的羁押、延期的决定，并且还对被告人在被预审法官驳回要求释放的申请时而做出最后的裁定。即对犯罪嫌疑人做出申请羁押的决定由预审法官和自由与羁押法官两者共同同意，而对犯罪嫌疑人或被告人的释放只需要预审法官或自由与羁押法官的任何一个同意即可。所以，在构建自由与羁押法官的刑事诉讼模式中，先由预审法官对犯罪嫌疑人或被告人是否采取措施做出申请，然后由自由与羁押法官依据该申请做出决定，再交预审法官进行具体的调查。这样不仅可以促使发挥预审法官的主动积极的办案作用，而且还能够防止申请羁押措施被滥用或倾向的单一获取犯罪嫌疑人、被告人的口供供述，为从程序性地对犯罪嫌疑人、被告人的基本权益给予充分的保障。

（四）审前程序增加辩论的公开性

依据新的法国刑事诉讼法典的规定，如果犯罪嫌疑人在案件的侦查阶段或预审阶段提出自己辩论要求公开的，那么侦查阶段或预审阶段的辩论按照法律规定就应当公开进行。除非根据案件被侦查的具体需要或者辩论公开可能对案外的第三人造成伤害或不利等情况。尤其是自由与羁押法官在审前对犯罪嫌疑人做出是否采取先行羁押的措施决定时，其控辩双方的辩论就更加必须采取公开进行的方式，进而促使犯罪嫌疑人的辩护权能够得到及时有效全面的发挥，以保障犯罪嫌疑人的基本权益。

（五）加强犯罪嫌疑人在预审阶段的诉讼权利

依据 2000 年以前的刑事诉讼法典的有关规定，在刑事案件被办理的过程中，只有检察官才有权力提出要求预审法官对涉及犯罪嫌疑人有罪、无罪或重罪、轻罪方面的案件事实进行调查。[①] 而修改后的法律规定，不但检察官能够要求预审法官对可能有助于案件事实真相的调查，而且犯罪嫌疑人也有权利要求预审法官对涉及自己有罪、无罪或重罪、轻罪等案情事实的调查。而且犯罪嫌疑人的辩护律师也有要求参与案件的现场勘查、讯问、询问等在场的基本权利。虽然预审法官可以拒绝辩护律师参与案件这些在场的权利行使，但是预审法官却要接受预审法庭的制约和监督。

（六）增加对重罪法庭判决的上诉权

大陆法系的刑事诉讼主要的特征之一便是依职权的纠问式模式，因而法国的刑事诉讼程序在侦查阶段或预审阶段也是比较倾向于纠问式的诉讼模式。但是随着法国刑事诉讼发展不断地完善和改革，法国刑事诉讼中审判程序侧重于控辩式的模式已经得到及时有效的变革。毕竟，法国的刑事诉讼法典要求在刑事诉讼的任何程序阶段都应该对犯罪嫌疑人、被告人的合法权益给予充分的保障，实现控辩双方在刑事诉讼中能够平等的武装，增加程序的对抗性。2000 年 6 月 15 日改革后的新法律规定，对于重罪法庭做出的案件判决可以进行上诉，但是根据法律的规定也只有对被告人做出的有罪判决才能够提起上诉的请求。这就废除了法国在刑事诉讼中重罪案件实行一审终审制的法律规定，修改后的法律就明确的规定赋予重罪案件中的被告人对于自己的有罪判决能够享有上诉的权利，为保障被告人的合法权益法律给予其第二次的司法救济权利。[②] 2002 年 3 月 4 日，法律的再次修改完善后，规定不仅重罪案件中的有罪判决被告人能够享有上诉的权利，而且对于重罪案件中被告人的无罪判决，检察官或检察长也可以提

---

① 程味秋. 外国刑事诉讼法概论 [M]. 北京：中国政法大学出版社，1994：34.
② 何勤华. 法国法律发达史 [M]. 北京：法律出版社，2001：78.

起上诉。这次法律修改赋予控辩双方平等的上诉权，体现了法国刑事诉讼中惩罚犯罪与保障人权并重的司法理念。

二、德国的刑事错案预防研究

随着德国刑事错案的不断发生和被依法纠正，促使德国的刑事诉讼法经过多次的修改和完善，形成了一套独立的司法体系和较为完整的刑事诉讼制度。[①] 与英美法系中英国、美国等国家刑事诉讼程序显著的不同则是德国的刑事诉讼法侧重于对案件事实真相的发现。在德国的刑事错案中，比较具有典型性的案件有哈利·沃尔茨案、鲁道夫·鲁普案、卡尔·豪案、胡佩特·哈尔德案以及安东纽斯案件等，分析和归纳总结德国这些刑事错案的发生原因和采取的预防措施，给予其实证方面的样本剖析。

1993 年哈利·沃尔茨和安德里亚·查赫结婚并生下一个儿子凯伊，为了照顾儿子，安德里亚只好白天上一半的班，丈夫哈利又失业在家里闲着，造成家庭生活困难、夫妻矛盾不断发生的局面。然而，在 1996 年的 1 月，安德里亚与已经结婚的托马斯·海姆却发生了婚外恋，进而迫使其家庭关系发生严重的破裂。随后，哈利向法院申请与安德里亚离婚，但是由于对儿子凯伊的抚养权争议而争执不下，经调解也失败。在 1997 年的 4 月 29 日，安德里亚的父亲突然发现自己的女儿躺在自己的房间内，下身赤裸、脖子上被毛巾勒着、呼吸停止，后报警虽然经过医院抢救活过来了，但是安德里亚不但没有自己的清醒意识，而且就连自己的日常生活也变得无法自理。警方很快便把哈利和托马斯列为此案的重点犯罪嫌疑人，而托马斯的妻子向警方提供了其不在犯罪现场的证据，警方当日就把托马斯给予释放。但是，由于警方在犯罪现场发现了两个皮手套和一个装有三只皮手套和两个万宝路牌子的烟盒的塑料袋，由于哈利有抽万宝路牌子烟的习惯和在现场皮手套内提取到了其 DNA。于是，哈利则被警方认定为本案的

---

① ［德］托马斯·魏根特. 德国刑事诉讼程序 ［M］. 岳礼玲，温小洁，译. 北京：中国政法大学出版社，2004：6.

重大犯罪嫌疑人。1998 年，一审法院判处哈利·沃尔茨 11 年监禁刑，二审法院驳回上诉，维持原判。直到 2009 年，哈利·沃尔茨才被法院宣告无罪释放。虽然经过十几年的不断申诉，但是哈利·沃尔茨最后终于被证明是清白的。然而该案在证据同样的情况下，法院却对该案件做出两次无罪的判决、三次有罪的判决。①

2011 年 5 月 30 日，在德国的《明镜》周刊刊登了一篇《司法能有多正确?》的文章，该文章报道称：2009 年的 3 月，在德国的某小镇上有一辆车落入河中，该车的驾驶人已经死亡。经过警方的 DNA 比对，证实该死亡的驾驶人居然是 7 年前失踪的鲁道夫·鲁普。而令警方惊叹的是鲁道夫·鲁普居然是法院认定为已经被其家人所杀害。当时法院认定的基本案情是：在 2001 年 10 月的某一天，鲁道夫·鲁普被其家人所杀害并且还遭到尸体被肢解，检察机关认为鲁道夫·鲁普大女儿的男朋友具有重大的犯罪嫌疑，其大女儿的男朋友在无法忍受被羁押的情况下，做出了坦白的"有罪"供述，称他将喝醉后回家与家人吵架的鲁道夫·鲁普用木头将其打死并与鲁道夫·鲁普的夫人、两个女儿将其尸体肢解。最后，检察机关和法院都相信和采纳了这些人"有罪"的供述，法院依据该案唯一的有罪口供就将鲁道夫·鲁普的夫人、两个女儿以及大女儿的男朋友依此按照法律做出有罪的判决。直到 2009 年，随着鲁道夫·鲁普的溺水而被发现，进而使本案中被关押了 1880 多天的无辜者才被宣告无罪释放。②

在胡佩特·哈尔德的刑事错案中，胡佩特·哈尔德由于受到警方刑讯逼供等暴力非法的取证方法，逼迫胡佩特·哈尔德做出抢劫杀人的有罪供述，然后被法院做出有罪的判决。直到 30 多年后，胡佩特·哈尔德才被德国法院再次的改判，宣告胡佩特·哈尔德无罪释放。

在安东纽斯的刑事错案中，安东纽斯在没有任何违法犯罪前科的情况下，被德国联邦调查局于 2004 年 1 月 6 日以涉嫌参与一起爆炸案件为由拘留。德国联邦调查局的证据是该爆炸现场提取的可疑指纹与安东纽斯入伍

---

① 郑明纬. 德国：错案促进刑诉法多次修订［N］. 法制日报，2013-5-28.
② 张建伟. 德国：再叫真的民族也有错案［N］. 人民法院报，2013-6-21.

时的指纹具有高度的相似性，故将安东纽斯列为重大犯罪嫌疑人，然后以"实物证人逮捕令"将安东纽斯逮捕。最后，经过对该案的指纹再次的司法鉴定，才将爆炸现场遗留可疑的指纹锁定为一位摩洛哥人。至此，安东纽斯才被无罪释放。

据德国学者卡尔·彼得斯教授在其《刑事诉讼中的错误来源：德国再审程序研究》中对德国法院从 1951—1964 年间经德国法院再审推翻原审法院判决的 1150 起刑事案件进行剖析和统计归纳，其中被德国法院错判或轻判的案件共计 91 起，占总数的 7.9%，而被德国法院错判或重判的案件共计 1059 起，占总数的 92.1%。① 可见，无辜者被错判的刑事错案仍然占据较高的比例，虽然德国的刑事错案促进了德国多次对刑事诉讼法的修改和完善，但是造成德国无辜者被错判的刑事错案原因却值得我们解读和反思。

第一，法院对案件中证据的证明存在不同的判断标准。德国的刑事诉讼法典中并没有全面、详细的有关证据方面的证明规则，这与英国、美国等英美法系国家在刑事诉讼中严格的坚持证据裁判的原则所不同。在德国的刑事诉讼实践中，法院对证据的认定主要从两个方面考虑：一方面，是否符合自由认定证据的基本原则；另一方面，坚持证据不足等存疑对被告人有利的审判原则。并且德国在刑事诉讼法中基本很少涉及对证据规则的规定，即使有也主要是从原则方面进行规定。所以，德国法院在审判的过程中对案件中的证据进行审查和判断的时候比英国、美国等英美法系国家的法官还具有较大的自由裁量权，德国各个法院对证据的审查和认定标准的不统一，直接造成一个案件在经过不同的法院就得出不同的判决结果的现象，往往同一个案件会出现南辕北辙的判决结果，而导致刑事错案的发生也就不足为怪了。如在哈利·沃尔茨的案件中，警方在犯罪现场的皮胶手套内提取到的 DNA 数量较少，还无法进一步地对其他人员的 DNA 予以排除。虽然现场发现与哈利·沃尔茨曾经吸过相同牌子万宝路的烟盒以及

---

① 何家弘. 认定错判无须铁证 [N]. 检察日报，2011-7-21.

塑料袋，但是在该塑料袋和万宝路的烟盒表面并没有提取到哈利·沃尔茨的指纹。因此，哈利·沃尔茨案件存在基本事实不清、证据不足。然而就在这样相同的证据条件下，德国的法院却做出两次无罪判决和三次有罪判决的结果。

第二，检控机关的不当行为。据德国部分学者的研究分析，在导致德国刑事错案发生的各种原因中，警察或检察官的不当行为造成刑事错案出现的比例占据较高。[①] 由于警察或检察官在办案过程中存在不负责等不当行为而造成案件中的关键性证据无法能够得到及时有效的被发现和提取，错过了收集案件中涉及有罪、无罪等全面的证据。在哈利·沃尔茨的案件中，警察在对哈利和托马斯进行拘留时并没有对这俩人的住所进行全面、仔细的收集证据，而是进行了大概的检查，而且在警察所做的现场搜查笔录中并不完整，其缺失了第三页和第四页，至于这两页笔录记载的具体内容也无法查证，更不用说对案件究竟能够起到多大的证明力度。在本案的犯罪现场，警察不仅提取了被害人安德里亚旁边的皮胶手套，而且还在安德里亚的衣柜内也发现了较多的胶皮手套和塑料袋。但是，警方并没有把这些对案件定罪量刑具有重大作用的胶皮手套和塑料袋进行检验鉴定，而这却直接地影响了法官对案件中提取指纹的审查认定和对案件判决定性的判断，导致哈利·沃尔茨被无辜的错判为有罪，冤枉十多年。

第三，无罪辩护意见得不到重视。在德国部分的刑事错案中经归纳和统计，存在在刑事诉讼的过程中犯罪嫌疑人、被告人以及其辩护律师的无罪辩护意见得不到法院的重视和采纳。[②] 在哈利·沃尔茨案件中，哈利·沃尔茨的辩护律师胡伯特.高尔卡就向法院的法官提出 17 条能够证明哈利.沃尔茨属于无罪的辩护意见，然而并没有引起当时法院法官的重视和被采纳，法庭仍然判处哈利·沃尔茨有罪并且被监禁 11 年。

第四，社会媒体舆论的影响。在哈利·沃尔茨案件办理的刑事诉讼过

---

① 郑明纬. 德国：错案促进刑诉法多次修订［N］. 法制日报，2013-05-28.
② ［德］克劳思·罗科信. 刑事诉讼法（第24版）［M］. 吴丽琪，译. 北京：法律出版社，2003：65.

程中，当地的各种媒体对哈利·沃尔茨案件进行了追踪性的报道。由于德国对社会媒体报道刑事诉讼的案件制约较少，而且媒体不仅能够直接报道正在刑事诉讼中办理的案件，还允许媒体对具体的案件附上自己的看法、观点、评论。最终，哈利·沃尔茨案件在社会媒体参与的巨大舆论影响下，对法官做出的判决起到重大的引导作用。

德国刑事错案的不断出现，促使德国多次地对刑事诉讼法典进行修改和完善。而且，随着德国刑事诉讼法逐步地被改革，德国建立了一套基本独立的司法体系和完善的刑事诉讼制度，为德国对刑事错案的预防起到一定的积极作用。

第一，加强对犯罪嫌疑人、被告人的人权保护

首先，德国的刑事诉讼法典明确地规定了犯罪嫌疑人、被告人享有沉默权，即德国刑事诉讼法第一百三十六条第一款规定："应当告知被指控人，依法他有就指控进行陈述或者对案件不予陈述的权利。"而且对于犯罪嫌疑人、被告人的沉默在法律上不允许当作是对其不利的证据。① 如果在刑事诉讼的过程中，法官没有根据刑事诉讼法典的规定对犯罪嫌疑人、被告人告知其享有沉默权，那么犯罪嫌疑人、被告人的供述就不能被使用。即使该供述被使用，那么该法院的判决也会被后续更高级别的法院所裁定撤销。其次，在被讯问的过程中赋予犯罪嫌疑人不受非法强制侵害的权利。由于在刑事诉讼的实践中，控诉机关往往为了获取犯罪嫌疑人的口供而采取刑讯逼供、暴力取证等非法的取证方法。因此，德国的刑事诉讼法在犯罪嫌疑人在被讯问的过程中不受非法强制的侵害给予了其人身保护的基本权利。德国的刑事诉讼法就给出了明确的规定：（1）犯罪嫌疑人享有决定和确认自己意志的权利，禁止检控方采取折磨、疲劳战术、虐待等非法方法侵害犯罪嫌疑人的基本权利。禁止对犯罪嫌疑人承诺法律规定之外的利益和禁止采取法律法规之外的措施对其进行威胁，只允许采取法律规定范围之内的措施使用。（2）只要对犯罪嫌疑人理解力、记忆力可能造

---

① ［德］托马斯·魏根特. 德国刑事诉讼程序 ［M］. 岳礼玲，温小洁，译. 北京：中国政法大学出版社，2004：79.

成伤害的措施，那么该措施就严禁被使用。（3）对于前两条的禁止规定，即使是犯罪嫌疑人自己同意使用，那么也是法律所不允许的。显而易见，在德国的刑事诉讼中，对犯罪嫌疑人被讯问的措施给出了大量的禁止性规定，全面地对犯罪嫌疑人的合法权益给予了保障。最后，对犯罪嫌疑人、被告人私人领域的保护。德国在 1993 年制定了《对抗自由组织犯罪及毒品犯罪法令》，从而使许多新的侦查方法如技术监听、卧底侦查等被法定化。① 该法令与德国刑事诉讼法典中有关对犯罪嫌疑人、被告人私人领域保护的有机结合，只有德国刑事诉讼法典以及相关法律规定明确授权的许可范围之内才允许行使，否则获取的有关材料并不能当作对案件进行认定的证据使用。一般情况下，犯罪嫌疑人、被告人在私人领域内的秘密在刑事诉讼法的原则上是不能被使用和采纳，除非是非常严重的犯罪行为且经利益被权衡之后才可以被使用。

第二，建立刑事诉讼中的协商制度

在德国的刑事诉讼制度中，所谓的刑事协商制度主要是指在刑事诉讼的过程中，由案件中的辩护人、检察官和法官就对犯罪嫌疑人、被告人的不起诉或撤销指控以及对其定罪量刑达成协议的一项刑事司法制度。在德国的刑事诉讼实践中，广义的刑事协商制度主要包括起诉协商制度和判决协商制度。起诉协商制度是德国在 1974 年修改《刑事诉讼法典》时被增加的新内容，而判决协商制度则是在 2009 年德国的《刑事诉讼法典》中被增加。在德国的《刑事诉讼修正案》中对协商具体的启动时间并没有给予明确的规定，只是规定法院可以在"合适的时候"启动协商程序。因此，这种以协议的方式来解决案件的处理结果可以发生在刑事诉讼的任何阶段，不管是侦查阶段还是审判阶段或者法律的救济阶段均可以被采取。

第三，参与式侦查模式的改革

参与式侦查模式即指辩护律师参与重大侦查活动的行为，如参与讯问犯罪嫌疑人、现场勘查、侦查实验、搜查、检查、询问证人等获取证据时

---

① ［德］阿希姆·赫尔曼. 德国刑事诉讼法典［M］. 李昌珂，译. 北京：中国政法大学出版社，1995：32.

在场的一种模式。参与式侦查即在侦查程序中引入辩护律师的参与，主要表现为辩护律师在参与侦查机关的侦查活动中能够具有在侦查活动的在场权、提出请求建议权、评论和保留意见权，并且对犯罪嫌疑人的有关辩护意见应该被记入侦查机关的侦查笔录之中。自 2000 年以来，德国的刑事司法理论界和实务界也开始对"参与式侦查程序"的改革进行不同的讨论，在 2001 年德国的《刑事诉讼改革要点》中正式提出"参与式侦查程序"的改革命题。强调对侦查机关的侦查活动只要不存在严重的影响或危害的情况下，侦查活动可以适度地对辩护律师给予开放，使之具有"参与式"的侦查程序。2004 年 2 月，德国在《刑事诉讼改革议案草案》中虽然没有正式的使用"参与式侦查程序"的这个法律概念，但是在该草案中依然强调要赋予辩护律师在侦查机关的活动中应该享有共同作用的基本权利，强化辩护律师在侦查活动中的参与权。促使"参与式侦查程序"的改革在德国刑事诉讼中的法定化和形式化，从而限制侦查机关和检察机关进行追诉的自由范围，从而实现对侦查活动监督的加强和对犯罪嫌疑人合法权益更好的保障。

1. 辩护律师的阅卷权

德国在《刑事诉讼法》中明确的规定辩护律师在刑事诉讼的所有程序中都有阅卷的权利，同时也规定在侦查阶段如果案件还没有被侦查终结而辩护律师的阅卷可能会造成侦查目的"受到危害的"，那么侦查机关可以拒绝辩护律师对案卷的查阅。从德国《刑事诉讼法》的规定而言，该限制性条款属于例外性的条款，然而在德国的刑事诉讼实践中却成为原则性的规定条款，将侦查活动被置于保密状态之中，从而限制辩护律师对阅卷权的行使。因此，在 2004 年德国的《刑事诉讼改革议案草案》中就对此着重的强调：辩护律师在刑事诉讼的过程中行使阅卷权，只有可能对侦查目的造成具体危害而不是一般性的危害的情况下，侦查机关才能对辩护律师做出拒绝的决定，并且侦查机关在拒绝决定的书面内载有辩护律师被拒绝的明确理由。如果辩护律师的阅卷权是被检察官拒绝的，那么辩护律师就此可以向侦查法官进行申请复议。

2. 讯问犯罪嫌疑人时的在场权

根据德国《刑事诉讼法》的规定，讯问犯罪嫌疑人时辩护律师享有的在场权，会因讯问的主体不同而有所区别对待。如果检察官和法官共同一起对犯罪嫌疑人、被告人进行审讯，那么辩护律师享有在场权；而如果是侦查人员对犯罪嫌疑人进行的讯问，那么辩护律师不享有在场权。因此，在德国2004年的《刑事诉讼改革议案草案》中提出"参与式侦查程序"的改革模式，建议在侦查阶段同样赋予辩护律师在犯罪嫌疑人被讯问时的参与在场权，法律不应该因为讯问主体的不同而使辩护律师的在场参与权有所区别对待。

3. 讯问共同犯罪嫌疑人和对证人、鉴定人询问时的在场权

根据德国现行《刑事诉讼法》的规定，只有法官对证人和鉴定人进行依法询问以及对犯罪现场进行现场勘查时辩护律师才享有在场权，对于侦查人员、检察官对鉴定人、证人的讯问或侦查人员、检察官、法官对案件中共同犯罪嫌疑人的讯问，而辩护律师并不享有现场权。[①] 因此，在2004年德国的《刑事诉讼改革议案草案》中建议应该适当扩大辩护律师参与侦查程序的诉讼权利，在检察官对犯罪嫌疑人进行讯问的时候应该赋予辩护律师在场权。而侦查人员对犯罪嫌疑人讯问时的在场权也应该给予赋予，除非对侦查机关的侦查目的存在危害才可以被拒绝，否则，一般性的危害也应该赋予辩护律师参与的在场权。如果对证人的询问是由于辩护律师的辩护意见而引起，那么也应该赋予辩护律师参与对询问证人的在场权，该适用范围应该适用于刑事诉讼的所有范围，除非辩护律师在场会给该证人造成严重的危害才可以拒绝辩护律师的在场参与权。在参与对鉴定人选择的在场方面，根据德国《刑事诉讼法》中对鉴定人的规定，鉴定人在侦查阶段的人选是由检察官所决定。[②] 在该《刑事诉讼改革议案草案》中建议，如果检察官对鉴定人的选择会对案件的结果产生重大的影响，那么应该赋

---

① 刘珏，王克文. 德国羁押审查中的阅卷制度及其启示 [J]. 黑龙江社会科学，2018（3）：38-44.

② 周维明. 德国刑事协商制度的最新发展与启示 [J]. 法律适用，2018（13）：101-112.

予辩护律师参与检察官对鉴定人进行选择的程序中。这不仅与德国《刑事诉讼法》中的"程序参与人都应该享有对证据搜查的权利原则"相适应，而且这也是对辩护律师所享有"参与式侦查程序"模式的必然要求。

第四，确立证据禁止的司法制度

所谓的证据禁止司法制度即指在刑事诉讼中对有关禁止特定的收集、提取、提出、适用证据方法法律规范方面的司法制度。证据禁止的司法制度在德国的刑事司法历史上已有很久的年代，随着德国最高法院和联邦宪法法院系列性的有关案件判例的做出，不管是在理论界还是实务界证据禁止的司法制度都得到了不断地发展和完善。在德国的刑事诉讼中越来越多的将证据禁止的司法制度与对犯罪嫌疑人、被告人的权利保障被有机地结合起来，促使证据禁止的司法制度也越来越成为犯罪嫌疑人、被告人的主要救济权利。依据德国《刑事诉讼法》的规定和德国联邦宪法法院、最高法院的司法判例而言，德国的证据禁止制度主要由证据的提出禁止制度和证据的使用禁止制度两个方面组成。①

1. 证据的提出禁止

证据的提出禁止主要是指在刑事诉讼中对证据的收集、提取以及方式方面的禁止性规定，而证据的提出禁止则是用来制约和限制侦查人员、检察官的侦查取证行为。证据的提出禁止主要包括讯问不正确的取证类型、违反告知义务的取证类型、违反拒绝证言的取证类型、违反强制处分的取证类型。（1）讯问不正确的取证类型。侦查人员和检察官在对犯罪嫌疑人、被告人进行讯问的时候必须遵守《刑事诉讼法》的规定和司法判例规则。否则，即使获取了犯罪嫌疑人、被告人有罪、无罪或重罪、轻罪的供述都将会被禁止，这也是对侦查机关和检察官在取证的过程中最为明确的禁止性规定。（2）违反告知义务的取证类型。依据德国《刑事诉讼法》的规定，侦查机关在对犯罪嫌疑人采取第一次讯问时，应当履行法律规定的告知义务，特别是法律规定的特殊告知义务。侦查机关的告知义务主要包

---

① 彭烨. 德国证据禁止制度之类型分析与借鉴意义［J］. 南阳师范学院学报，2016，15（8）：22-27.

含以下几个方面：告知犯罪嫌疑人涉嫌被指控的有关罪名和可能被处以的刑罚；告知犯罪嫌疑人依法享有沉默权即就对侦查机关的指控有进行陈述或不予陈述的权利；告知犯罪嫌疑人在任何时候都有权利和辩护律师进行商议的权利；告知犯罪嫌疑人在侦查的过程中，有权对侦查机关提出收集对自己有利的无罪或罪轻的证据；在对犯罪嫌疑人采取紧急的逮捕情况下，在犯罪嫌疑人被逮捕后侦查机关还应当告知犯罪嫌疑人及其家属具体逮捕的时间、地点、涉嫌犯罪的有关罪名以及选择辩护人和通知辩护人到场的义务。如果侦查机关没有按照规定给予履行，那么就违反了告知的义务，就属于违反告知义务的取证类型。（3）违反拒绝证言的取证类型。侦查机关为了获取证人证言而对案件中的证人采取询问的时候也应当遵循德国《刑事诉讼法》的具体程序规定，尤其是特别对证人拒绝作证的权利。根据德国《刑事诉讼法》的规定，犯罪嫌疑人、被告人的亲属是属于依法享有拒绝证言的权利。如果侦查机关和检察机关在对犯罪嫌疑人、被告人的亲属在采取询问措施的时候违反了《刑事诉讼法》中对拒绝证言的规定，那么对于该违反拒绝证言权的证人证言在法庭上没有任何的法律效力，而且是属于违反拒绝证言的取证类型。（4）违反强制处分的取证类型。为了在刑事诉讼中对犯罪嫌疑人、被告人的人身自由给予限制的身体检查、扣押、搜查、羁押、监听等具有强制处分作用的措施予以规范，德国在《刑事诉讼法》中对各种强制处分的措施进行了具体的程序规定。如果侦查机关、检察机关在对犯罪嫌疑人采取强制处分措施时没有遵守《刑事诉讼法》的程序规定，那么运用违法规定的强制处分措施而获取的证据，则属于违法强制处分的取证类型。

2. 证据的使用禁止

该证据的使用禁止主要是指在审判的过程中禁止法庭就指控机关获取的特定证据作为对案件事实进行裁判的依据。① 证据的使用禁止包括自主性证据的使用禁止和依附性证据的使用禁止两种基本类型。（1）自主性证

---

① 许乐. 德国与美国刑事证据排除规则衍生史及制度构型比较研究 [J]. 陕西师范大学学报（哲学社会科学版），2012，41（2）：160-165.

据的使用禁止是在案件审判的过程中法庭并不是根据德国《刑事诉讼法》对证据获取的程序规定而做出证据被排除的裁定，而是依据德国《宪法》中有关对公民保障的基本权利条款中所推断出来的证据被禁止使用的裁定，因而又被称为宪法上证据的使用禁止。具体又可以划分两个方面：一方面，证据是由侦查机关在符合《刑事诉讼法》的程序规定中自行依法的获取，但是由于违反《宪法》等法律规定而被禁止使用的；另一方面，证据并不是由侦查机关依法获取，而是由个人私自获取然后再转交给侦查机关再被使用的证据，特别是个人私自采用非法途径所获取的证据。（2）依附性证据的使用禁止。依附性证据的使用禁止即侦查机关或检察机关以严重违法禁止性的规定方法所获取的证据而被法院当作非法证据排除，拒绝将其作为法院对案件所裁判的依据。依附性证据的使用禁止在刑事诉讼的实践中主要表现为违反了证据的提出禁止从而造成该证据不能被使用的情形，因而依附性证据的使用禁止也被称为非自主性证据的使用禁止。

三、日本的刑事错案预防研究

从比较法的角度而言，刑事错案的出现不仅是在刑事司法历史时期的必然产物，而且还是各个国家社会在法治发展的过程中毫无避免的社会现象。因此，作为大陆法系国家之一的日本也时刻面对着刑事错案的困扰。正如日本学者浜田寿美男所言：“刑事错案并不是十分遥远的事情，而是现在我们正在生活社会中的事情。并且，刑事错案也不是很长时间才发生的偶然事件，这种不幸应该是归结于一个国家社会发展机制的失调。”[①] 虽然，刑事错案从根本上无法得到完全地被消除，但是通过对日本近年来刑事错案所发生的现状、原因及预防的改革措施进行剖析和研判，以其对我国能够借鉴和学习，促进从个案的角度能够最大限度地预防和减少刑事错案的发生。

近年来，虽然日本的刑事司法制度随着社会的前进不断地发展和完

---

① 何红杰，吕宏庆．日本预防刑事错案的系列改革［N］.人民法院报，2013-05-17.

善，但是其刑事错案也是屡禁不止。

1991 年菅家利和被法院判处猥亵绑架杀人罪的有罪判决，直到 2009 年 6 月菅家利和才被宣告无罪并释放，该刑事错案致使菅家利和被无辜冤枉 18 年。案情具体经过：1990 年的 5 月 12 日，足利市的一位父亲带着自己四岁的女孩出去玩，玩后在停车场准备回家时发现女儿不见了，然而在第二天在河边却发现了女儿的尸体。随后警察对该女孩进行了法医检验，检验结果显示：女孩内裤上存在可疑的残余体液。经警察对该可疑的残余体液进行比对，发现与本市司机菅家利和的 DNA 相符合，于是菅家利和就被警察认为具有重大的犯罪嫌疑。1991 年 12 月 2 日，犯罪嫌疑人菅家利和被以猥亵绑架杀人而逮捕。当警察和检察人员在对犯罪嫌疑人菅家利和在进行讯问时，犯罪嫌疑人菅家利和却对自己涉嫌犯罪的事实供认不讳，然而案件在被一审法院的审判过程中被告人菅家利和辩解自己是无罪的，对前面的有罪供述给予推翻。虽然本案的辩护律师认为：该《警察厅科学警察研究所》进行 DNA 检测结果的准确性存在疑点重重，但是法院仍然依据该 DNA 检测结果判处菅家利和无期徒刑。2008 年 10 月，东京最高法院决定对菅家利和案件中的决定性证据 DNA 进行重新鉴定。2009 年 5 月，重新鉴定的结果报告显示：该女孩内裤存留的体液与菅家利和的 DNA 不相符合。6 月，菅家利和才被法院宣告无罪释放。

2012 年 11 月，因杀人罪被法院判处无期徒刑的麦那利经东京法院再审宣告无罪释放，长达 15 年被法院冤枉错判尼泊尔国籍的麦那利终于被还回清白而返回祖国。案情具体经过：1997 年，电力公司的一名女员工被发现死于公寓之中，据警方调查：该女员工下班后存在卖淫活动，而且在该女员工被害的当天曾与隔壁大楼的一名叫麦那利的男子有过性交易，随后麦那利被警方逮捕。一审法院认为：案件现场还存在第三人留下的体毛痕迹物证，还无法合理排除在麦那利离开现场后还有第三人到现场作案的可能性，再结合被告人麦那利一直坚持自己无罪的供述，一审法院判处被告人麦那利无罪，然而检控方在麦那利被判无罪后仍然对其进行超期羁押。但是，东京法院还是依旧根据检控方提供被告人麦那利到过犯罪现场和案后经济条件明显变较宽裕等间接性的证据改判其为无期徒刑。宣判后，麦那利坚持上诉，然而东京法院驳回麦那利的上诉，有罪判决生效。2005年，该案申请再审。2011年，高院要求高检对麦那利案件的证据重新鉴定，高检对案件中被害人女员工体内的精液重新进行DNA鉴定，其结果显示被害人体内精液的DNA与麦那利的DNA并不一致，虽然此时的证据指向了第三人，但是检控方仍然认为：这并不能合理的排除麦那利没有杀人的可能性。2012年10月，经东京高院再审，证实警方在对麦那利进行审讯的时候存在刑讯逼供和对证人进行收买的违法行为。11月7日，高院对麦那利做出无罪判决，宣告麦那利无罪释放。

2016年1月12日，日本福冈高等法院撤销了某地方法院在2012年一起强奸案件中对被告人做出4年有期徒刑的有罪判决。具体案情：2012年10月，一名17岁鹿儿岛市的女孩到警察局报警称自己被一名男子所强奸，据证实该男子在当天晚上下班后为给朋友过生日就和许多朋友去酒吧一起喝酒，大约喝了5个多小时才结束回家。而该男子的记忆仅仅被停留在次日凌晨1点开酒的时候，酒吧结束后的事情并不被记忆。2012年11月15日，警方突然来到该男子家里因他涉嫌对一名女孩强奸犯罪要求配合警方调查。最后，法院以强奸罪判处该男子有期徒刑4年。该男子不服一审有罪判决而上诉，福冈高院受理后经查证：被害人体内的精液与该男子的DNA并不一致，而是第三人所有。最后，福冈高院裁定撤销原判，改判无罪。该案件被曝光后，被证实：一方面，检控方在办理该案件的过程中只是单向的收集犯罪嫌疑人有罪的证据，而忽略对犯罪嫌疑人无罪证据的收集；另一方面，鹿儿岛法院在对该案进行审判的过程中违反了"自由心证"的基本原则，没有使法官能够站在中立的立场对案件进行审判，造成案件没有能够被公平、公正的审判。

除了上述的近年来发生三起具有重大影响的刑事错案之外，还有学者对近年来日本20多起的刑事错案原因进行解读和归纳统计，发现其中由警方刑讯逼供造成刑事错案发生的原因占据50%，占导致刑事错案发生原因的第一位；目击者存在辨认错误的原因占据14%，警方存在伪造证据的原因占据 13%，这两者是造成日本刑事错案发生的重要原因；而法院在审判的过程中虽然检控方的证据存疑不足却还坚持做出有罪判决的原因占据比例的 10%；最后，辩护律师在辩护中存在失职的情况占 3%，被害人的虚假错误陈述占 3%，剩余其他的原因占据 7%。① 因此，通过对上述 20 多起的造成刑事错案发生的原因进行分类和统计，其中最主要的原因属于警方在讯问的过程中存在刑讯逼供、警方在取证的时候存在伪造证据的情况以及法院法官在对案件的审判中存在受到各种压力的负面影响三个方面。

1. 警方在讯问的过程中存在严重的刑讯逼供行为

在这 20 多起的刑事错案中，警方在对犯罪嫌疑人进行讯问的过程中被证实明确存在刑讯逼供等暴力非法取证行为的就占据 10 多起。在日本的侦查实践中，侦查机关往往会对犯罪嫌疑人隐瞒办案的侦查要求和目的意图或者采用非法的讯问方法，逼迫犯罪嫌疑人做出有罪的供述或诱惑犯罪嫌疑人被陷入错误的思维和认识，进而实现侦查机关的侦查目的。② 据日本死刑和冤案研究所统计，日本在 1991 年到 2000 年期间，大概有 99%被检控方起诉的刑事错案最终被各级法院做出有罪的判决。③ 在日本侦查的办案中，大部分的犯罪嫌疑人在被依法逮捕后就被关押在拘留所内进行审讯，而日本的拘留所则被称为"替代性监狱"。④ 犯罪嫌疑人在拘留所内被拘留的最多法定时间是 23 天，在拘留期间为了防止辩护律师破坏侦查机关和犯罪嫌疑人之间的合作关系，造成辩护律师往往在侦查机关在拘留所内审讯犯罪嫌疑人的时候不得在现场的现象。而且日本法院对被告人做出是否有罪的判决主要是根据被告人的供述，而不是其他更具有充分的相关证据。由于法院对案件进行裁判的主要依据就间接的为侦查机关为获取犯罪嫌疑人的口供而采取刑讯逼供等非法取证方法埋下重要的隐患。刑讯逼供

---

① 何红杰，吕宏庆. 日本预防刑事错案的系列改革 [N]. 人民法院报，2013-5-17.
② 大取祐司，倪润. 日本欺骗侦查所获同意与正当程序 [J]. 国家检察官学院学报，2016 (4)：162-171.
③ 何红杰，吕宏庆. 日本预防刑事错案的系列改革 [N]. 人民法院报，2013-5-17.
④ [日] 松尾浩也. 日本刑事诉讼法 [M]. 张凌，译. 北京：中国人民大学出版社，2005：67.

的直接结果就造成很多无辜者被强迫做出有罪的口供，进而致使法院对无辜者做出有罪的判决，最终导致刑事错案的出现。如1997年因杀人罪被法院判处有期徒刑15年，直到2012年11月才被东京法院再审宣告无罪释放的尼泊尔国籍男子麦那利，就被证实警方在讯问的时候对麦那利进行了刑讯逼供。据媒体报道，日本警方在办案的过程中，为获取犯罪嫌疑人的供述，时常使用恐吓、殴打、不让睡觉以及从凌晨到深夜的连续性审讯或长时间让犯罪嫌疑人保持一个固定的动作或姿势被坐着、站着等。

2. 警方为了迫使犯罪嫌疑人认罪采取伪造犯罪证据

侦查机关为了迫使犯罪嫌疑人做出有罪的供述，除了采取刑讯逼供等暴力非法的取证手段之外，而且还在办案的过程中伪造有关的犯罪证据。由于案件中的无辜者对于涉嫌犯罪案件的基本情况在实践中往往没有侦查机关所对案情掌握得多，而侦查机关为了使犯罪嫌疑人所做的对"犯罪事实"的有罪供述更加具有真实性，通过伪造案件的有关证据，从而引诱或迫使犯罪嫌疑人做出有利于法院定罪的口供。例如，2002年被告人柳原因涉嫌强奸而被法院判处3年的有期徒刑，直到2007年由于该强奸案的真正凶手出现被抓捕，柳原才被法院再审宣告无罪。在曾经柳原强奸案的侦办过程中，侦查机关为了使柳原做出有罪的犯罪供述，侦查人员就伪造了数个有利于法院对柳原定罪的"犯罪"证据。具体包括：（1）侦查人员伪造了犯罪嫌疑人柳原对被害人暴力行凶强奸的作案工具即一把刀，然与被害人所称的供述并不一致；（2）侦查人员伪造了强奸犯罪现场的素描图，却称是根据犯罪嫌疑人柳原回忆而复原对被害人实施强奸犯罪的现场图。①再如在袴田岩雄杀人的刑事错案中，警方为了进一步地让袴田岩雄所做的"有罪"供述更具有真实性，还伪造了袴田岩雄实施犯罪的有关证据。如犯罪嫌疑人袴田岩雄在作案时所穿的衣服以及衣服所遗留被害人的血迹等，然而警方所提供的衣服犯罪嫌疑人袴田岩雄却根本无法穿进去，更别提衣服上所存在的血迹证据。

---

① 何红杰，吕宏庆. 日本预防刑事错案的系列改革［N］. 人民法院报，2013-05-17.

3. 法官在审判的过程中面临各方面的社会压力

1966 年，日本清水市发生一起一家四口被杀害的灭门惨案，警方经过调查和取证，认为职业拳击手袴田岩雄存在重大嫌疑，随后便对犯罪嫌疑人袴田岩雄进行逮捕。然警方在对袴田岩雄进行审讯的过程中存在大量的严重违法行为，如对犯罪嫌疑人袴田岩雄几乎每天都采取连续 12 小时以上的讯问，不但在犯罪嫌疑人袴田岩雄没有做出有罪供述之前不准让其离开审讯房间，就连袴田岩雄的大小便也都在被审讯的房间内，而且警方还对犯罪嫌疑人袴田岩雄采取刑讯逼供、暴力取证等非法行为。但是本案在审判的过程中，负责本案审判的法官熊本则道认为被告人袴田岩雄应该被判处无罪，因为他发现警方在取证的过程中存在刑讯逼供行为和定案证据可疑，然而由于负责本案的其他两位法官却坚持认为被告人袴田岩雄应该被判处有罪的主张。最后，被告人袴田岩雄以杀人罪被法院判处死刑。1980 年 11 月，日本东京最高法驳回被告人袴田岩雄的上诉。直到 2014 年，经东京最高法再审才宣告袴田岩雄无罪并当庭释放。

虽然袴田岩雄被法院再审宣告无罪释放，但是其毕竟被无辜的关押了 48 年。而曾经对本案负责审判的法官熊本则道认为，法院法官对案件裁判过分依赖被告人的认罪供述，造成警方为获取犯罪嫌疑人的口供而采取刑讯逼供等非法的取证行为，进而导致了该刑事错案的发生，然而社会媒体的舆论也应该对该案负有重大的社会责任。在日本社会公众的心目中，对日本司法机关的评价具有很高的信任度和权威性。只要警方对犯罪嫌疑人采取了逮捕的法律措施，那么大部分的社会民众和社会媒体的舆论就会认为该犯罪嫌疑人必定有罪，法院应该尽快地将其判罪服刑。其结果就造成日本法院在对案件的审判过程中法官不仅需要面对被害人及亲属和检控方要求追究被告人刑事责任的迫切压力，而且还需要面对大量社会民众和媒体的舆论压力，这也就造成了被告人袴田岩雄被法院以杀人罪判处死刑的错误结果。

近年来，随着日本系列的刑事错案被公布或曝光，进而使日本在刑事司法过程中潜在的问题被不断的暴露出来。为了预防、减少刑事错案的出现和对存在问题的刑事诉讼程序进行完善，日本对本国刑事诉讼程序中的侦查、公诉、审判进行了改革。

第一，刑事诉讼中侦查程序的改革

首先，讯问过程被可视化同步的监督。在日本，侦查讯问一直都是被视为刑事诉讼程序的"圣地"，基本不会让辩护律师进行任何的干涉和参与。① 近年来，为了防止警方在讯问犯罪嫌疑人的时候采取刑讯逼供等暴力非法的取证方式，日本警察厅在 2008 年发布了"审讯适正化指导方针"，迫使警方的审讯室也开始接受辩护律师等的制约和监督。而且还在日本大概 10966 个警方的审讯室内被安装了具有单向可视功能的观察镜，由新成立的讯问监督机构在室外通过观察镜向室内侦查人员对犯罪嫌疑人进行的讯问给予全面同步的监督。同时，监督人员的主要职责包括：禁止侦查人员在讯问的时候与犯罪嫌疑人的身体发生接触行为；禁止侦查人员出现明显侮辱犯罪嫌疑人的语言行为；禁止侦查人员对犯罪嫌疑人做出不正当的交易等行为。为防止侦查人员为获取犯罪嫌疑人有罪的供述而采取刑讯逼供等非法行为，进而导致刑事错案的出现。其次，采取国家公费辩护的司法制度。为了预防和减少刑事错案的发生以及保障犯罪嫌疑人的合法权益不被非法侵害，就侦查程序中的辩护制度进行了大量的改革和完善，尤其是在侦查阶段对犯罪嫌疑人采取公费的辩护制度较为凸出。具体对辩护制度的改革如下：成立国家公共的辩护机构，保证每一个犯罪嫌疑人都能够得到辩护律师的帮助权利；对犯罪嫌疑人的刑事辩护给予大量的经济支持；保障辩护律师在刑事诉讼任何阶段的介入权，实现刑事辩护的连续性；国家公共的刑事辩护保证在全国范围内能够及时有效对犯罪嫌疑人、被告人提供辩护；为保障国家公共刑事辩护职能的实现，给公共刑事辩护机关配置专职的刑事方面的辩护律师等。

第二，刑事诉讼中对公诉程序的改革

为了在刑事诉讼中在公诉阶段对侦查活动进行有效的制约和监督，在

---

① ［日］土本武司. 日本刑事诉讼法［M］. 宋英辉，译. 北京：中国政法大学出版社，2000：46.

公诉阶段就能够使刑事错案被及时有效的预防和减少。日本在对侦查程序进行改革的同时也对公诉程序给予了完善，主要包括检察审查会制度和请求开始审判制度两个方面。（1）检察审查会制度。日本在近期对公诉程序的改革中，明确规定每一个负责审判的区域应该成立一个检察审查会，并且有 12 名具有选举权的国民人员组成。检察机关对某一起刑事案件做出不起诉的决定，如果被害人或其他人认为该不起诉的决定存在不合理等情况，而向检察审查会提出请求要求起诉的，那么检察审查会就应该对这些提出请求的理由进行审查，经审查认为检察机关的不起诉决定如果存在不当行为时，就会劝告检察机关重新进行起诉。然而，至于检察审查会的劝告，对检察机关并没有任何的强制性而言。虽然检察机关会对该案件重新进行审查，然而，最后检察机关既可以做出起诉的决定也仍然可以做出不起诉的决定。为了解决这种软性的劝告措施，日本在近期的司法改革中对其赋予了具有强制性的执行力，对于检察审查会的劝告，检察机关应当做出起诉的决定，以保障检察审查会制度能够有效地发挥作用。（2）请求开始审判制度。如果检察机关对选举犯罪、公务员犯罪等特殊性的犯罪案件没有准备依法进行起诉时，案件中的被害人或者其他相关的人员就该案可以直接向法院提请进行审判。经法院对被害人等直接提请审理的案件进行审查后，如果认为属于依法应当起诉的案件，那么法院可以命令检察机关对该案件进行起诉或者直接对案件进行开庭审判。

第三，刑事诉讼中审判程序的改革

在 2000 年日本司法改革的建议中，就提出日本的刑事司法应该具有一定的"社会化"或"国民化"，而"参审制"或"陪审制"的审判模式就被认为是刑事司法"社会化"的重要措施。经过日本刑事司法改革方面的大量调研和论证，于 2009 年的 8 月开始日本在审判的过程中正式开始实行裁判员制度。具体在案件审判的过程中，涉及案件中对被告人进行定罪量刑的问题由 6 名裁判员和 3 名法官负责共同讨论和决定，而对案件的判决和有关法律的解释方面仍然由法院的专业法官负责。但是在涉及对被告人进行定罪量刑问题方面，裁判员与法官具有同等的权力。裁判员在案件具体的审判过程中，拥有与法官一样的质问被告人、询问证人、参与控辩双方的辩护以及对案件内容各种决定的权力。因此，日本在刑事司法改革的实践中对审判过程引入裁判员的参审制度，不仅实现了其刑事司法改革所追求的"社会化"或"国民化"重要理念，而且还使裁判员在参审的过程中能够起到对案件的事实认定和法律适用方面的制约和监督，对刑事错案的预防有着至关重要的司法价值。

第二节　英美法系刑事错案预防的比较研究

正如何家弘教授所言："在古今中外的刑事司法之内，刑事错案总是难以被彻底根除的幽灵，而刑事错案的出现具有一定的潜伏性和普遍性。"[①] 就连刑事司法程序或制度比较完善的英美法系国家，也毫不例外的存在大量的刑事错案。据统计，在美国每年大概有 2000~4000 人因为刑事错案而被错误的监禁，而被错判的全部大约有 5000~10000 人，其刑事错案所占的比例大概在 1% 到 5% 之间。[②] 同样，在英国的刑事案件复审委员会近年来就曾经把 444 件已决案件发回到上诉法院要求对其进行重新审判，就有 290 多起有罪的判决最后得到了被撤销的处理结果。[③] 加拿大学者肯特·罗奇就指出，在近 20 年间，加拿大大约有 40 到 75 个的无辜者却被法院判处为有罪，而这些已知的无辜者被判为有罪的案件也仅仅占所有加拿大刑事错案的很小比例。所以，学者肯特·罗奇认为，在加拿大每年的刑事错案大概存在 450 个。[④] 而学者坎佩尔也指出，在 2002—2006 年间，加拿大的司法部已经受理了 114 个已决罪犯的申诉申请，在已经完成调查的

---

① 杨静. 浅谈刑事错案防范与救济的域外经验 [J]. 中国检察官，2014（24）：75-78.

② 何家弘. 刑事错判证明标准的名案解析 [J]. 中国法学，2012（1）：159-174.

③ [加拿大] 肯特·罗奇. 错案问题比较研究 [M]. 蒋娜，译. 北京：中国检察出版社，2015：2.

④ ROACH K. Wrongful Convictions in Canada [J]. Social science Tellectronic Bublishing，2012（4）：11.

22 个案件中，其结果就有 7 个罪犯被改判无罪和 4 个获取重新审判的案件。① 总而言之，在英美法系的美国、英国、加拿大等国家刑事错案的发生也具有一定的普遍性，各个国家也都为在刑事司法的过程中如何的预防和减少刑事错案的出现而对自身法律制度的改革或采取相关的具体措施给予应对完善。

一、美国的刑事错案预防研究

（一）美国刑事错案的概括

学者萨缪尔·格罗斯等人在其研究的报告中称：在 1989 年到 2003 年美国的无罪判决中，总结了近 340 多个被无罪裁决的具体案例。通过分析和归纳统计，这些无辜者包括 13 名女性和 327 名男性。而 144 名无辜者是由于 DNA 证据证明是清白的被无罪释放，其余的 196 名无辜者是由于其他有关的证据而证明无罪被释放。大约有 170 多名无辜者在监狱中被冤枉服刑 10 年以上，而 270 多名无辜者被冤枉入狱服刑至少 5 年。因此，在这些刑事错案中无辜者总共被冤枉入狱服刑的时间达 3400 多年之久。② 维恩州立大学学者马文·扎尔曼教授在其研究的报告中认为，美国刑事错案的发生率大概是在 0.5%～1% 之间。③ 哥伦比亚大学法学院的研究成果显示，在 1973—1995 年期间，美国大概有 68% 的死刑有罪案件被推翻改判为无罪。④ 而美国西北大学在其错误定罪中心的研究数据中表明，在 1900 年至 2012 年之间，被错判的案件在 5 个以下的主要集中于美国的西北地区；被

---

① 熊谋林，廉怡然，杨文强. 全球刑事无罪错案的实证研究（1990—2012）[J]. 法制与社会发展，2014（2）：31-57.

② 萨缪尔·格罗斯，刘静坤，等. 美国的无罪裁决——从 1989 年到 2003 年 [J]. 中国刑事法杂志，2006（6）：108.

③ 陈伟，沈丽琴. 美国错案透视及其对我国司法防范的启示 [J]. 西南政法大学学报，2014（6）：3-12.

④ 陈永生. 死刑与误判——以美国 68% 的死刑误判率为出发点 [J]. 政法论坛，2007（1）：95-110.

错判的案件在 6~12 个之间的主要集中于美国的西北和中部地区；被错判的案件在 14~34 个之间的主要分布在美国的东部内陆地区；而被错判的案件在 36~161 个之间的则主要集中于美国的东部沿海地区。① 根据美国在 2014 年发布的全国无罪报告，从 1989 年至 2014 年，美国总共有 1304 件被判处为无罪的判决。其中在 2013 年期间得克萨斯州占 13 件、纽约占 8 件、华盛顿占 7 件、密歇根州占 5 个、伊利诺伊州占 9 个等。② 然而，在这 1304 件无罪案件中无辜者就有 1281 件，包括男性无辜者 1184 人、女性无辜者 97 人，按照族别统计，白人占 40%，黑人占 47%，亚洲及美国本土占 2%，其余的 11% 属于西班牙裔人。在这 1281 件刑事错案的无辜者中，被告人主动认罪的占 11%，共计 136 人，剩余的 89% 无辜者都是属于被美国法院认定为有罪的人员。但是，在这些无辜者中，只有 28% 的是基于 DNA 的证据而被证明是无罪的，剩余 72% 是属于在其他证据的帮助下被证明是无罪的范围。按照悲哀监禁服刑的时间统计，有超过 50% 的无辜者在监狱内服刑长达 8 年之久，有 75% 的无辜者被执行至少 3 年时间。按照所犯罪的种类分析，杀人案件中的无辜者占 47%，共 597 人；强奸案件中的无辜者占 31%，共 398 人；抢劫等其余暴力案件占 13%，共 169 人；而非暴力案件中的无辜者则占 9%，共计 117 人。③ 诚如美国联邦最高法院的前大法官布伦南所言：最让人感到恐惧的是在死刑案件中，不是因为死刑刑罚在适用中存在被歧视的现象，而是在于无辜者也存在被法院判处为死刑的可能。④ 因此，在美国，每起刑事错案的发生，不但致使无辜者被牵连入狱服刑，即使最后被证明清白释放但在婚姻、就业等方面依旧会遭到一

---

① CLINIC B L. Criteria for Cases Listed as exoneration on our Site [EB/OL]. [2014-08-14]. http: //www. law. northwestern. edu/Legalclin/awrongfulconvictions/exoneration/.

② CLINIC B L. The National Registry of exoneration releases its 2013 annual report [EB/OL]. [2014-08-14]. https：//www. law. umich edu/special/exoneration/Documents/exoneration_ in_ 2013_ Report. pdf.

③ CLINIC B L. The National Registry of exoneration releases its 2013 annual report [EB/OL]. [2014-08-14]. https：//www. law. umich edu/special/exoneration/Documents/exoneration_ in_ 2013_ Report. pdf.

④ 李奋飞. 美国死刑冤案证据剖析及其启示 [J]. 中国人民大学学报，2013 (6)：28-35.

定的歧视，而且随着无辜者被定罪判刑，其家庭成员也会受到社会名誉和地位等的损害和打击，导致其无辜的范围被无情的扩大，同时还给美国社会治安治理带来了系列性的负面作用。

（二）美国刑事错案的形成原因

随着美国法治建设不断的健全和完善，各种各样的犯罪活动也是频繁加剧的出现，造成美国刑事司法活动的运转频率的加快。同时，刑事错案也在美国的刑事司法过程中被不断地出现和增长，而刑事错案的发生却给美国刑事司法带来了严重的危害。正如美国学者科特勒教授而言："刑事错案的出现迫使法律遭到以法律自身的名义施加的破坏和抑制"。① 而刑事错案也不是某一社会历史时期或某一特定区域所专属的产物，而是随着人类刑事司法不断的发展和前进所不可避免产生的附属品。因此，刑事错案的出现具有其自身的复杂性和普遍性。刑事错案的原因不仅包括单一原因和多种原因，而且还包括直接原因和间接原因。正是由于各种致使刑事错案发生原因的共同作用于具体的刑事案件中之后，才形成美国各种各样的刑事错案，导致其无辜者的出现。

1. 错误的证人辨认

美国学者艾德文·鲍查德在其《针对无辜者作出的裁决》中就指出，在美国340多个无罪判决中，至少64%的判决中存在一个或多个错误的证人辨认结论。而在121个涉及强奸案件的无罪判决中，至少50%以上的存在一个或多个错误的证人辨认结论。② 美国西北大学法学院错误定罪研究中心在其研究报告中表明，根据刑事错案中存在错误的证人辨认结论的分析和归纳的结果：证人因故意陷害的错误辨认占8.7%，幸存的目击者而作的错误辨认占4.3%，同伙作的错误辨认占32.6%，陌生的证人而作的

---

① ［美］柯特勒. 美国八大冤假错案［M］. 刘末，译. 上海：商务印书馆，1997：313.
② 萨缪尔·格罗斯，刘静坤，等. 美国的无罪裁决——从1989年到2003年［J］. 中国刑事法杂志，2006（6）：118.

错误辨认占 41.3%，互相熟悉的证人作的错误辨认占 19.6%。① 根据美国在 2014 年 2 月发布的全国无罪案件的结果报告，由于错误的证人辨认而造成美国刑事错案出现的原因就占据 38%。② 从种族类别的角度而论，非裔美国人的错误辨认占据比例 24%，高加索人的错误辨认占据比例的 28%，拉丁人的错误辨认占据 3%，而高加索人错误的辨认非裔美国人却占据比例高达 35%。③ 就一般情况而言，除非证人出于恶意故意陷害被告人之外，案件中的证人辨认基本都具有一定的客观性。一方面，证人的辨认受到犯罪现场客观环境等条件的限制而造成出现错误或偏差的辨认结论。例如，在一些具体的案件中，受到案件中自然环境的限制如光线、视线、遮挡物等的影响或者制约，造成证人在对犯罪嫌疑人的性别、年龄、五官、肤色等辨认作出错误的结论，导致其刑事错案的发生；另一方面，由于警察等办案人员在证人进行辨认的过程中给予不当的暗示或误导性的动作提示等，有的还对证人的辨认进行威胁等行为，部分还甚至对证人采取殴打等暴力强逼的非法取证行为，造成证人的辨认出现偏差，为刑事错案的发生埋下了关键性的隐患。特别是在涉及强奸的案件中，由于被害人或证人的错误辨认而导致刑事错案发生的数量就占有很大的比例。正如美国密西根大学法学院的 Samuel R. Gross 教授对美国刑事错案中涉及强奸案件的调查研究指出，由于错误的证人辨认而导致强奸案件出现被错误定罪而冤枉的无辜者占据高达 90% 以上的比例。④ 因此，错误的证人辨认是导致美国刑事错案出现的最为常见的重要原因，同时也是单独错误率最高的原因。

---

① 陈伟，沈丽琴. 美国错案透视及其对我国司法防范的启示［J］. 西南政法大学学报，2014（6）：3-12.

② CLINIC B L. The National Registry of exoneration releases its 2013 annual report［EB/OL］.［2014-08-14］. https：//www. law. umich edu/special/exoneration/Documents/exoneration_ in_ 2013_ Report. pdf.

③ ［美］巴里·谢克，彼得·诺伊菲尔德，吉姆·德怀尔. 清白的罪犯［M］. 黄维智，译. 北京：中国检察出版社，2005：191.

④ GROSS S R. Exonerations in the United States, 1989 through 2003［J］. Journal of Criminal Law and Criminology, 2005, 95（2）：545.

2. 被告人的虚假供述

美国密歇根大学法学院的 Samuel R. Gross 教授在对 328 起刑事错案经过剖析和分类后指出，存在被告人虚假供述的刑事错案占据总是比例的 15%。而在所有的严重暴力犯罪的案件中，谋杀案中存在被告人虚假供述的比例居然高达 80.4%。① 又如 Bedau and Radelet 在 350 个刑事错案中指出存在被告人虚假供述的案件就占据 14%，Scheck Neufeld Dwyer 在 62 个刑事错案中分析，其被告人虚假供述的案件占 24%，Leo 在 2004 年对 125 个刑事错案进行研究，指出存在被告人虚假供述的案件比例就占据 35%。② 然而，通过对美国刑事司法程序或制度的运行和各种各样刑事错案中被告人所作虚假供述情形进行分析和研究，认为造成被告人做出虚假供述的原因主要有以下几个方面：首先，造成被告人进行虚假供述最为直接的原因便是警方的刑讯逼供等暴力的非法取证行为。警方在破案的过程中，为了获取犯罪嫌疑人有罪的供述，通常采取的就是对犯罪嫌疑人刑讯逼供等暴力的方式而撬开犯罪嫌疑人的嘴巴，暴力的强迫犯罪嫌疑人做出有罪的口供。有时候还采取诱供的取证方法，毕竟，诱供并不是非法的取证方法，只是警方不当的取证方法而已。诱供不仅能够保障警方人员的安全，而且还能够及时有效的使警方达到侦查的目的。其次，辩诉交易致使大量被告人虚假供述的出现。在美国的刑事司法实践中，大概有 90% 的刑事案件在没有经过法庭审判的情况下，而是由检控方和被告人的律师通过辩诉交易的方式进行处理。③ 虽然很多的被告人的确是属于清白无辜的，由于检控方的各种证据都不利于自己被无罪的释放。如果被告人不与检控方达成辩诉交易，那么被告人就可能会面临在监狱内被长期的服刑。为了获取较短的服刑或较轻的刑罚，被告人就向检控方做了虚假的有罪供述，进而与其

① GROSS S R. Exonerations in the United States，1989 through 2003［J］. Journal of Criminal Law and Criminology，2005，95（2）：545.
② GROSS S R. Exonerations in the United States，1989 through 2003［J］. Journal of Criminal Law and Criminology，2005，95（2）：545.
③ 美国国务院国际信息局. 美国法律概括［M］. 金蔓丽，译. 沈阳：辽宁教育出版社，2006：222.

进行辩诉交易，造成这种美国法律不平等的现象被合法化和公开化。① 再次，许多弱势群体较正常人更加容易地做出虚假的供述。例如，许多未成年人、精神病人、聋哑人等弱势群体，他们在警方办案的过程中由于内心承受压力的脆弱，在受到警方的恐吓或胁迫的情况下，就往往会做出对自己不利有罪的虚假供述。据美国学者 Samuel R. Gross 的研究统计，在美国328 起刑事错案中，由于青少年虚假供述而造成刑事错案的占据比例44%，而 12~15 岁之间虚假供述的比例占据 75%。正常人虚假供述的比例占11%，而存在精神问题的如痴呆、残障等人员虚假供述的比例居然高达69%。② 例如，存在精神问题的 17 岁女孩 Paula Gray，就向警方做了自己参与实施强奸杀人犯罪的虚假供述，并且还牵连了无辜的 4 名男子，随后法庭判处 Paula Gray 50 年的监禁，该 4 名无辜的男子也被判处死刑等刑罚。最后，由于 DNA 证据检测才证明 Paula Gray 等 5 人属于无辜者，真正的罪犯才被落网抓获。

3. 辩护律师的能力有限

由于 Gideon v. Wainwright 案件被法院最终的确认，促使美国通过刑事司法的改革确保被指控犯有重罪的贫困被告人能够得到免费的律师给予帮助的辩护权利。③ 在美国的刑事司法实践中，被告人律师进行辩护帮助的基本权利主要包括两个方面：第一，律师是否代理被指控者的刑事案件；第二，辩护律师是否给被告人提供有效的帮助。④ 在美国被检控方指控犯罪的有相当一部分是属于社会底层的贫穷人员，这些穷困的被告人基本没有经济能力来支付获取辩护律师帮助的昂贵费用。虽然政府能够为贫困的被告人提供免费的辩护律师为其给予帮助，但是这些公设辩护律师的酬薪

---

① [美] 唐纳德丁·布莱克. 法律的运作行为 [M]. 唐越，苏力，译. 北京：中国政法大学出版社，2004：17-23.

② GROSS S R. Exonerations in the United States，1989 through 2003 [J]. Journal of Criminal Law and Criminology，2005，95（2）：545.

③ PALMER L J. Encyclopedia of Capital Punishment in the United States [M]. 2nd ed. Jefferson，N. C.：Mc Farland & Co Inc Pub，2008：357.

④ 杨栋. 中国死刑错案的发生与治理——与美国死刑程序比较 [M]. 上海：上海人民出版社，2011：25.

确实属于很低的层次，负面的造成政府提供辩护律师工作出现消极应付的局面。为了获得更多的经济报酬，公设的这些辩护律师往往代理数起或者更多的刑事案件。这不仅使这些辩护律师工作压力的庞大，而且还迫使辩护律师没有足够的时间和精力去专注某一具体的案件。根据美国有关的法律规定，只要辩护律师代理了被告人的刑事案件，那么依据法律规定该辩护律师在中途是不能退出被代理的刑事案件。大部分的辩护律师为了能够代理更多的案件，基本上采取简单快速处理案件的做法，造成被告人的辩护职能难以得到有效的保障。而且，美国的法官主要是从优秀的律师人员中进行考察和选择，进而使对法律精通、业务熟练的优秀律师在干律师数年后被选拔为法官职业或者从事商业、政界，造成美国律师队伍中优秀辩护律师被不断的流走，而政府提供的精通法律、业务熟练等方面的公设辩护律师的质量就更加难以被保障了。因此，在政府所提供的公设辩护律师的人员中，基本上是刚刚参加律师工作、业务不太熟悉、法律不是很精通的律师，其参与对被告人代理案件的胜诉率一般较低，甚至在部分的死刑案件中，还存在素质恶劣的辩护律师被贫困的被告人所雇用。据美国学者的统计，由于被告人辩护律师能力的局限或失职，而导致出现刑事错案的比例就大约占 32%。[1]

4. 瑕疵性的科学证据

在刑事司法的实践中，科学证据对很多案件的侦破或者对案件的定罪量刑判断有着至关重要的作用。[2] 毕竟，大部分的司法鉴定人能够遵守科学鉴定的操作程序和具有认真、客观的工作态度积极地完成有关的鉴定工作任务，促使案件中涉及鉴定的案情能够及时有效的真相大白。然而，仍然有部分虚假或误导性的具有"瑕疵"的科学证据的出现，不但没有起到对案件能够查清事实的鉴定作用，反而造成部分刑事错案的出现。例如，美国刑事错案中的霍布里案、劳森案、威廉姆斯案等都是由于采用"瑕

---

① 宋远升. 刑事错案比较研究 [J]. 犯罪研究，2008 (1)：73-80.
② 何家弘. 司法鉴定导论 [M]. 北京：法律出版社，2000：80.

疵"的科学证据而导致出现的。① 造成这些虚假或误导性"瑕疵"科学证据的出现并不是偶然性的,而是有着必然性的因素。首先,就涉及案件中证据的司法鉴定程序而言,完整的鉴定包括收集材料、移送材料、进行鉴定以及做出鉴定报告等系列性的程序。警方在犯罪现场发现、固定、提取有关案件的证据材料时由于现场保护不及时或收集方法不当等原因的影响,就极易造成被收集的证据材料被污染、丢失等。在对证据材料进行司法鉴定的过程中也可能由于司法鉴定人主客观原因导致鉴定结果的准确性出现了偏差甚至错误。其次,科学鉴定过程的阶段性和复杂性就迫使证据检材材料可能经过很多人员的经手,不同人员经手处理就使鉴定材料增加了被污染或丢失的风险性。只要在鉴定过程中有任何人员存在故意或过失的行为,那么就会造成该鉴定出现偏差的结果。再次,在部分司法鉴定的过程中,有的司法鉴定人员存在为了早日破案等原因而在鉴定的过程中潜意识却站在了检控方的一方。造成鉴定人员在进行科学鉴定的程序或法庭对科学鉴定结论进行辩论的时候,司法鉴定人员做出有利于检控方而不利于被告人的虚假或误导性的"瑕疵"鉴定结论。最后,在科学证据鉴定的过程中,虽然涉及的鉴定人员和鉴定程序等属于控辩双方都应该保持中立地位的性质,但是在实践中鉴定人员往往会受到检控方的诱导或被告人的威胁,从而使鉴定人员做出具有偏向性的鉴定结论。

5. 检控方的不当行为

虽然美国的刑事司法制度发展的比较成熟、警察、检察官等司法人员管理体制的比较合理以及素质也高,但是由于检控方即警察和检察官不当行为而导致美国刑事错案的发生仍然占有重要的原因。例如,美国刑事错案中的 Hemandez、Hobley、Howard、Jimerson、Lawson、Orange、Patterson、Porter、Smith② 等案件,就是基于检控方的不当行为而造成的。在美国的刑事诉讼实践中,检控方对涉嫌犯罪的刑事案件能否进入法庭审判程序具

---

① 宋远升. 刑事错案比较研究 [J]. 犯罪研究, 2008 (1): 73-80.
② 刘品新. 当代英美刑事错案的实证研究 [J]. 国家检察官学院学报, 2007 (1): 15-21.

有实质性的诉讼权利。当涉嫌犯罪的案件处于警方侦查阶段的程序时，为了能够及时有效的早日破获犯罪案件，尤其是在面对杀人、强奸等严重暴力犯罪案件的时候，为实现办案的侦查目的，警方就可能采取系列的不正当办案行为，如威胁、诱导、恐吓证人，隐瞒犯罪嫌疑人的无罪证据，遗失或伪造犯罪证据等。例如，在美国的凯瑞·马克斯·库克刑事错案中，当时德州的上诉法院就明确的指出：检控方在办案的过程中不但存在多次不当的程序行为，而且还对涉及被告人无罪的关键性证据给予了隐瞒，以致对整个案件的原始证据造成了污染。直到三年后经 DNA 检测才证明遗留在被告人内衣上的精液与凯瑞·马克斯·库克的 DNA 不一致，这次证明凯瑞·马克斯·库克是无辜的。而当案件处于检方程序的时候，有的检察官仍然还采取部分的不当行为，即恐吓或误导证人作证、伪造或隐藏关键性证据、夸大或扭曲案件事实、给法庭程序瑕疵或非法证据等，造成法官或陪审团的做出对被告人不利的错误判断，导致无辜者被有罪判决。犹如正义之剑不是将剑刺向罪犯，而是将剑却刺向了冤枉的无辜者。

6. 虚假的告密者陈述

告密者为了自身的利益尤其是经济方面的报酬利益，就向司法机关对知道的违法犯罪行为进行虚假的告密，亦就造成了部分的刑事错案。调查报告显示，由于虚假告密者而导致刑事错案发生的比例大概占 11%。[1] 特别是在监狱服刑罪犯的告密中，为了达到给自己被减刑的目的，往往采取故意捏造、伪造犯罪事实等方法进行虚假的告密。虽然这些虚假的告密陈述在很大程度上属于不确定的证据，但是检控方和法院往往对告密者的陈述这些关键性的证据给予了相信而采纳的做法，负面的造成了对刑事错案出现具有推波助澜的重要作用。而对于这些虚假告密的动机主要包括两个方面：一方面，大部分的虚假告密者主要是为了能够获取对自己有利的利益，如经济报酬利益、刑期减刑等利益；另一方面，部分虚假的告密者是基于被人教唆、威胁、诱导等原因，其中也包括警察人员、检察官等司法人员。

---

[1] 宋远升. 刑事错案比较研究 [J]. 犯罪研究，2008（1）：73-80.

（三）美国对刑事错案的预防对策

不论一个国家的刑事司法制度设立或运行的多么优越，如果对司法中所面临或发现的问题不予以及时有效的修正和完善，那么就会迫使在司法运行过程中的漏洞变得越来越大、越来越难以被修正。而美国正是由于对刑事错案经过理性的对待和研判，促使美国的联邦和各州采取系列性司法制度的完善或运行过程措施的构建以确保能够及时有效地对刑事错案的预防或减少。

1. 宪法为刑事诉讼的规则提供重要保障

在美国的刑事司法制度中，很多的刑事诉讼规则与其《宪法修正案》存在密切的关联，促使美国宪法为其刑事诉讼规则提供重要的宪法保障。例如，美国《宪法修正案》第四条中关于禁止非法搜查和扣押的规定，第五条中对犯罪嫌疑人不得强迫其自证其罪的规定和任何人享有非经法律正当程序不得被非法的限制其自由、财产以及剥夺生命的基本权利，第十四条中明确规定美国刑事诉讼在运行的过程中必须遵守有关的法律规定，确保其刑事诉讼程序的正当性等。所以，美国将刑事诉讼规则的制定上升为宪法的高度，为美国刑事诉讼规则的运行提供了宪法性的保障，使美国有关刑事诉讼立法被宪法化，为保障无辜者不受非法侵害提供具有宪法性质的刑事诉讼规则的保护。

2. 刑事证据制度的立法完善

作为英美法系中的美国，判例法也是其法渊的重要渠道。近年来，由于美国大量刑事错案的出现，严重地影响了美国刑事司法制度的正常运行。为了预防和降低刑事错案的发生，美国联邦和各州在总结和归纳长期司法实践的基础之上，将涉及证据证明的有关规则以立法的形式给予保障。除了美国联邦法院制定的《联邦证据规则》之外，地方的各州也对证据的适应规则加以立法方面的完善。① 例如，《新泽西州证据法典》《加利

① 王进喜. 美国《联邦证据规则》（2011 年重塑版）条解［M］. 北京：中国法制出版社，2012：1.

福尼亚州证据法典》等，在各州的证据法典中都对有关证据的相关性规则、可采性规则、证据证明的具体责任以及原始证据、传闻证据、直接证据、间接证据、品格证据适用规则和证人作证规则等进行了全面的规定，而还在美国的《法律执行指南》中对有关目击证人的辨认规则给予了更加具体和详细的规定。① 美国联邦和各州对证据的有关证明规则的全面具体的立法规定，为法院对案件中涉及被告人的证据证明的认定和采纳给予了重要的指导作用。

3. 法院采用定罪和量刑分离的审判制度

在美国刑事司法的实践中，法院采取对被告人进行定罪和量刑分离的审判制度。在法院对刑事案件的审判过程中，主要包括对被告人的定罪审理程序和量刑的审理程序两部分。如果进入法院审判程序中案件的被告人存在对检控方所指控的犯罪事实不予承认的情况，那么该案件就只能被进入对被告人的定罪审判程序。只有被告人通过了法院的定罪审判程序，才可以进入后续地对被告人进行的量刑审判程序。在美国的刑事诉讼过程中，对被告人采取定罪和量刑分离的审判制度。不但能够保障辩护方充分行使辩护权，而且还能够确保法院对被告人进行定罪的准确性和量刑的合理性。

4. 对告密者进行严格的审查

为了防止因虚假告密者而导致刑事错案的发生，美国还设立了专门的高等检察官审查委员会对其进行审查和认定。② 高等检察官审查委员会主要负责对告密者所作的证词和告密者自身状况在法庭开庭审判前进行的审查和判断，该委员会在对告密者具体从以下几个方面进行审查：第一，告密者的证词能否得到案件中其他证据的互相印证；第二，告密者证词中的具体细节是否存在仅限犯罪嫌疑人自己所知道；第三，未在监狱中所服刑告密者的证词是否是通过社会公众、网络媒体报道以及司法材料所获取；

---

① 刘宪权. 美国：四步构建刑事错案防控与问责 [N]. 法制日报，2013-4-23.
② 沈玉忠. 美国刑事错案救济制度及对中国的启示 [J]. 鄂州大学学报，2008 (6)：20-23.

第四，告密者自身是否存在违法犯罪的前科记录或累犯的身份；第五，告密者是否存在不诚实等品格方面的行为等。如果经过高等检察官审查委员会对告密者的证词或自身状况进行综合审查后，认为该告密者对被告人所作的告密存在虚假、诬告等不真实的证据，那么告密者所作的证词将会在被法庭审判前予以排除，不将其当作检控方对被告人进行涉嫌犯罪所指控的证据使用。

5. 司法鉴定机构的规范化

司法鉴定应该在刑事诉讼的过程中处于独立的、第三方的专业机构，在进行司法鉴定的过程中鉴定人员应当不受警察、检察官、受害人、被告人及其辩护律师等的影响和制约，从不偏向任何一方进而保持其独立的地位。司法鉴定所需要的检材材料应该都是来源于警察或检察官在案件中采取合法的取证方法而获取，严格审查鉴定材料获取的方法是否存在通过非法手段或被污染、伪造等。司法鉴定报告不仅要负责案件中检材与样本是否存在相符合的结论性判断，而且还需要鉴定人员对其进行司法鉴定的过程进行合理的说明和科学的解释。美国的联邦和各州为了确保司法鉴定的科学性和公正性，对各地的司法鉴定机构也进行了规范化的规定。具体如下：第一，鉴定机构应该具有从事科学鉴定的必要水平质量；第二，鉴定机构必须经过审批及质量信任度和质量控制系统的审查；第三，鉴定机构应当定期对其鉴定能力进行评估；第四，为确保鉴定结果的科学性，各州应该授权一名专业的调查员专门对个所属的鉴定机构进行监督和调查；第五，在美国顶尖大学设立高水平的法医研究基地，为司法鉴定机构培养高素质的专业人才。

6. 规范检控方的行为

在美国刑事错案的表现中，检控方主要的不当行为包括：强迫证人作证、隐瞒被告人无罪的证据、伪造犯罪证据、夸大犯罪事实、欺骗法庭等行为。因此，为了规范警察和检察官检控方的不当司法行为，美国除了采取刑事立法和完善刑事证据方面的适用规则之外，美国学者还建议应该成立有关的司法惩戒委员会，而该委员会主要负责对刑事司法过程中检控方

存在 的不当行为进行调查和处理。同时，美国的联邦政府负责对各州所属的警察人员在刑事司法中存在的不当行为有权向具有管辖权的法院提起诉讼。

7. 提高辩护律师的辩护质量

辩护律师的失职也是美国刑事错案发生的重要原因，为了避免这种情况的出现，美国近年来就对被告人给予帮助的辩护律师的质量和能力方面进行了加大的投入和改革。经过美国司法机关和有关律师协会的商议和决定，最终对被告人辩护律师的辩护质量提高形成了以下四个方面的决议：（1）为了吸引对刑事法律精通、业务技能熟练的优秀律师，司法机关应当提高对于指定辩护的律师酬薪；（2）为确保辩护律师有充足的精力和时间给被告人提供帮助的辩护业务，进一步规定了政府公设辩护律师所代理被告人刑事案件的上限数量；（3）司法机关在对给贫困被告人给予指定辩护的时候禁止给其指定业务不熟、素质不高甚至低劣的律师进行辩护；（4）联邦基金应该加大对辩护律师的费用投入，与检控方的费用投入差距不能相差太大。

二、英国的刑事错案预防研究

刑事错案的出现并不是具有偶然性，而是伴随着人类刑事司法活动的产生和发展应运而生。纵观古今中外，无一国家能够将刑事错案彻底的消除，而作为英美法系国家中最早建立比较完整法律体系的英国也概莫能外。例如，十九世纪末的阿道夫·贝克案、二十世纪中期的蒂莫西·埃文斯案、雷德克·本特利案以及露斯·埃利斯案，而在这些刑事错案中都存在被告人已被处决，但是数年之后才发现原来的被告人是属于无辜者即原审案件事实认定错误的共同点。如在蒂莫西·埃文斯错案中，由于蒂莫西·埃文斯的智商较低，造成蒂莫西·埃文斯在警察局供述自己杀害了女儿和妻子。随后蒂莫西·埃文斯被法院判处死刑。直到 16 年后，真凶约翰·克里斯特（蒂莫西·埃文斯的房东）被发现，蒂莫西·埃文斯案才被平反。① 这三个无辜者被冤枉而判处死刑，使其丧失了自身宝贵的生命，引起了英国社会公众对无辜者的极大悲痛。进而引发了社会公众和法律界对英国死刑刑罚废除的呼吁，最后促进了英国对死刑废除的司法改革。然而，英国死刑的废除并没有彻底阻断刑事错案的继续出现，后续仍然有系列的刑事错案被公布或曝光。如吉尔弗德四人案、朱迪斯·沃德案、伯明翰六人案、麦克斯韦尔·康菲特案、安妮爆炸案、劳伦斯谋杀案以及朱丽叶·郝格案等。②

据英国学者的统计，英国每年大概发生刑事错案 15 起，而错案中的无辜者基本被关押大约在 10 年，这些刑事错案的曝光都会激起社会公众情绪不安。虽然英国在刑事司法的过程中采取限制警方的权力和系列有利于被告人的措施，但是刑事错案仍然不能够得到有效的根除。为了最大限度地减少刑事错案的不断发生，英国通过制定法律、完善程序、构建司法制度等多方面的措施以其实现"接近正义"的刑事司法理念和预防刑事错案的综合目标，促使英国刑事诉讼制度得到不断的改进和完善。

（一）建立刑事上诉制度

英国早期的刑事诉讼中并没有有关的上诉理念和制度，只要案件经过法院的一审判决，那么该判决就是终审判决。③ 即使刑事错案中的无辜者想要为自己洗清冤屈，其道路也是困难重重。主要基于两个方面的原因：第一，刑事诉讼中奉行"一事不再理"的基本原则。只要法院一审做出的判决被生效，那么被告人就不得以此案件中的同一事情提起上诉。并且还将被告"禁止双重危险"的刑事诉讼权利提升为英国的宪法性原则。第二，刑事诉讼采取当事人主义诉讼的诉讼模式。诉讼中的指控方和辩护方就案件中涉及的法律和事实问题可以在法庭审判的过程中进行互相的质证

① ［英］吉斯力．H．古德琼森．审讯和供述心理学手册［M］．乐国安，李安，译．北京：中国轻工业出版社，2008：152．

② 吴高庆，华夏怡．英国刑事错案纠正机制及其对我国的启示［J］．浙江树人大学学报（人文社会科学），2016（1）：95-101．

③ 程汉大，李培峰．英国司法制度史［M］．北京：清华大学出版社，2007：104．

等辩论，法官处于控辩双方中立的地位，只是负责案件中涉及的法律问题，而陪审团主要对案件中的事实进行裁决。即案件中所有的诉讼程序必然是正确无疑的，无须对其进行检验。① 虽然后来在英国的刑事诉讼中存在少量具有上诉功能的例外程序如被定罪的被告人可以申请程序错误令、提请刑事案件保留法院审查等，但是二十世纪之前的英国仍然不认可。不论是涉及案件事实问题，还是涉及案件法律问题且具有任何上诉价值的刑事诉讼程序或制度，② 负面的造成英国刑事错案不仅大量的出现，而且还导致错案中的无辜者难以得到被纠正。

然而，阿道夫·贝克刑事错案被曝光后，引起了英国社会公众对该案强烈的同情和愤怒，迫于无奈英国对此案还专门的成立了调查委员会进行调查，而当时的大法官查德·亨·科林斯负责撰写对阿道夫.贝克错案具体的调查报告。在该案的调查报告中，不仅对警察人员的侦查方法尤其是对犯罪嫌疑人的辨认方式等进行了重点的批评，而且还对当时英国的刑事诉讼制度予以了强烈的指责。迫使英国展开了新一轮刑事司法改革的浪潮，从而使英国《刑事上诉法》获得国会的通过，建立了刑事上诉法院，这就标志着英国刑事上诉制度的正式确立。刑事案件保留法院也被刑事上诉法院所取代，而刑事上诉法院主要负责审理被告人由于对案件的事实问题、法律问题以及事实和法律互相混合问题引发定罪量刑的上诉等。③ 刑事上诉制度的确立直接推翻了英国刑事诉讼中"一审终审"的过时的审判模式，为刑事案件中的无辜者提供进行洗冤重要的司法途径和机会。

（二）废除死刑

死刑刑罚在英国的历史上长期的存在，但是随着社会的发展前进和刑事司法制度的不断民主化，英国涉及死刑刑罚的罪名和种类都在不断地被

---

① 齐树洁. 程序正义与司法改革 [M]. 厦门：厦门大学出版社，2004：330.
② 徐静村. 刑事诉讼前沿研究 [M]. 北京：中国检察出版社，2006：334.
③ [英] 约翰·斯普莱克. 英国刑事诉讼程序 [M]. 徐美君，杨立涛，译. 北京：中国人民大学出版社，2006：626.

减少或取代。从十九世纪的初期开始，英国就先后地对盗窃马、羊罪、撬窃罪、入室盗窃罪等罪名的死刑予以废除。虽然在英国社会中对废除死刑的声音占有大量的比例，但是彻底的对死刑进行废除的观点依旧没有得到立法方面的落实。直到二十世纪中期发生的蒂莫斯·埃文斯案、德雷克·宾利案、露斯·埃利斯案①三起刑事错案，再次的引发了英国社会公众对废除死刑刑罚的迫切需要，随即英国全国废除死刑运动的组织也被立即成立。1957 年英国出台了《杀人罪法》，不但将适用死刑的条件严格的限定于"最严重"的罪行，而且还将诸如性犯罪等大部分暴力犯罪的罪行被免于死刑，但是这次英国通过立法对死刑的修改并没有得到社会公众大部分的认可。最后，在 1969 年英国的上议院才投票通过了 1965 年的《杀人罪法》，至此在英国存在长时期的死刑刑罚才被法律全部彻底的废除。虽然此后在议会中还有少数人希望能够对部分特殊的犯罪应当恢复适用死刑刑罚，但是在 1994 年在最后一次英国有关是否恢复部分死刑刑罚的会议上还是被大多数的议员投票给驳回。

（三）《警察与刑事证据法》的出台

在英国的司法理念中，任何人在法律面前应该人人平等，而不能享有特殊的至上权利，即使是警察人员也概莫能外。② 基于"公众同意而治"的基本思想，英国的警察在特殊的情况下可以采取具有强制性的侦查行为。因此，不管是在《都市警察法》中还是在后续的《警察法》中，英国都对警察在办案的过程中所采取的侦查行为并没有给予具体而明确的规定。然而，在警察具体侦办案件的实践中，往往造成犯罪嫌疑人的合法权益被非法的侵害，尤其是在缺乏法律规定的侦查行为就更加容易被警察人员所滥用，而且英国所属各地区警察执法水平和观念还存在参差不齐的状态，造成警察所行使的侦查权表现出了一定的不确定性和模糊性。引发由

① 赵秉志. 刑法论丛［M］. 北京：法律出版社，2016：35.
② 董坤. 英国刑事错案防治研究——兼论对我国的借鉴和启示［J］. 中国刑事法杂志，2010（8）：115-127.

于警察在侦查程序中的违法行为而导致大量的刑事错案被出现，其结果就必然的迫使无辜者被非法的追究刑事责任而锒铛入狱。特别是麦克斯韦尔·康菲特案的曝光，就进一步地激起了社会公众对警察在办案的过程中存在刑讯逼供、监护人缺席、讯问犯罪嫌疑人时辩护律师不在场等行为的强烈不满。迫于强大的社会舆论压力，英国当时成立了针对该案进行调查的菲利普皇家委员会，最后该委员会就在调查报告中明确地指出警察在侦查阶段中所存在的重大系列问题：讯问中存在严重的刑讯逼供行为；证据采用审查的不严格；存在有罪推定的办案思想；专家证人没有坚持第三方的中立地位；犯罪嫌疑人法律援助的缺失；辩护律师的辩护失职等。[①] 菲利普皇家委员会通过对麦克斯韦尔·康菲特案在内系列刑事错案的调查和分析，总结调查报告认为造成这些刑事错案的最主要原因则是法律对警察行使侦查权力所规定的过于随意和分散。所以，对侦查权力进行必要的限制和规范就显得迫切需要和大势所趋，影响和促进了英国《警察与刑事证据法》的出台。在《警察与刑事证据法》中对警察的侦查行为规定了严格的适应范围、条件及程序，如赋予犯罪嫌疑人享有沉默权、给犯罪嫌疑人提供充分的法律帮助、讯问过程必须同步录音、严禁刑讯逼供等非法取证行为、确立非法的证据排除规则等。因此，英国《警察与刑事证据法》的出台不但对警察行使的侦查权力进行了规范性的规定，而且还给犯罪嫌疑人在侦查阶段的合法权益提供了重大的法律保障，进而对由于侦查阶段的所造成的刑事错案有所预防和遏制。

（四）刑事案件审查委员会的设立

每起刑事错案的出现都基本与警方的侦查行为有着十分密切的关联，如吉尔佛德四人案、伯明翰六人案、朱迪斯·华德案等刑事错案的发生基本都是警方的侦查权力被滥用而造成的。尤其是当时英国警方对犯罪嫌疑人的讯问和拘留规定的模糊性和不确定性，就更容易的诱发警方在办案中

①　徐昕. 司法：司法程序的实证研究［M］. 北京：中国法制出版社，2007：28.

对侦查权力的滥用。最显著的问题就是警方在侦办案件的过程中存在伪造证据、刑讯逼供等暴力非法的取证行为，如吉尔佛德四人案中警方隐藏犯罪嫌疑人涉嫌无罪的证据和伪造证据、① 伯明翰六人案中警方暴力取证、瑕疵的科学鉴定证据以及不可靠的证人证言、② 朱迪斯·华德案中不可靠的鉴定人和瑕疵的科学鉴定证据、警方没有对辩护律师出示犯罪嫌疑人涉嫌的犯罪证据的不当行为等。这系列的刑事错案不仅给菲利普皇家委员会的调查报告提供了可靠的素材，而且还为后来《警察和刑事证据法》的出台提供了更多的实证样本。在这些刑事错案中除了存在警方的侦查权被滥用之外，还有英国的法律不但没有对警方向犯罪嫌疑人以及辩护律师出示有关获取证据的情况，而且还没有收集对犯罪嫌疑人涉嫌无罪或罪轻有利证据的客观义务。因此，警方在刑事诉讼的侦查阶段主要负责对犯罪嫌疑人获取有罪、罪重单一的取证行为以及没有向犯罪嫌疑人、辩护律师出示证据的法律义务。于是在英国 1996 年的《刑事诉讼与侦查法》中就明确规定，警方在侦办案件的活动中，警方除了需要收集不利于犯罪嫌疑人的有罪或罪重的证据之外，还需要收集有利于犯罪嫌疑人的无罪或罪轻的证据。同时，警方还有出示有利于辩护方证据的法定义务等。

由于伯明翰六人案等刑事错案的出现，英国成立了专门负责对刑事错案的原因进行调查的皇家刑事司法委员会。该委员会通过对包括伯明翰六人案等 352 个刑事错案的分析和统计，认为除了在警方取证、科学鉴定、犯罪嫌疑人的权益保护等方面存在问题之外，还进一步地指出对被告人的辩护律师和法律援助的资金、审判法官对被告人存在偏见、审判程序具有明显的有罪倾向以及上诉程序也存在不足的问题，而这一系列的原因共同的导致了英国刑事错案的出现。经过两年的调查和论证，该委员会在 1993 年发布了伦斯漫报告。指出法律赋予内政部对刑事司法错误的纠正体制和

---

① ［英］麦高伟，杰弗里·威尔逊. 英国刑事司法程序［M］. 姚永吉，译. 北京：法律出版社，2003：459-460.

② 高鸿钧，张建伟. 清华法治论衡：冤狱是怎样造成的（上）［M］. 北京：清华大学出版社，2008：223.

英国宪法中行政权与司法权互相分离的原则相违背，而且对内政部具体负责哪些刑事案件的纠正法律并没有给予明确的规定，只是在《刑事上诉法》中规定："如果认为合适"即可。就一般情况而言，只有在新的证据或其他有关的材料出现足以证明已判案件确实出现错误，那么内政部才会启动对刑事司法错误的纠正程序。毕竟，此时的被告人已经通过了法律赋予其上诉或申诉的几乎全部程序，即使最后内政部启动了对刑事司法错误的纠正程序，但内政部也往往不愿意与司法权发生互相矛盾的局面，更不愿意出现与刑事上诉法院出现僵局的敌对情势，从而造成内政部对刑事司法错误的纠正不仅在客观方面对案件的审查不全面，而且还在主观上表现出不主动等消极的不作为。最后，英国的皇家刑事司法委员会建议取消内政部对刑事司法错误的纠正体制，重新设立独立且享有审查权、调查权、再审权的权力部门。

1997年4月，英国的刑事案件审查委员会正式建立。新成立的刑事案件审查委员会不仅不属于任何机构部门，而且还独立于司法和行政两大系统。虽然其资金来源于内政部和对议会负责，但是内政部或议会并没有权力干涉该委员会的所属工作。刑事案件审查委员会的成员都是经英国的首相推荐并且由女王任命而产生，刑事案件审查委员会丰厚的经济来源、独立的法律地位等保障了其在对刑事错案方面预防或纠正工作不受外界的任何干扰。根据英国《刑事上诉法》的有关规定，刑事案件审查委员会在对案件审查的过程中可以采取许多的调查方法和措施，如重新对案件中的证据进行司法鉴定、寻找和获取新的目击证人、调取公共机构保存的有关资料或信息等，甚至在特殊情况下还可以调取国家安全部门所拥有的材料。而且刑事案件审查委员会在除了依被告人所申请受理案件之外，还能够直接依自身职权主动的直接对可能存在错误的刑事案件进行再审。[①] 因此，刑事案件审查委员会的调查工作不仅在主观方面具有积极的主动性，而且在客观方面其调查的方法具有广泛性。刑事案件审查委员会在工作的过程

---

① 齐树洁. 英国司法制度［M］. 厦门：厦门大学出版社，2007：597.

中还能够保持自身的独立地位，为英国刑事错案的预防或纠正做出了巨大的贡献。

（五）《刑事审判法》的出台

刑事错案的出现不仅使无辜者身陷囹圄甚至丧失生命权，而且还使案件中被害人的合法权益无法得到及时有效的保护和救济。早期英国主要是以"犯罪嫌疑人或被告人"为中心进行刑事司法改革，通过规范和限制侦查权与起诉权、保障犯罪嫌疑人、被告人的合法权益及其救济权利，但是对被害人合法权利的保护则显得比较暗淡。① 造成早期英国刑事司法改革的重点倾向于犯罪嫌疑人、被告人的一方，特别是"禁止双重危险规则"在法律上的确认。如果案件经过法院的审判最后对被告人判决为无罪，那么依据禁止双重危险的规则该被告人就不能以此事被再次的进行指控，而该规则的实施也可能恰恰地成为实际有罪的被告人逃脱刑罚制裁的重要"漏洞"，从而迫使案件中被害人被非法侵害的合法利益难以得到及时有效的弥补和救济。直到朱丽叶·郝格案、② 史蒂芬·劳伦斯案③等刑事错案的再次出现，造成英国社会公众对"实际有罪而被法院无罪释放的被告人却在公众场合对其超高的犯罪手段夸夸其谈，但法律却拿他无可奈何"的刑事诉讼程序进行嘲笑和批评，期待英国的刑事司法机关能够通过对刑事诉讼的改革和完善进而将案件中真正的犯罪分子给予法律的制裁，而对这些实际有罪但被法院错放的被告人唯一的途径就是及时地对英国"禁止双重危险规则"的修改和完善，以便检控机关能够对其再次地提起控诉。④直到 2003 年，在威廉·麦克弗森的报告和《所有人的正义》的白皮书中关于"刑事诉讼程序的改革应该向被害人利益倾斜"的建言都被英国《刑

---

① ［英］麦高伟，杰弗里·威尔逊. 英国刑事司法程序［M］. 姚永吉，译. 北京：法律出版社，2003：78.

② 李昌盛. 禁止双重危险原则在英国的发展［J］. 人民检察，2006（12）：54-57.

③ 芦森. 二十年来英国刑事程序改革回顾［J］. 江西警察学院学报，2008（4）：45-50.

④ 成凤明. 论英国禁止双重危险游戏规则在我国的运用范围［J］. 河北法学，2007（10）：137-143.

事审判法》中所采用，而且明确规定在严重的犯罪案件中针对被法院判决无罪的被告人警方有权力对其进行重新侦查并指控。如果刑事上诉法院经过审查认为检控方提出新的证据能够证明被法院宣告被告人无罪的判决可能存在错误时，那么刑事上诉法院对该案可以进行重新审理。①

三、加拿大的刑事错案预防研究

在加拿大，学者肯特·罗奇就指出，在近 20 年间，加拿大大约有 40 到 75 个的无辜者被法院判处为有罪，而这些已知的无辜者被判为有罪的案件也仅仅占所有加拿大刑事错案的很小比例。所以，学者肯特·罗奇认为，在加拿大每年的刑事错案大概存在 450 个。② 而学者坎佩尔也指出，在 2002—2006 年间，加拿大的司法部已经受理了 114 个已决罪犯的申诉申请，在已经完成调查的 22 个案件中，其结果就有 7 个罪犯被改判无罪和 4 个获取重新审判的案件。③ 特别是在 2010 年的伊万·亨利刑事错案中，该男子在 1983 年因为其存在违法犯罪的前科记录，被加拿大警方怀疑涉嫌对数名女性进行猥亵和强奸，随后便被检控方提起诉讼被法院判处终身监禁。最后，据另案中犯罪嫌疑人供述自己才是伊万·亨利案件中真正的对数名女性进行猥亵和强奸的实施者，法院才对伊万·亨利案件进行重新审理。直到 2010 年无辜者伊万·亨利才被法院宣告无罪释放，使其被蒙冤的时间长达 27 年之久才被还以清白。另一起加拿大发生的 David Milgaard 刑事错案中，无辜者 David Milgaard 也被蒙冤长达 22 年。而且，据加拿大有关媒体的新闻报道，自从二十世纪末期以来在加拿大全国发生的重大刑事错案在 13 起以上，而这 13 起案件中被错判的无辜者加起来在狱内所服刑的时间就长达 230 多年，总共获得的赔偿款多达 3135 万加元（折合人民币

---

① 孙长永. 英国 2003 年《刑事审判法》及其释义［M］. 北京：法律出版社，2005：532.
② ROACH K. Wrongful Convictions in Canada［J］. Social science Tellectronic Bublishing，2012，（4）：12.
③ 熊谋林，廉怡然，杨文强. 全球刑事无罪错案的实证研究（1990—2012）［J］. 法制与社会发展，2014（2）：31-57.

1.62亿元）。正如2015年9月加拿大首席大法官贝弗利·麦克拉克林在《接近正义—畅通司法救济》中所言："虽然冤假错案在加拿大是一个很严重的司法问题，但是加拿大的司法人员和律师等人员会尽最大的努力来负责对这些案件的审查和调查。"

刑事错案从某种程度上来说是刑事诉讼程序失败的产品，因为每起刑事错案的出现都会存在无辜者被判处有罪，还迫使无罪的无辜者在监狱内服刑几年或几十年，有的甚至还被剥夺生命使其丧失生命权。虽然在加拿大有很多的官方或民间的相关刑事错案研究委员会以及个人对刑事错案进行了系统性的研究和论证，也对刑事错案的预防提供了很多具有可行性的对策和措施，但是在加拿大刑事错案仍然是屡禁不止的出现。2002年，为了对导致刑事错案所发生的原因进行综合的调查和实证研究，加拿大成立了由联邦、省、地方三方组成的预防错案工作组。[1] 该预防错案工作组被赋予两项主要任务：第一，分析和论证导致刑事错案发生的各种原因；第二，提出具有建设性和可行性的能够预防刑事错案发生的对策和意见。而且该工作组还在 The Inquiry Regarding Thomas Sophonow 等三个调查委员会的调查报告基础之上还对英国麦克法兰的文章进行了剖析，最后形成了多达155页的调查预防刑事错案的报告。2004年，加拿大在其《预防错案报告》中就对导致刑事错案发生的各种原因进行了深刻的解读，而且针对各种具体的致错原因还进一步地提出了切实可行的预防措施。

结合2002年加拿大预防错案工作组的调查报告和2004年加拿大《预防错案报告》等系列文件材料的研判和统计，认为造成加拿大刑事错案不断发生的主要原因包括：第一，错误的证人证言。如在唐纳德·马歇尔错案中，正是由于证人的不情愿作证而造成证人在审判的过程中做了对被告人不利的错误供述，证人称"他们亲眼看到了被告人唐纳德·马歇尔对被害人进行了杀害的行为"。第二，被告人的虚假供述。依据加拿大的刑事诉讼规定，审判法官接受被告人的主动认罪是其享有众多的自由裁量权之

---

[1] 董坤. 加拿大错案防治中的监所告密制度 [J]. 法学论坛, 2010 (6)：136-141.

一，而且对被告人的有罪供述法律规定并不以犯罪事实为前提条件。如在一起刑事案件中，虽然案件中被害人的母亲做了错误的证人辨认，但为了防止被法庭定罪后将会面临法律更加严厉的制裁，被告人被迫无奈也只好违心地向法官做了虚假的有罪供述，从而获取了相对较轻的刑罚。第三，错误的法医鉴定。加拿大安大略省发生了一起由于错误的法医鉴定而导致出现儿童死亡的刑事错案，虽然后续的法医病理学专家在重新鉴定的报告中认为该儿童的死亡原因是意外事件或无法确定，但是后来经证实该法医病理学的专家主要是为了协助检察机关的指控而作的错误法医鉴定。尽管该案件的过程看起来很美好，但是这种"用钱换来的鉴定证据"往往不能够得到法律的认可和支持。第四，检控方存在确证偏见。所谓的确证偏见主要是指警方在办案的过程中只集中一个犯罪嫌疑人，从而忽略了案件中其他可能存在的犯罪嫌疑人。而典型的确证偏见主要是指：警察人员或检察官在办案的过程中，对案件的认识思维存在狭窄或过度的集中于一个侦查或检察观点，从而导致对案件中获取的其他证据材料做出了不适当的片面评价和支配行为。并且，检控方的确证偏见已经被证实是加拿大刑事错案发生的最重要原因。正如加拿大前首席大法官安东尼·拉莫而言："在确证偏见思想的误导下，即使是高尚的警察或检察官也可能在办案的实践中恶意地对犯罪嫌疑人进行刑讯逼供、帮助证人辨认、隐瞒相关证据材料、不重视辩护律师的辩护意见等。"第五，辩护律师的不当行为。据加拿大一个调查委员会在对刑事错案的调查报告中描述：辩护律师对被告人进行辩护的过程中，其不当的辩护行为也可能造成刑事错案的发生。如在一起辩护律师代理的刑事案件中被告人是土著人，由于该辩护律师在其主观上存在种族歧视的偏见，竟然认为被告人一定是实施了犯罪行为，从而为被告人提供了不当的辩护行为，最终导致该无辜的土著人被法庭判处为有罪，迫使该无辜的土著人被蒙冤数年。因此，由于辩护律师在为被告人进行代理的案件过程中存在不当的辩护行为，造成案件中的关键性证据被法院误导性的错判，从而导致无辜者被判处有罪的刑事错案再次的发生。第六，告密者的虚假告密。有学者通过研究表明：由于告密者的虚假告密而导致发生的刑事错案占据所有刑事错案的比例居然高达 21%。① 还有学者一针见血地指出：告密者是所有作证中最具有欺骗性的特殊证人，虽然告密者在法庭审判的过程中对被告人的"犯罪行为"表达得淋漓尽致，似乎足以证明被告人是真的实施了犯罪行为，但是实际上这些告密者却的的确确的是在说谎。一旦当这些虚假的告密者在法庭上以证人作证的身份出现时，也就往往意味着人们对刑事司法所期待公正的失望。② 由告密者虚假的告密行为而导致发生的刑事错案，在加拿大的刑事错案中也表现得并不罕见。例如，在 Morin 的刑事错案中，法庭正是基于检控方提供的两名告密者所做的曾经听到被告人 Morin 承认杀害被害人 Christine Jessop 的证言，才对无辜的被告人 Morin 做出了有罪的判决，后经查证这两名告密者的证言属于对被告人 Morin 的陷害从而伪造的。而在后续的 Thomas Sophonow 刑事错案中，也是由于有至少 3 名以上的告密者在法庭上共同做出被告人 Thomas Sophonow 曾经亲口对自己所犯的犯罪行为给予承认的证言，最终导致被告人 Thomas Sophonow 被法庭做出有罪的判决，然而后经证实这些告密者的证言都是属于虚假的告密。

加拿大 2002 年预防错案工作组的调查报告和 2004 年的《预防错案报告》不仅对造成加拿大刑事错案的原因进行了系统的分析和研究，而且还对各种导致刑事错案发生的原因提供了全面的预防对策和意见。第一，错误的证人证言方面的预防。为了预防由于错误的证人证言而造成刑事错案的发生，一个最主要的预防对策就是采取更好的证人辨认程序。如在目击证人进行辨认的时候，警方应该正确的使用陪衬物、照片尽可能地分别给证人出示，然后证人对犯罪嫌疑人采取双盲的辨认程序，组织辨认的警察不仅不知道犯罪嫌疑人的信息，而且还不能故意的引导或误导证人的辨认。并且为了进一步的对证人证言的审查和认定，在审判的过程中法官和

① 董坤. 加拿大错案防治中的监所告密制度 [J]. 法学论坛，2010 (6)：137-141.
② 陈光中. 联合国打击跨国有组织犯罪公约和反腐败公约程序问题研究 [M]. 北京：中国政法大学出版社，2007：184-185.

陪审员都应该被告知有关证人的缺点和不足。① 第二，被告人虚假供述方面的预防。在2002年的加拿大预防错案工作组的调查报告中建议警方应该对犯罪嫌疑人虚假供述的动机、心理进行客观的分析，并且在分析的基础之上提高讯问方法和技巧，最大限度地保障犯罪嫌疑人供述的可靠性和真实性。而在2004年的《预防错案报告》中还进一步地明确提出：警方在对诸如谋杀、强奸、抢劫、性侵儿童等暴力犯罪的犯罪嫌疑人进行讯问时还应当给其进行采取全程录像记录的同步措施，并且该同步的录像不但要包括犯罪嫌疑人所做的最后供述，而且应该包括对犯罪嫌疑人讯问的所有讯问经过。法官在对案件的审判中需要检控方提供一份完整的对犯罪嫌疑人进行讯问的笔录和同步录像，以便对被告人所做的供述进行可靠的评估和认定。第三，检控方的确证偏见预防。在2002年加拿大预防错案工作组的调查报告中就对检控方存在的确证偏见提出了预防的建议措施，如警察人员应该定期地对确证偏见的危害和预防进行培训、检控方对犯罪嫌疑人或其辩护律师提出的辩护意见应该持有开放接受的态度、加强国家和社会对检控方的监督和制约、采取"最优化"的公诉方法即案件由不同的公诉人进行负责、强化检察官与警察在办案过程中的独立性、提倡检察官站在辩护的角度进行公诉、加强检察官工作的准司法性质、存在争议或问题的起诉决定应该进行复查。第四、告密者虚假告密的预防。由告密者虚假的告密而导致刑事错案的发生在加拿大占有很大的比例，于是加拿大对预防虚假的告密者采取了比较全面的对策。①强化告密者作证带来的危险利益；②制定限制和协助检控方使用告密者有关信息的政策；③各省建立告密者登记管理处，对告密者的历史作证进行详细的记载；④对告密者的作证应该由与案件无关的高级检察官委员会进行审查；⑤如果与告密者存在有关的合作形式，那么应该形成有警方、检察官、律师、告密者共同签名的书面协议；⑥对提供虚假告密的告密者予以严厉的法律制裁。

---

① LEI X Z. The investigation and suggestions on improving the psychological pressure of judicial personnel in criminal misjudged cases in china ［J］. Chinese studies, 2019, 8（4）：12–15.

第三节　域外刑事错案预防研究对我国的借鉴和启示

纵观人类社会的刑事司法发展史，不管是大陆法系国家的法国、德国、日本，还是英美法系国家的美国、英国、加拿大，都是无法彻底避免刑事错案的发生。预防和减少刑事错案的发生，是任何社会和国家所不懈努力对刑事司法公正的追求目标。正如培根所言："一次不公正的判决，其恶果相当于十次犯罪。"他山之石，可以攻玉。虽然我国与域外的大陆法系和英美法系等国家在刑事诉讼制度、传统法律文化等方面存在较大的区别，但是在对刑事错案的预防、保障无辜者的合法权益、维护司法的公平和正义等方面具有共同所追求的愿望和目标。毕竟，刑事错案的出现不仅导致无辜者蒙冤入狱、家庭破碎、妻离子散，甚至被剥夺了宝贵的生命权，而且还造成了司法机关公信力的降低和损害了国家的法律尊严等。因此，学习域外对刑事错案预防的成功做法和经验，对构建我国完整的刑事错案预防体系具有重大的借鉴和启示价值。

一、被动预防向主动预防转变

纵观英国对刑事错案预防的历史过程，英国目前不但具有一套对刑事错案预防的程式化制度和措施，而且还对刑事错案的预防策略从被动性的预防转换为具有主动性预防的防治机制。所谓的刑事错案被动预防主要是指鉴于对无辜者的合法利益造成了严重的损害、社会网络媒体引起的重大民意、严重地降低了司法机关的公信力和损害了国家的法律尊严，迫使司法机关就不得不有关刑事错案所反映出来了自身的法律问题而对现行刑事司法程序或制度进行被动的改革和完善。而这种对刑事错案被动性的预防机制基本上是一种头痛医头、脚痛医脚自上而下的权宜之计。英国早期对刑事错案的预防也正是采取这种方式，仅就某一刑事错案所表现制度性不足或程序性缺陷进行修补和完善。例如，英国刑事上诉制度的设立、死刑刑罚制度的废除等，基本是对刑事司法过程中所暴露出来问题单一被动的增加或删减。虽然这些刑事司法的改革也经过实证方面的调查和论证，但大部分主要是暴露一个问题就针对一个问题的治标不治本进行修补和纠正，根本就没有涉及更深层次的法律制度进行改革。① 直到二十世纪中期开始，英国对刑事错案的预防策略从被动性预防转型为主动性的预防，面对发生的刑事错案，英国不仅有自上而下的被动性预防对策，而且更加重要的是采用自下而上过程性的主动预防。如果再有刑事错案的出现，英国不再是进行简单地增加或删减的司法改革，而是及时成立对相关案件进行调查的委员会，该委员会的成员主要由法官、专家学者以及律师等组成。调查委员会不仅听取社会公众对错案所反映出来的社会舆论意见，而且还调查和研究大量有关的刑事错案。对于在刑事司法运行所被暴露出来的问题进行分析和论证以及还进一步的预测未来可能会出现的不足等给予研判和评估，然后形成全面而详细的调查报告，为刑事司法的改革能够提供明确的指导方向。这不但给英国刑事司法改革提供了大量经过调查和论证具有参考价值的意见，而且还为英国相关新法律的制定或修改奠定了基础，充分地体现出了英国对刑事错案的预防策略已经从被动性的预防转向了成熟的主动性预防。

二、加快刑事立法方面的完善

剖析法国、德国、日本、美国、英国、加拿大等国家刑事错案的致错原因，大部分的刑事错案都与警方的刑讯逼供、被告人的虚假供述、证人的错误作证、辩护律师的失职辩护、错误的辨认等密切相关。所以，加强对各国刑事司法方面的法律完善已经是各个国家对刑事错案预防而采取最根本的措施，期待通过对刑事司法过程中所暴露出来了问题给予法律规范方面的修补和纠正。例如，法国在 2000 年通过对《刑事诉讼法》的修改，

---

① LANG Z C. The appraisal problems of misjudged criminal cases-an empirical research based on 50 cases [J]. International journal of law and society, 2018, 1 (3) 125.

将无罪推定原则、强制措施的必要审查、讯问过程同步录音等对刑事错案预防的重要内容就被写入了新的《刑事诉讼法》中；德国不仅对警方新的侦查方法如技术侦查、卧底侦查等在《对抗自由组织犯罪及毒品犯罪法令》中加以规定，而且还在 2001 年的《刑事诉讼改革要点》中确立参与式侦查制度、讯问时律师在场制度、证据禁止的司法制度和 2009 年的《刑事诉讼法典》中引入刑事协商制度等主要的改革内容；日本警察厅也在 2008 年出台了《审讯适正化指导方针》，建立健全了对讯问犯罪嫌疑人时采取同步录音录像的制度，从而在很大程度上对警方的刑讯逼供有所遏制；在美国，除了将对刑事诉讼的规则如第四条、第五条、第十四条等在其《宪法修正案》中被宪法化之外，还对刑事证据方面采取了立法的完善如《联邦证据规则》《新泽西证据法典》《加利福尼亚州证据法典》等，而且还在《法律执行指南》中进一步地对目击证人的证据规则、被告人供述的证据适用以及讯问同步录像或录音、非法证据排除规则的适用等给予了全面的规定；在英国，除了通过设立刑事案件审查委员会等预防之外，更重要的是通过修改或制定有关刑事司法方面的法律法规来对刑事错案进行预防。例如，英国在《刑事上诉法》中规定成立刑事上诉法院、《谋杀法》中对死刑刑罚的废除、《警察与刑事证据法》中对警察行为的限制和规范、《刑事程序和侦查法》中对警察全面客观收集犯罪嫌疑人的证据和警方应该向辩护律师出示证据等进行了确立、《刑事审判法》中对刑事诉讼中"禁止双重危险规则"的限制和修改等。诚然，在对刑事错案的预防国际背景下，不管是大陆法系的法国、德国、日本还是英美法系的美国、英国加拿大等国家，都是期待通过对各国刑事方面的法律制度或诉讼程序进行改革和完善，确保刑事诉讼过程的规范化和公正化，保障案件中的无辜者不被国家刑事追究，最终能够实现在法律立法方面对刑事错案的有效预防。

三、加强 DNA 科学技术的应用

在刑事诉讼的过程中，DNA 科学技术主要是围绕案件中精斑、毛发、

血液、汗液、皮屑等痕迹物证所进行的司法鉴定工作，主要包括个体识别、亲子鉴定、性别鉴定等内容。随着物证技术的不断前进和发展，DNA科学技术被人们视为"证据之王""科技证据""人类身份证"等。因为DNA科学技术应用的相对稳定和正确率高，促使其在刑事案件的侦破实践中发挥着至关重要的作用。DNA科学技术地应用不仅为警方确定侦查方向、明确犯罪嫌疑人等提供有效的侦查线索，而且还能够为无辜者及时的证明其清白提供重要的证明证据。所以，DNA科学技术在刑事案件中的应用对刑事错案的预防发挥着越来越重要的价值。如在美国，继1987年第一次DNA技术被在案件中应用之后，不但联邦政府建立起了国家级的DNA数据库，而且各地的州也建立了地方性的DNA数据库。从此，DNA科学技术就被美国大量的应用在刑事案件中。在1994年美国国会制定了《DNA鉴定法》，通过国家立法的层面对DNA科学技术鉴定的鉴定标准、鉴定程序、鉴定能力、鉴定审查和责任进行了法律方面的规范。2004年，美国还在其《无辜者保护法》中就对定罪后的被告人进行DNA检测还进行了专门的立法规定。除了美国通过立法的模式促使DNA科学技术被广泛地应用于刑事司法领域之外，英国、法国、德国、加拿大等国家也扩大DNA科学技术在刑事案件中的应用。如英国的《警察与刑事证据法》、加拿大的《证据法》等都强调加强DNA科学技术在刑事案件中的应用范围。因此，随着刑事科学技术的不断发展，各国都希望通过提高DNA科学技术在侦破案件过程中的应用，从技术的角度加强对刑事错案的防控，避免无辜者被法院定罪判刑。

四、拓宽预防模式的多元化渠道

拓宽刑事错案预防的多元化渠道，这一点在英美法系的美国、英国、加拿大国家就显得尤为突出。例如，在英国的刑事案件审查委员会中，其成员不仅有法官、检察官等司法人员，而且还有学者专家、律师等社会公众参与。在美国，除了司法机关对刑事错案进行预防之外，不但有各州设立了刑事案件审查委员会和联邦与各州成立的临时调查委员会也对刑事错案展开预防，而且在美国社会的民间还存在大量的科研学术社会组织也对刑事错案的预防具有一定的积极作用。如美国在大学或学法院内部设立的非营利社会组织"无辜者运动"，"无辜者运动"主要是依靠社会民众的力量才参与对刑事错案的预防和纠正，不仅对美国的刑事司法具有一定的监督作用，还进一步的拓宽了国家对刑事错案预防的多元化渠道。在加拿大，尽管没有具有英国刑事案件审查委员会的机构，但是在加拿大却仍然存在大量的社会志愿者团体组织，专门对可能是无辜者的刑事案件提供法律援助服务，在对加拿大刑事错案预防方面发挥着重要的社会力量。因此，我们国家应该学习和借鉴域外国家对预防刑事错案采取社会参与的成熟对策，拓宽对预防刑事错案的各种渠道，从而使对刑事错案预防的多元化，最大限度地保障无辜者的合法权益和减少刑事错案的发生。

五、尊重和发挥律师的重要作用

通过对域外有关国家对刑事错案预防的比较研究，发现尊重和发挥律师对刑事错案的预防是一条重要的国际经验。例如，在英国的刑事案件审查委员会中，不仅有法官和检察官等司法人员的参加，而且其委员会的成员还有律师参加。在美国 2004 年出台的《无辜者保护法》中，其中一项主要的规定就是对于可能被判处死刑的被告人保障其在刑事诉讼的任何阶段都享有辩护律师为其提供辩护的诉讼权利。德国在 2001 年的《刑事诉讼改革要点》中更是直接的确立了参与式的侦查制度，不仅赋予讯问时律师的在场权，而且还享有参与侦查程序中重大侦查活动的诉讼权利。因此，借鉴域外尊重和发挥辩护律师对刑事错案预防的重要国际经验，对于完善我国刑事错案的预防体系具有至关重要的法律意义。

第四章　刑事错案预防对策的完善

　　近年来，杜培武案件、赵作海案件、佘祥林案件、呼格吉勒图案件以及佘祥林案件等刑事错案的不断被公布或曝光，使刑事错案问题逐渐地成为刑事司法实务界和法学理论界重要的研究热点，尤其是关于如何对刑事错案进行全面有效的预防问题便成为研究的重中之重。如何及时有效地对刑事错案进行预防，这不仅是我国目前刑事司法所亟须解决的问题，而且也是世界各国所共同面临的迫切需要解决的社会问题。因此，在解读导致刑事错案发生原因的基础之上，结合域外有关国家对刑事错案预防比较成熟的做法和经验，提出对我国刑事错案进行有效的预防建议，以期能够对我国刑事错案的预防具有一定的参考价值。

第一节　树立科学的司法观念

　　科学的司法观念不仅是对司法本质及其运行规律的正确反映，而且还是人们在司法的实践过程中对司法公正、公平、民主等司法目标的追求和期待。纵观古今中外的刑事司法制度，不同的司法观念会造就出现不同的司法制度和程序。为了在刑事案件中实现刑事司法公平正义的法治精神，世界各国都在不断地对本国的刑事司法制度进行修改和完善，力求通过引进科学的司法观念来指导刑事司法的运行，从而使刑事司法制度能够体现正确的法律价值和科学的指导思想。① 科学的司法观念，一方面是对现代刑事司法制度所运行基本规律的必然要求，另一方面也是人们对刑事司法过程中所追求公平正义的内在要求。因此，只有树立先进的科学司法观念，才能够从刑事司法指导思想的宏观层面对刑事错案进行最大限度地预防。

一、尊重和保障人权

1997 年 9 月，"人权"的概念被第一次地出现在党的十五大报告中。2002 年 11 月，"尊重和保障人权"在党的十六大报告中被明确的提升为党和国家在新世纪发展的重要目标。2004 年 3 月，"国家尊重和保障人权"被写入《宪法》，使其成为宪法的一项重要原则。2012 年 3 月，修改后的《刑事诉讼法》将"尊重和保障人权"确立为刑事诉讼的基本原则之一。2013 年 11 月，在党的十八届三中全会上就明确的指出"完善人权司法保障制度"，在其后的十八届四中全会中更进一步地作出了"加强人权司法保障"的决定。所以，在我国刑事诉讼的过程中树立尊重和保障人权的科学司法观念，不仅是国家法治建设需求的必然要求，而且还是我们国家关于人权理论发展的内在体现，更是顺应了世界各国加强人权保护的时代潮流。

在我国刑事诉讼的实践中，仍然存在刑讯逼供等严重侵犯犯罪嫌疑人合法权益的非法取证行为。虽然，我国《刑法》中对刑讯逼供罪和暴力取证罪等进行了法律的规定，但是因刑讯逼供罪、暴力取证罪原因而被法院判罪刑罚的却属于少数，然而由于侦查人员在侦查中对犯罪嫌疑人采取刑讯逼供等暴力非法取证行为而导致刑事错案发生的原因却大量的客观存在。② 显而易见，我国《刑法》中对刑讯逼供罪、暴力取证罪等法律的规定在刑事司法的实践中并没有得到完全的贯彻和执行。这不仅违背了我国

---

① 吴建雄. 中国二元司法模式研究 [D]. 长沙：中南大学，2012.
② 杜学毅. 中国非法证据排除规则构建研究 [D]. 长春：吉林大学，2013.

《刑法》对刑讯逼供罪、暴力取证罪等刑罚制定的初衷，而且还对犯罪嫌疑人的基本人权造成了严重的侵害。通过对大量刑事错案的调查和分析，发现有相当人数的刑事司法人员在办案的过程中存在对犯罪嫌疑人、被告人的人权缺乏必要的尊重和保护。受制于传统法律文化中"重实体、轻程序"根深蒂固的影响，致使司法人员在办案的实践中存在强烈的重打击犯罪而轻保护犯罪嫌疑人、被告人基本人权的潜意识。① 认为只有通过打击和惩罚犯罪分子，才能保护包括被害人在内社会群众的人身、财产等不受违法犯罪的侵犯，而且还进一步的认为这是刑事司法机关的光荣职责。仅从法律赋予刑事司法机关保护广大人民群众的人身、财产等合法权益的角度而言，刑事司法人员这种潜意识不仅是正确的，而且还是十分重要的。但是，从对刑事错案的预防角度而言，刑事司法人员的这种潜意识就具有一定的局限性和片面性。虽然，我国在刑事诉讼的过程中一直都在强调加强对人权的保护，但是这种对人权的保护主要是指对刑事诉讼中参与人的保护，特别是对刑事案件中犯罪嫌疑人、被告人合法权益的保护。只有通过对犯罪行为进行及时有效的打击并且追究其行为人有关的刑事责任，才能实现对广大人民群众合法权益的根本保护。然而就对犯罪嫌疑人、被告人的打击和惩罚而言，其过程本身并不存在对社会公众的合法权益造成侵害或威胁。反之，与国家强制力作为坚实后盾的国家刑事司法机关而言，犯罪嫌疑人、被告人在刑事诉讼过程中就明显处于较弱的一方，造成犯罪嫌疑人、被告人的合法权益就极易受到刑事司法机关的非法威胁或侵犯。② 可见，如果要通过及时准确打击和惩罚犯罪进而保障国家刑罚权的实现，那么对犯罪嫌疑人、被告人的人权保护就是我国刑事诉讼价值的必然内容之一，从而要求刑事司法机关在刑事诉讼中应该最大限度地对犯罪嫌疑人、被告人的合法权益进行保护。因此，在2012年《刑事诉讼法》中引入"尊重和保障人权"的基本原则，应该是强调对刑事案件中犯罪嫌疑

---

① 胡志风. 刑事错案与侦查程序研究［D］. 北京：中国政法大学，2011.
② 王沛. 禁止酷刑国际刑事司法准则研究——兼论中国反酷刑机制的构建［D］. 大连：大连海事大学，2012.

人、被告人人权的尊重和保障。否则，在刑事诉讼的实践中就会出现一边强调尊重和保障人权一边却是对犯罪嫌疑人、被告人人权进行侵犯的互相矛盾现象。所以，"尊重和保障人权"被引入我国《刑事诉讼法》，这不仅是我国《宪法》中对"国家尊重和保障人权"规定的重要宪法原则在《刑事诉讼法》中被贯彻和落实，而且还是国家对犯罪嫌疑人、被告人人权保护在刑事诉讼中的认可和强调。

一言以蔽之，树立尊重和保障人权的科学司法观念，一方面能够避免刑事司法人员在侦查取证、审查起诉等刑事诉讼的过程中出现侵犯犯罪嫌疑人、被告人基本人权的现象；另一方面还会更进一步地避免出现虚假的证人证言、瑕疵的司法鉴定意见等不真实的刑事证据材料，甚至还会避免出现对案件事实的错误认定和法律的错误适用。经过对大量刑事错案的致错原因进行分析和归纳发现，侦查机关的刑讯逼供往往就是导致刑事错案出现的最直接原因。这不但严重地侵犯了犯罪嫌疑人、被告人的基本人权，而且还造成无辜者被蒙冤入狱等人权更加严重的侵害。因此，在刑事诉讼中树立尊重和保障人权科学的司法观念，才能够避免出现侵犯犯罪嫌疑人、被告人人权的不良现象，从而为刑事错案的预防奠定了良好的思想保障。

二、全面贯彻无罪推定基本原则

能否在刑事诉讼中全面地对无罪推定原则进行贯彻和执行直接关系到了案件中每一个犯罪嫌疑人、被告人的基本利益以及其所享有的诉讼权利是否能够得到全面有效的保障。无罪推定的基本原则最早可以被追溯于罗马法时期，其核心思想来源于对"存疑，为被告人的利益"的规定。[①] 尔后，随着人类社会的不断前进，人权保护亦就成为西方各国社会发展的历史潮流，为在刑事诉讼中确立无罪推定的原奠定了夯实的基础。1948 年，在联合国《世界人权宣言》的第十一条就明确的规定："凡受刑事控告者，

---

① 沈德咏. 论疑罪从无 [J]. 中国法学，2013（5）：5.

在未经依法公开审判证实有罪前，应视为无罪。"该规定就是对无罪推定原则在刑事诉讼中最为直接的体现。无罪推定原则不仅能够被世界各国所接受和认可，而且还成为对刑事司法人员在刑事诉讼进行的一种科学的司法观念，更是对刑事诉讼的运行过程起着指导的价值作用。所以，当代刑事诉讼的系列制度或规则的构建和修改基本上都或多或少与无罪推定原则有着十分密切的必然联系，尤其是疑罪从无的规则更是最为直接地对无罪推定原则的体现和反映。

虽然，在我国 1996 年的《刑事诉讼法》规定中就对无罪推定的基本原则有所体现，如当时《刑事诉讼法》的第十二条规定："未经人民法院依法判决，对任何人都不得确定有罪。"第一百六十二条也规定："证据不足，不能认定被告人有罪的，应当作出证据不足、指控的犯罪不能成立的无罪判决"等。而在 2012 年修改的《刑事诉讼法》中，使无罪推定原则得到更全面的发展。如在保留前述的两条规定之外还在第五十二条规定："严禁刑讯逼供和以威胁、引诱、欺骗以及其他非法方法收集证据，不得强迫任何人证实有罪。"等其他相关的规定。但是经认真地对 1996 年和 2012 年两次《刑事诉讼法》修改的法条进行比对和研究之后，发现固然无罪推定的基本原则在我国的《刑事诉讼法》中得到不断的借鉴和发展，但是在《刑事诉讼法》中无罪推定的基本原则仍然没有得到全面的被贯彻和执行，依然存在修改不足等令人遗憾的现象。例如，虽然我国《刑事诉讼法》第十二条规定："未经人民法院依法判决，对任何人都不得确定有罪。"但是该规定与联合国在《世界人权宣言》中第十一条的规定即"凡受刑事控告者，在未经依法公开审判证实有罪前，应视为无罪。"仍然存在较大的差别。一方面，我国《刑事诉讼法》第十二条的规定主要是强调对犯罪嫌疑人、被告人最后有罪或无罪审判权的肯定，除人民法院之外，其他任何国家机关都不享有刑事审判权。另一方面，我国《刑事诉讼法》对"不得确定有罪"的条文规定与联合国在《世界人权宣言》中第十一条"应当视为无罪"规定的内涵还存在较大的差异。前者是对人民法院统一行使刑事审判权规定的强调，对于在刑事诉讼的过程中侦查人员、检察人员等刑事司法人员在何种司法理念的支配下办理刑事案件并没有特别的制约或指导；而后者全面的贯穿于刑事诉讼的过程中对犯罪嫌疑人、被告人所持有的一种司法观念。相比较而言，新《刑事诉讼法》比 1996 年的《刑事诉讼法》具有一定的进步，如新《刑事诉讼法》的第五十二条在规定了"不得强迫任何人证实有罪"的同时还在其第一百二十条保留了"犯罪嫌疑人对侦查人员的提问，应当如实回答"的规定。可见，我国新《刑事诉讼法》并没有对无罪推定的基本原则在刑事诉讼中给以根本性的借鉴和贯彻，具有一定程度上的不足和保留。

也许在新《刑事诉讼法》修改之前，国家立法机关也曾想把无罪推定的基本原则全面彻底的写入《刑事诉讼法》之中。但是由于在《刑事诉讼法》中存在类似第十二条这样的有关规定，造成无罪推定的基本原则没有切实全面的被我国《刑事诉讼法》所纳入。正是存在类似这种模糊不清或前后互相矛盾不一致的刑事诉讼规定，才使有罪推定的司法理念被长期的存在部分的刑事司法人员的办案思想中，侦查人员为了能够获取犯罪嫌疑人有罪的口供，在实践中基本上是采取刑讯逼供这种快速而简单的讯问方法。这不但对犯罪嫌疑人的合法权益造成了侵害，而且为刑事错案的发生埋下了重大的隐患，有时还直接的导致刑事错案的出现。例如，赵作海案件中侦查人员把赵作海铐在摩托车、椅子、床腿上以及头顶放鞭炮、木棒敲头；杜培武案中对杜培武罚跪、毛巾堵嘴、警棍电击；李久明案件中对李久明不但灌辣椒水、抹芥末油、扇耳光，而且还一次性的强迫李久明喝10 瓶矿泉水等；还有代克明案、佘祥林案、胥敬祥案、张高平、张辉叔侄案等大量刑事错案的背后都或多或少的存在刑讯逼供等暴力非法取证的影子。因此，这些刑事错案中大量的存在口供至上、刑讯逼供等行为，在其本质上是属于有罪推定落后司法思想的直接结果。

如果没有彻底全面的在刑事诉讼中确立无罪推定的基本原则，那么其他有关科学先进的刑事诉讼制度或程序就无法在刑事诉讼的运行中发挥其全面的作用和价值。虽然在我国目前的刑事诉讼中也对犯罪嫌疑人、被告人的诉讼地位进行了提高，也对强迫犯罪嫌疑人自证其罪给予了适度的规定，还进一步地加强了辩护律师在刑事诉讼中的辩护权利。而在其《刑事诉讼法》所规定的形式方面固然想达到成功的学习和借鉴域外各国比较成熟的刑事司法制度或程序，以反映我国《刑事诉讼法》所体现的时代性和先进性，但是对域外成熟的制度或程序在借鉴和引进方面却仍然存在不彻底的现象，从而使我国刑事诉讼过程中存在的问题还没有得到根本的被改变。典型的如"尊重和保障人权"虽然被写入了我国 2012 年《刑事诉讼法》中，但是近年来被公布或曝光的刑事错案中还是继续地存在刑讯逼供、超期羁押等严重违反刑事诉讼程序和有罪推定、辩护律师的无罪辩护意见得不到重视等刑事司法不公正的现象。

诚然，在我国刑事诉讼中全面引入无罪推定原则是我国对刑事错案在源头进行预防的必然要求。尽管，无罪推定原则在刑事诉讼中的运行还需要其他有关刑事诉讼的制度或程序给予互相的配合，才能系统全面真正的发挥无罪推定基本原则的刑事司法价值和作用。就目前新《刑事诉讼法》中的规定而言，已经初步的具备了在刑事诉讼中确立无罪推定为其基本诉讼原则的客观条件。例如，从新《刑事诉讼法》第二条、第十四条、第二十三条、第三十四条、第三十七条、第五十二条、第五十四条等有关的规定来看，我国新《刑事诉讼法》已经增加了尊重和保障人权的基本原则、提高了犯罪嫌疑人、被告人的诉讼地位、确认了不强迫自证其罪的基本规则、明确了侦查机关和检察机关的举证责任、增加了对非法证据的排除规则、扩大了辩护律师的辩护权、完善了司法援助等。尽管新《刑事诉讼法》还是存在诸如第一百二十条中"犯罪嫌疑人对侦查人员的提问，应当如实回答"等规定的不足，但是为其配套有关的刑事诉讼制度或程序已经形成了基本的体系，因此，在我国刑事诉讼中对无罪推定的基本原则给予全面而彻底的贯彻和执行，不仅是遏制刑讯逼供、消除有罪推定思想、实现刑事司法公正以及对刑事错案预防的必然需求，而且还是《宪法》中对"国家尊重和保障人权"规定的本质要求，更是符合目前世界各国对以"司法公正、司法民主、司法文明"为核心内容进行刑事司法改革的时代趋势。

三、实体公正与程序公正并重

司法公正是人们对司法工作所期待和追求的首要目标，不仅是社会公正的重要组成部分，而且还是依法治国和构建和谐社会主义的必然要求。司法公正既是司法机关的生命线和灵魂，又是保障社会公正实现的重要途径，其主要包括实体公正和程序公正两个方面。而关于实体公正和程序公正之间的关系主要有三种：第一，实体公正优先；第二，程序公正优先；第三，实体公正和程序公正并重。持实体公正优先的学者认为，程序公正是方法或工具，实体公正是最后的目的，程序公正是专门为实体公正而服务的。在司法的过程中，如果出现程序公正与实体公正不一致或互相矛盾的时候，实行程序公正让步于实体公正，坚持实体公正优先的原则。正如英国学者边沁所言："法应该分为实体法和程序法，实体法是根本的、主要的，程序法是辅助的、从属的，而程序法的唯一目的，就是最大限度地服务于实体法。"① 而国内的部分学者也认为："刑事诉讼法和刑法之间的关系，就是刑事诉讼过程中方法与任务、形式与内容的统一。"② 还有学者进一步地指出："程序法是助法、手续法、实体法的对称，实体法是主法、主体法、程序法的对称。"③ 造成"重实体、轻程序"的司法思想在一定程度上长期影响着我国刑事司法人员在刑事诉讼实践中对案件的办理。持程序公正优先的学者认为：如果程序公正与实体公正出现不一致或互相矛盾的情况，那么应该坚持程序公正优先于实体公正。或者，只要案件在刑事诉讼的过程中没有出现违反程序法的情形，那么该案件的最后处理结果就是属于公正的。④ 也有学者认为："在刑事诉讼的过程中，应该树立程序

---

① 陈学权. 论刑事诉讼中实体公正与程序公正的并重［J］. 法学评论，2013（4）：105-114.
② 张子培. 刑事诉讼法学［M］. 北京：群众出版社，1994：12.
③ 《法学词典》编辑委员会. 法学词典［M］. 上海：上海辞书出版社，1984：58.
④ 杨思斌，张钧. 司法公正是程序公正与实体公正的辩证统一［J］. 法学杂志，2004（3）：47-48.

法第一位的办案理念。"① 还有学者指出："如果案件在刑事诉讼的办理过程中，存在实体公正与程序公正不一致的情况，那么坚持程序优先就是最好的处理方案。"② 持实体公正和程序公正并重的学者认为：实体公正和程序公正都是在刑事诉讼中人们所追求的共同理想目标，不存在谁主谁次的问题。即使二者发生不一致或者出现矛盾，也应该坚持具体问题具体分析。③ 陈瑞华教授认为："应该树立内在价值和外在价值的互相兼顾，这就要求对程序公正和实体公正给予同等的重视。"④ 陈光中教授指出："实体法与程序法应该相辅相成、互相依存，不应该存在轻重或主次之争的问题。"⑤

　　到目前为止，司法公正中实体公正与程序公正关系的两种互相优先的论点都表现出了自身的优点，但也暴露出了各自的缺点。我们认为，在刑事诉讼中应该树立坚持实体公正和程序公正并重的科学司法观念。随着我国依法治国的理念不断地被推进和深入，实体公正和程序公正并重的观念已经得到法学理论界和司法实务界的认可和肯定。例如，在中央政法委员会的《社会主义法治理念读本》中就明确指出："司法公正包括实体公正和程序公正两个方面，两者之间应该互相依存、不可偏废，同时还需要努力的兼顾两者之间的价值平衡。追求实体公正，不能以违背和破坏程序为代价，防止那种只求结果、不要过程、省略程序、违反程序等问题。强调程序公正，绝不能放弃对实体公正的追求，坚决反对脱离实体公正而搞所谓的'程序优先'或'程序至上'的偏激做法，防止出现只求过程而不重结果。"⑥ 2012 年，最高人民检察院在全国检察长座谈会上也着重强调："全国检察机关要始终坚持'程序公正与实体公正并重'。这次《刑事诉讼

---

① 樊崇义. 刑事诉讼法再修改的理性思考 [J]. 政法论坛，2005（5）：126-135.
② 谢佑平. 刑事司法程序的一般理论 [M]. 上海：复旦大学出版社，2003：19.
③ 陈学权. 论刑事诉讼中实体公正与程序公正的并重 [J]. 法学评论，2013（4）：105-114.
④ 陈瑞华. 刑事审判原理论 [M]. 北京：北京大学出版社，1997：105.
⑤ 陈光中，江伟. 诉讼法论丛 [M]. 北京：法律出版社，1998：16.
⑥ 中共中央政法委员会. 社会主义法治理念读本 [M]. 北京：中国长安出版社，2009：152.

法》的修改使程序公正、程序的独立价值得到更加充分的体现，我们要高度重视程序公正对提升检察机关执法公信力的重要意义，切实改变'重实体、轻程序'的倾向，真正把程序公正作为保证办案质量、实现实体公正的前提和基础，坚持严格要求检察机关每一个执法办案环节都必须符合刑事司法的程序规范。"① 可见，将实体公正与程序公正并重作为社会主义法治理念的重要内容，不仅是中共中央政法委、最高人民检察院等部门对在刑事诉讼实践中存在的诸如实体公正优先或程序公正优先等片面追求给予强有力的纠正。

传统的法律文化理念更加片面的侧重对实体公正的追求，最为典型的莫过于"重实体、轻程序""重打击、轻保护"等司法理念。片面追求实体公正，往往会对程序公正给予忽略。而当代刑事司法理念其中一个最为重要的特点之一即是对程序公正的更加重视，尽管程序公正并不直接的决定实体公正，但是相对其结果实体公正而言，程序公正总比没有程序公正更加容易使其实现。纵观古今中外的刑事错案，其原因基本大部分都是由于刑事诉讼程序存在刑讯逼供等违法或不当的行为，而这恰恰就是实体公正优先于程序公正这种传统司法文化思想作用的必然结果。此外，严重的程序不公正不但会造成案件最终被处理结果的实体不公正，而且还会导致司法不公正的现象出现，最终也就会致使刑事错案的不断发生。因此，在刑事诉讼的过程中，刑事司法人员就必须树立实体公正与程序公正并重的科学司法理念，这也是预防刑事错案发生的必然要求。

四、坚持疑罪从无规则

疑罪从无最早来源于罗马法时期对"存疑，为被告人的利益"规定的基本原则，因为疑罪从无符合当代人们对司法公正、司法民主、人权保障等司法价值观念的期待和追求，促使其很快地便成为各国在刑事诉讼中所

---

① 曹建明. 着力转变和更新执法理念，牢固树立"五个意识"[N]. 检察日报，2012-07-18.

遵循的一项重要刑事司法规则，而且还是对尊重和保障人权重要法治观念的本质体现。在刑事诉讼的实践中，刑事司法机关不能为了打击和惩罚犯罪而不重视或忽略对犯罪嫌疑人、被告人合法权益的保护。否则就会导致无辜者被错判定罪的刑事错案出现。而在 1996 年《刑事诉讼法》中的第一百六十二条就明确的规定："证据不足，不能认定被告人有罪的，应当作出证据不足、指控的犯罪不能成立的无罪判决"。显而易见，如果从 1996 年的《刑事诉讼法》被执行开始，各级的人民法院能够完全地按照该规定进行审判，那么对于刑事错案的预防应该起到至关重要的作用。然而事实并非如此，当人民法院在面对"证据不足"这样存疑案件时往往会做出重罪轻判"留有余地"的有罪判决。不但没有严格的执行《刑事诉讼法》第一百六十二条的规定，而且还对刑事错案的出现起到了推波助澜的反作用。

（一）摒弃"留有余地"的判决

在刑事诉讼的实践中，不管是侦查机关、公诉机关还是审判机关在办理刑事案件的过程中，都不希望出现复杂、疑难的案件。但是，由于刑事案件受到主客观要素的动态性、复杂性、开放性等条件的影响和制约，造成疑难案件的出现难以被完全的避免，而疑罪从无就是在刑事诉讼中审判机关对其进行依法审判的专门法律方法。当案件被立案以后，后续的刑事司法人员都会在不同程度上受到来自主客观各方面原因的影响或制约，这不仅包括刑事司法人员自身的业务能力、法律知识等因素，而且还包括刑事案件中人物、时间、地点等"七何"要素的制约，甚至还要受到刑事诉讼的诉讼期限、刑事科学技术水平、执法环境等，造成部分的刑事案件在刑事诉讼中就不可避免地出现案件无法侦破、无法起诉以及无法审判等案件僵局。虽然，在唯物辩证主义认识论的思想指导下，相信刑事案件中涉嫌犯罪事实是能够被可知和认识，但是人类的认识活动仍然具有一定的相对性和局限性，致使有些刑事案件的事实情况无法被刑事司法人员全面的认识。可见，疑罪从无不仅是遵循人类对认识活动的必然结果，也是全面实行刑事诉讼目的和价值的必然选择。① 因此，在刑事诉讼的过程中，各刑事司法人员应该树立正确的办案理念，刑事案件最后被法院审判依法做出的有罪判决、无罪判决以及证据存疑指控犯罪不成立的疑罪从无都是刑事诉讼正常必然的处理方式，避免狭窄的认为只有对被告人进行有罪的判决才是实现刑事诉讼的唯一目的和方式。当然，在坚持疑罪从无时还要面对另外一个司法问题，就是在贯彻和执行疑罪从无的同时还要清醒地认识到对于个别的刑事案件应该允许刑事司法人员出现一定程度上的容忍度。否则，不但会对刑事司法人员在办理案件时的主观能动积极性造成限制等的不良影响，而且还会导致法院在对案件的审理中出现存疑不敢判的消极审判。这不仅与坚持疑罪从无的审判原则相违背，而且还会造成可能放纵犯罪的负面结果。

综上所述，这就要求在刑事诉讼的办案过程中，侦查机关、公诉机关、审判机关在刑事诉讼中既要依法履行《刑事诉讼法》赋予分工负责的诉讼职能也要发挥互相配合的合作能力，这不仅有利于实现打击犯罪和保障人权的刑事诉讼目的，而且还能够进一步的提高我国刑事诉讼的整体司法水平。但是，在分工负责、互相配合的同时还需要更加的发挥互相制约的诉讼职能，毕竟分工负责不是为了互相配合而是为了更好的互相制约，促使侦查机关、公诉机关、审判机关共同完成刑事诉讼的任务。而当疑难案件出现以后，对于那些既不能达到法院对被告人判决有罪的标准即"事实清楚、证据确实充分"，但又不能合理排除被告人属于无罪的情形疑难案件，这类的疑难案件是任何的刑事诉讼制度所无法避免的难题。对被告人的不枉不纵是各国刑事诉讼所追求的理想法律效果，然而在具体的刑事诉讼实践中却难以被实现，毕竟"不枉"或"不纵"本身就已经陷入了两难的选择之中。虽然"错放"或"错判"都不是我们刑事诉讼所追求的司法价值，但是"两害相权取其轻"。这就必然的要求我们宁可错判释放少数真正的罪犯，也不能错判导致刑事错案的发生使无辜者被蒙冤入狱，甚

---

① 王强，刘宁. 论无罪推定原则在防止错案中的作用 [J]. 行政与法，2010（8）：127 - 129.

至还出现无辜者被剥夺生命权而造成无法挽回的悲痛局面。因此，审判机关在面对审判证据不足的存疑案件时候，应该坚持疑罪从无的审判原则敢于做出证据不足、指控的犯罪不能成立的无罪判决，摒弃重罪轻判等"留有余地"的判决方式。

（二）树立宁可错放也不错判的审判理念

通过对近年来被公布或曝光大量刑事错案的查询和分析，发现大部分的刑事错案主要是由于案件中存在证据不足而法院怕错放本着宁可错判而不愿意错放而做出有罪的判决，最终酿成了刑事错案的出现。经过调研和论证，发现造成法院在证据不足存疑的情况下还依然做出有罪判决的原因主要是有三个方面：第一，审判人员迫于被害人及家属的上访施压、社会网络媒体舆论等压力的影响，知道案件存在证据不足的存疑情况也不敢做出证据不足、指控的犯罪不能成立的无罪判决，而是做出留有余地重罪轻判的有罪判决。第二，由于审判人员受到自身业务能力、审判水平、法律知识等的限制，即使案件存在证据不足存疑也会错误地认为案件中的证据已经达到了"确实、充分"的证据标准，从而对被告人做出了有罪的判决。第三，出于侦查机关、公诉机关、审判机关各自内部绩效考核的考虑。如果证据不足存疑的案件做出无罪判决的话，那么不仅会使本级或下级法院的审判人员以及公诉人员和侦查人员等受到国家赔偿或错案责任的追究等，从而致使审判人员不愿做出无罪判决，却仍然做出了重罪轻判的有罪判决。例如，在杭州萧山陈建阳等抢劫杀人的刑事错案中，当时的二审审判长张德宝在面对媒体采访时就直言不讳地说："当审判委员会讨论会决定不杀陈建阳等五人后，省高院也征求了杭州中院和政法委的意见，当时对案件判决处理的意见存在很大争议，如果二审法院做出对本案改判的裁定，那么一审法院法官的处境是很难过的，省高院对案件的改判就表示下级法院对案件的判决存在错误，将要面临法院对法官的绩效进行考核，不管是审判长还是审判员，他们的奖金和职务调整都会必然的受到影响。"① 正如河南省高级人民法院的张立勇院长面对媒体所说："在赵作海刑事错案中法院应该承担主要的相关责任，由于我们法院的纵容才导致了侦查机关采取刑讯逼供等非法的取证行为，我们决不能回避这个现实问题。"② 可见，在审判的过程中坚持疑罪从无的审判规则，不仅有利于在刑事诉讼中对刑事错案进行最后的预防，而且还有利于推进以审判为中心刑事诉讼的司法改革。

2004 年 3 月，"国家尊重和保障人权"被写入我国的《宪法》之中，使之成为我国一项重要的宪法原则。2012 年，《刑事诉讼法》中把"尊重和保障人权"确定为刑事诉讼的重要原则之一，而在刑事诉讼中坚持疑罪从无正是我国《宪法》和《刑事诉讼法》中对"尊重和保障人权"的内在体现和要求。刑事司法机关对案件处理出现的疑罪从轻、疑罪从挂等结果都是由于有罪推定、疑罪从有等错误司法思想而造成的，这不仅严重地侵犯了犯罪嫌疑人、被告人的合法权益，而且还与我国《宪法》《刑事诉讼法》中对"尊重和保障人权"规定的初衷相违背。坚持疑罪从无就有可能出现被告人被法院错放或错判的两种现象，虽然法院的错判可能致使真的罪犯被无罪释放，而错判也可能造成无辜者被蒙冤入狱服刑甚至造成被剥夺生命而无法挽回的局面。但是"两害相权取其轻"，在疑罪从无的审判规则下应该树立"宁可错放也不可错判"的审判方式。③ 正如河南省高级人民法院的张立勇院长面对媒体所说："对事实不清、证据不足的案件，我们应该敢于宣告无罪。宣告无罪也是对公安、检察环节的监督，督促他们继续地调查并补充新的有关证据。"毕竟，坚持疑罪从无虽然不敢保证不放过一个真正的罪犯，但是却敢于保证不让一个无辜者被蒙冤定罪判刑。

只有树立坚持"宁可错放也不可错判"和摒弃"留有余地"判决的疑

---

① 黄士元. 正义不会缺席：中国刑事错案的成因与纠正［M］. 北京：中国法制出版社，2015：72.

② 唐亚南. 刑事错案产生的原因及防范对策——以 81 起刑事错案为样本的实证分析［M］. 北京：知识产权出版社，2016：12.

③ 陈光中，于增尊. 严防冤案若干问题思考［J］. 法学家，2014（1）：56-66.

罪从无规则，才能在刑事诉讼中充分的对犯罪嫌疑人、被告人的基本人权给予尊重和保障。因此，坚持疑罪从无的刑事诉讼规则，是对刑事错案进行预防的重要保障。这不仅是严格执行我国新《刑事诉讼法》中对"尊重和保障人权""证据不足，不能认定被告人有罪的，应当作出证据不足、指控的犯罪不能成立的无罪判决。"等规定的必然选择，也是贯彻我国《宪法》中关于"国家尊重和保障人权"宪法原则的内在要求，更是我国构建和谐社会主义和依法治国战略背景的本质需求。

第二节　刑事诉讼运行过程的完善

刑事错案的屡禁不止，不但给无辜者造成了名誉侵害、工作丢失、家庭破碎、妻离子散，甚至被剥夺最为宝贵的生命和致使被害人被非法侵害的合法权益没有能够得到及时的纠正和救济，而且还降低了司法机关的公信力和损害了国家法律的尊严等，促使对刑事错案采取及时有效的预防就显得迫在眉睫。然而针对刑事错案的预防并不是一个简单的工程，而是一个庞大、复杂的系统工程。除了树立科学的司法观念之外，其刑事诉讼的运行过程也是对刑事错案进行预防的重中之重。在刑事诉讼的运行过程中，不仅包括侦查过程、起诉审查过程，而且还包括对案件进行最终处理的审判过程。因此，针对导致刑事错案发生的主要原因而对症下药的采取具有可行性的预防完善建议，期待对我国刑事错案预防体系的构建能够尽自己最大的努力而提供绵薄之力。

一、严禁刑讯逼供非法取证行为

刑讯逼供主要是指在刑事诉讼中刑事司法人员采取肉刑或者变相肉刑的方法从而获取犯罪嫌疑人、被告人口供的行为。这种违背道德、粗暴、野蛮的刑讯逼供行为，不但使其对犯罪嫌疑人、被告人获取口供的成本能够降到最低，而且还是最为直接简单有效的方法，于是也就往往成为侦查人员对案件进行突破的首选途径。正所谓"捶楚之下，何求而不得。"从对刑事错案致错原因的调查和统计而言，不管是法学理论界还是刑事司法实务界大部分都认为：虽然造成刑事错案发生的原因众多复杂，但是都与刑讯逼供有着或多或少的关系，造成刑讯逼供是成为导致刑事错案出现最为重要的原因。正如何家弘教授在其研究成果中显示：在 50 起刑事错案中，肯定或可能存在刑讯逼供的非法取证行为就大约占 94%。[①] 也有学者通过对 50 多起的刑事错案结果分析和研究，指出对犯罪嫌疑人存在虐待、体罚等刑讯逼供的案件比例就占 88%。[②] 因此，遏制刑讯逼供就是对刑事错案进行预防的首选任务。

（一）健全讯问同步录音录像制度

依据新《刑事诉讼法》的规定，在侦查办案中，侦查人员对犯罪嫌疑人进行讯问的时候，按照法律规定是可以对讯问过程采取录音录像的措施。但是，如果犯罪嫌疑人是属于可能被判处死刑或无期徒刑以及其他重大犯罪的情形，那么侦查机关对此就必须应当在讯问的过程中采取同步录音或录像。所以，对于我国《刑事诉讼法》中明确规定"可能判处无期徒刑、死刑的案件或者其他重大犯罪案件"的三类刑事案件就应该在讯问的过程中必须采取同步录音录像措施。在侦查讯问的过程中采取同步录音录像，不仅能够对侦查中的讯问活动起到必要的规范作用，而且还在一定程度上对刑讯逼供等暴力非法的取证行为有所防范，从而达到对刑事错案在侦查阶段给予预防的目的。

由于对犯罪嫌疑人的讯问和采取同步录音录像的措施都是由侦查机关自行负责和制作，为了防止侦查机关在其过程中出现不破不录、先审后录、间断录制、录后剪接等躲避同步录音录像法律规定的行为，应该健全

[①] 何家弘，何然.刑事错案中的证据问题——实证研究与经济分析［J］.政法论坛，2008（2）：3-19.

[②] 胡志风.刑事错案的侦查程序分析与控制路径研究［M］.北京：中国人民公安大学出版社，2012：62.

同步录音录像的制度。首先,建立严格的同步录音录像操作制度。例如,只要侦查机关开始对犯罪嫌疑人进行讯问,那么就按照规定必须不间断的对其进行录音录像,以保证录音录像资料的完整性。实行"审录分离"的操作原则,如果侦查人员对犯罪嫌疑人进行讯问,那么该侦查人员就不能负责对同步录音录像的操作,反之亦然。侦查讯问结束之后,专门负责同步录音录像的录制人员应该立即将已经录制好的录音录像资料让侦查人员和犯罪嫌疑人进行签字,经确认无误后应当当场封存。其次,明确同步录音录像的诉讼证据效力。对于我国《刑事诉讼法》第一百二十三条明确规定的"可能判处无期徒刑、死刑的案件或者其他重大犯罪案件"三类刑事案件,侦查机关在对犯罪嫌疑人进行讯问时,应当必须采取同步录音录像措施。不管是出于侦查人员的自身原因还是录制设备操作程序的原因而造成侦查机关没有按照规定采取同步的录音录像行为,由于违反了我国《刑事诉讼法》的强制性规定就属于侦查机关存在严重违法程序的行为,侦查机关应当承担有关的不利后果。因此,如果侦查机关在对可能判处无期徒刑、死刑的案件或者其他重大犯罪案件中的犯罪嫌疑人讯问时没有按照规定进行录音或者录像,那么该讯问中获取犯罪嫌疑人的供述或辩解就不能当作证据使用。最后,根据新《刑事诉讼法》中"尊重和保障人权"原则的基本精神,为了规范讯问行为和防止刑讯逼供的非法取证,保障犯罪嫌疑人的合法权利不受非法侵害,避免由于刑讯逼供而导致刑事错案的发生。在条件适当允许的情况下,侦查机关应该尽最大的可能对讯问时同步录音录像的案件范围给予适当的扩大。

(二)尝试建立羁押巡视制度

所谓的羁押巡视制度就是指由社会公众等非政府人员对关押犯罪嫌疑人的羁押场所进行的巡视和探访。最早采取羁押巡视制度来对刑讯逼供进行预防实践的国家是英国。当时英国对于羁押巡视人员的具体身份并没有任何的进行限制,不仅是社会中普通公众可以担当羁押巡视员,而且就连有过犯罪前科的释放人员也可以担当羁押巡视员,但大部分都是由于本地的社会志愿者担任。羁押巡视员不代表警察等官方，而是仅仅代表保持中立态度的社会公众。羁押巡视员的巡视时间比较灵活，没有固定的具体时间。一般情况下，基本是每周巡视一次，一次由两人负责同行。只要羁押巡视员到负责羁押场所的警察局，那么警察局就应该立即安排巡视员到羁押程序进行巡视。而且在巡视员进行对犯罪嫌疑人进行巡视的过程中，警察不但不能在现场旁听巡视员与犯罪嫌疑人的互相谈话，而且警察还不能在羁押场所的巡视现场附近，以保证羁押巡视的公正不受干扰。羁押巡视员的职责主要有三个方面：第一，对羁押的场所、档案进行检查；第二，了解犯罪嫌疑人被羁押的有关待遇和状况；第三，负责与犯罪嫌疑人进行谈话。英国羁押巡视制度的建立，不仅改进了英国的羁押状况和减少了犯罪嫌疑人伤亡的事情，而且还在很大程度上对警方的刑讯逼供起到有效的预防，从而促进了英国警方执法的文明公正。① 因此，我国可以学习和借鉴域外英国关于羁押巡视制度的成功经验和做法，尝试建立具有我国社会主义特色的羁押巡视制度。虽然现行法律并没有对有关羁押巡视的制度给予任何的规定，但是在我国的部分地方已经对羁押巡视制度开展了积极的探索和尝试，并且最后还取得了积极的效果。如 2008 年 3 月，辽源市的检察机关就和公安机关共同制定了《辽源市羁押场所巡视员制度操作规程》，负责对辽源市、县两级看守所的羁押场所进行监督巡视，这也是国内第一次对羁押巡视制度的借鉴和探索。② 我们认为，可以对英国、澳大利亚等域外各国羁押巡视制度比较成熟的经验和做法进行多方面的参考和论证，结合我国特殊的国情和社情等现实使其本土化，并尝试建立具有我国社会主义特色的羁押巡视制度，让社会公众以适当的方式和身份参与到羁押巡视中。建立我国特色的社会主义羁押巡视制度，不仅有助于打破看守所羁押场所的封闭式模式，更好地对侦查机关的侦查讯问起到监督和制约的作用，而且还能够对侦查机关的刑讯逼供等暴力非法取证的行为起到积极预

---

① 赵秉志，彭新林．遏制刑讯逼供的域外法治经验及其启示［J］．江海学刊，2015（1）：139-149．

② 陈卫东．羁押场所巡视制度研究报告［J］．法学研究，2009（6）：3-36．

防的效果。同时，有利于增强我国司法机关的公信力和提高国家法律的权威，这也是实现司法人民性的内在要求。

（三）确立以"客观性证据"为中心的取证模式

近年来，有学者提出按照学理上的标准证据可以被划分为主观性证据和客观性证据。主观性证据主要是指通过对案件中的人进行调查而获取其所掌握的涉案证据信息即以人为证据内容载体的证据，主观性证据的特点是具有很强的主观性和不稳定性。而客观性证据主要是指通过对案件中物的调查而获取证据信息即以物为证据内容载体的证据，客观性证据的特点是具有很强的客观性和稳定性。[①] 两者相比较，主观性证据会随着案件中人的内在认知和外在的环境影响而变化，客观性证据虽然也会受到客观环境或自然环境的影响产生变化但毕竟还具有在短时期内的相对稳定性，如果没有人为刻意的干涉，那么一般情况下基本都会保持其外部结构、固定载体等相对的稳定。因此，就从对案件事实的认定角度而言，客观性证据往往比主观性证据具有更高的准确性和可靠性。

由于受到我国长期"重实体、轻程序""重打击、轻保护"等传统法律思想文化的影响，在侦查的实践中，侦查人员往往存在严重的"口供情节"现象，甚至还会出现无口供不结案的局面，造成侦查机关的取证模式主要是"由供到案"。由供到案的取证模式是指侦查机关在办案的过程中主要通过犯罪嫌疑人的口供来查找涉案的其他证据，再通过其他证据反过来印证犯罪嫌疑人口供的真实性。经过长期的侦查实践证明，"由供到案"的侦查取证模式具有很大的不稳定性和风险性，并且还很可能会出现所谓的"翻案"或"翻供"现象。这不仅会给侦查机关对案件的侦破工作埋下重大不利的隐患，而且极易造成刑事错案的发生。以"客观性证据"为中心的取证模式则是要求侦查机关在侦办案件的过程中对过去以"口供为中心"的纠问式取证模式必须给予转变，强调树立以"物证为中心"的取证

---

① 樊崇义，赵培显. 论客观性证据审查模式 [J]. 中国刑事法杂志，2014（1）：3-8.

新模式。侦查机关应该通过获取物证、书证、视听资料、电子数据、勘验笔录、侦查实验笔录等客观性证据，从而对犯罪嫌疑人的供述、证人证言、被害人陈述等主观性证据进行印证和强化。确立以"客观性证据"为中心的取证模式新思维，一方面能够减少侦查人员对犯罪嫌疑人口供的过分依赖，另一方面能够对屡禁不止的刑讯逼供等暴力的非法取证行为具有重要的遏制作用。

我国《刑事诉讼法》的第五十二条规定："严禁刑讯逼供和以威胁、引诱、欺骗以及其他非法方法收集证据，不得强迫任何人证实有罪。"可见，确立以"客观性证据"为中心的取证模式还与该规定有着辩证统一的关系。一方面，该规定要求侦查机关在办案的过程中不能为了获取犯罪嫌疑人的口供而采取刑讯逼供等非法的取证方法，也不能强迫犯罪嫌疑人进行自证其罪。这就必然的要求侦查机关的取证模式由"主观性"的取证模式向"客观性"的取证模式转变，充分发挥客观性证据对案件事实认定可靠性和准确性的作用。另一方面，确立以"客观性证据"为中心的取证模式又是对该规定的贯彻和执行。通过侦查机关对客观性证据的收集和应用，不仅能够有效的淡化侦查人员对犯罪嫌疑人口供的过度依赖，而且还能够保障犯罪嫌疑人的合法权益不受侦查机关非法行为的侵犯。因此，确立以"客观性证据"为中心的取证模式，是遏制刑讯逼供等非法取证行为的必然选择，也是贯彻和执行我国新《刑事诉讼法》的本质要求。

（四）提高刑事科学技术的应用

美国"无辜者运动"发现无辜者最为典型的做法就是对在监狱内服刑的人员进行 DNA 检测，而美国通过 DNA 这种刑事科学技术的方法来对刑事错案的预防和纠正可谓是独树一帜。而在我国的刑事诉讼的过程中，刑事科学技术主要是围绕案件中精斑、毛发、血液、汗液、皮屑等痕迹物证所进行的司法鉴定工作，主要包括个体识别、亲子鉴定、性别鉴定等内容。随着刑事科学技术的不断前进和发展，尤其是刑事科学技术中的 DNA 检测更被人们视为"证据之王""科技证据"等。因为 DNA 刑事科学技术应用的相对稳定和正确率高，促使其在刑事案件的侦破实践中发挥着至关重要的作用。DNA刑事科学技术的应用不仅为侦查机关能够确定侦查方向、明确犯罪嫌疑人等提供有效的侦查线索，而且还能够为无辜者及时的证明其清白提供重要的证明证据。为了能够预防和减少刑事错案的发生，美国不但联邦政府建立起了国家级的DNA数据库和各州的地方性，而且美国国会制定了《DNA鉴定法》，通过国家立法的层面对DNA科学技术鉴定的鉴定标准、鉴定程序、鉴定能力、鉴定审查和责任进行了法律方面的规范。英国的《警察与刑事证据法》、加拿大的《证据法》等都强调加强DNA科学技术在刑事案件中的应用范围。因此，随着刑事科学技术的不断发展，各国都希望通过提高DNA科学技术在侦破案件过程中的应用，从技术的角度加强对刑事错案的防控，避免无辜者被法院定罪判刑。正如学者所言："刑事科学技术尽管还存在一定的不足，但是在提高办案质量方面却有着其他方法无法代替的作用，司法机关不应该因噎废食，而应该与时俱进，加强和提高刑事科学技术在案件的应用，使用好科学技术的强大力量。"① 因此，我们应该加强刑事科学技术在侦办案件中的重大作用。

二、严格执行批捕起诉审查标准

从对造成刑事错案发生的原因现状分析来看，虽然导致刑事错案产生的根源还在于侦查程序之中，但是处于刑事诉讼过程中间环节的检察机关为什么在批捕起诉审查阶段没有及时有效的对其进行预防呢？这恐怕应该值得我们深刻的反思和重视。在刑事诉讼过程中，一方面检察机关负责对侦查机关提请对犯罪嫌疑人的逮捕是否批准进行的审查工作，另一方面检察机关还负责对侦查机关经过侦查终结而移送的案件进行起诉审查的责任。例如，公诉机关在负责对移送的案件进行起诉审查的时候，对于没有达到起诉条件的刑事案件，如果退回经过侦查机关两次补充侦查以后还是

---

① 詹建红. 刑事错案救济机制的西方经验及其借鉴——以两大法系主要国家为参照 [J].
法学评论, 2015 (2): 152-161.

存在事实不清、证据不足仍不符合起诉标准的，那么公诉机关就应该依法做出不予起诉的决定。可见，公诉机关对案件进行起诉审查的环节是检察机关预防刑事错案的重要途径。这不仅有利于刑事案件能够及时地在刑事诉讼中被分流出来，而且还有利于及时的保障无辜者不被追究刑事责任，对刑事案件能否进行审判程序起到良好的把关作用。正如台湾学者林钰雄教授所言："检察官乃是刑事程序进展中决定性的过滤器。检察官扮演着把关者的角色，在诉讼法上之目的，乃透过诉讼分权机制，保障终局裁判之准确性和客观性。"① 因此，检察机关在对侦查机关提起批捕起诉审查的过程中，对刑事错案的预防起着中流砥柱的作用。

（一）严格践行检察机关的客观义务

践行检察机关在刑事诉讼中的客观义务是世界各国对刑事诉讼法的一项共同基本要求。② 虽然践行检察机关的客观义务没有被我国《刑事诉讼法》确立为一项基本的刑事诉讼原则，但是在我国《刑事诉讼法》中赋予检察机关诸如对侦查机关提请逮捕的审查、被移送的案件进行起诉审查、听取犯罪嫌疑人及辩护律师的辩护意见等职能均是对践行检察机关客观义务的内在体现。

检察官的客观义务起源于十九世纪后期的德国，当时对检察官的客观义务存在主观说和客观说两种学说。持主观说的学者认为，检察官的客观义务仅对控诉一方的当事人承担负责。而持客观说的学者则认为，检察官的客观义务是指检察机关一方面承担对犯罪者进行追求的控诉职能，另一方面同时也具有法律守护的客观义务。后经两种学说观点的激烈争议，持客观说的学派占据主流地位。具有典型代表的学者萨维尼的观点即"检察官因担当法律守护人的光荣使命，追诉犯法者，保护受压迫者，并援助一切受国家照料的人民。"③ 该观点经大陆法系国家和英美法系国家的先后采

---

① 林钰雄. 检察官论 [M]. 北京：法律出版社，2008：12.
② 罗昌平. 检察改革理论与实务 [M]. 上海：上海社会科学出版社，2002：32.
③ 林喜芬. 中国刑事程序的法治化转型 [M]. 上海：上海交通大学出版社，2011：136.

纳并上升为国家的法律层面，最后，检察官的客观义务也被联合国在其《关于检察官作用的准则》中予以认可和规定。

从我国《刑事诉讼法》的有关规定而言，在刑事诉讼的过程中均有对检察机关客观义务的要求和体现。如早在 1996 年的《刑事诉讼法》中就践行检察机关的客观义务提出了具体的要求，如对检察官依法回避的义务、审查判断证据的义务、非法证据的排除义务以及全面审查起诉的义务等。① 在新《刑事诉讼法》中更是强化了对检察机关客观义务的要求，如加强对侦查机关的监督和对犯罪嫌疑人权利的救济，赋予其"准司法官"的诉讼地位；增加对侦查机关非法取证行为的审查；强化在批捕起诉审查环节对非法证据进行排除的义务；承担对证据的合法性证明义务；对羁押的必要性审查义务；全面提取辩护律师的辩护意见义务以及有协助辩护律师申请向侦查机关调取对犯罪嫌疑人有利证据的义务等。诚然，从 1996 年《刑事诉讼法》和新《刑事诉讼法》的综合规定来看，虽然两次的《刑事诉讼法》都没有明确的对检察机关的客观义务进行借鉴和引入，但是对检察机关客观义务的有关规定已经初步形成了体系。然而由于受到我国传统法律思想文化、刑事诉讼制度等主客观因素的影响或制约，致使在刑事诉讼的实践中对检察机关的客观义务并没有能够得到全面严格的践行，不但有时候会出现与检察机关客观义务相违背的现象，而且甚至还会出现对侦查机关刑讯逼供等暴力非法取证行为的纵容和包庇，严重的违法了我国《刑事诉讼法》对检察机关客观义务的要求规定。例如，在杜培武的案件中，当时被羁押在看守所的杜培武就向驻所检察人员提交了三份控告材料，控告侦查人员曾对自己进行刑讯逼供等暴力的非法取证行为，并且还让该检察人员对自己身上因被刑讯逼供而造成的伤痕进行了拍照。但是在法庭对杜培武进行审判的过程中，公诉人员却故意隐藏侦查机关对杜培武采取刑讯逼供等暴力非法取证的证据材料，仍然把杜培武被刑讯逼供所做的"犯罪事实"供述当作证据材料对杜培武故意杀人进行指控。② 因此，

---

① 张同盟. 检察改革与实践 [M]. 北京：中国检察出版社，2002：53.
② 王达人，曾粤兴. 正义的诉求 [M]. 北京：法律出版社，2003：58.

为了全面保障犯罪嫌疑人的合法权益不受非法侵犯和发挥在批捕起诉审查环节对刑事错案的预防作用，检察机关应该严格的践行对其要求的客观义务，确保司法的公正实现。

（二）严格执行新的逮捕条件

采取逮捕措施的目的主要是能够保障刑事诉讼的顺利进行，防止犯罪嫌疑人毁灭或伪造证据以及逃跑造成无法审判等阻碍刑事诉讼正常进行的行为，在我国刑事诉讼中属于最为严厉的一种强制措施。而且对犯罪嫌疑人采取逮捕措施也就意味案件中的犯罪嫌疑人可能在看守所内被长时间的羁押，这不仅限制或剥夺了犯罪嫌疑人的人身、自由的基本权利，而且还迫使犯罪嫌疑人无法享有正常工作和学习等基本的权利。可见，如果对犯罪嫌疑人逮捕措施采取的不恰当，那么就会对犯罪嫌疑人的合法权利造成严重的侵害。从对犯罪嫌疑人采取逮捕强制措施的适用情况来看，存在逮捕目的被部分侦查机关异化的严重问题，最为典型的就是在实践中侦查机关往往会通过逮捕犯罪嫌疑人从而获取犯罪嫌疑人的口供即"以捕代侦"现象，致使违背了我国《刑事诉讼法》当初设立逮捕措施的初衷。因此，检察机关在审查逮捕时应该严格执行新的逮捕条件，对于可捕可不捕的，应该坚持不予批捕。

首先，正确理解"有证据证明有犯罪事实"的标准。有证据证明有犯罪事实是指有证据证明犯罪事实已经发生，证明犯罪事实为犯罪嫌疑人所实施，证据已经查证属实，三者缺一不可。逮捕证据标准中的证据究竟是指多种证据还是单一的证据依然存在较大的争议。我们认为，此处的证据应该包括能够证明有犯罪事实的多种证据而不是单一的证据。例如，如果在逮捕审查时只有犯罪嫌疑人的口供而没有其他物证、书证、证人证言等互相印证，那么就不应该对犯罪嫌疑人做出批准逮捕的决定。即使是由犯罪嫌疑人在不同时间内作出的多次口供，那么也应该被认定为一种证据，不予批捕。否则，就容易造成错捕，进而导致刑事错案的发生。如在湖北佘祥林案件中，侦查机关在只有犯罪嫌疑人佘祥林有罪的口供情况下，京山县检察院的批捕部门没有提出任何的疑问而就做出了批准逮捕的决定。而在浙江张高平、张辉叔侄强奸案中，浙江省检察院的王祺国副检察长就曾说："原办案的检察机关在对本案的批捕审查中就存在审查不细、把关不严等严重的问题。"① 因此，检察机关在对侦查机关所提请的批捕进行审查时，应该全面的理解"有证据证明有犯罪事实"的证据条件，除了严格的对犯罪嫌疑人的供述给予审查之外，还应该加强对其他物证、书证、证人证言、被害人陈述、鉴定意见等证据的审查。如果存在不符合逮捕条件的五种情形，那么检察机关就不得批准逮捕。第一，涉及定案的关键性证据而没有的；第二，犯罪嫌疑人存在翻供或不承认犯罪，而案件中其他物证等证据又不能证明犯罪嫌疑人实施犯罪的情形；第三，只有犯罪嫌疑人陈述实施犯罪行为的有罪口供，但没有其他证据能够给予证明的；第四，犯罪嫌疑人的口供与被害人的陈述、物证等证据存在互相矛盾，但又无法被合理排除的；第五，侦查机关存在非法取证行为如刑讯逼供、暴力取证等现象。

其次，对逮捕的必要性审查。检察机关在批捕审查的时候，应该摒弃"够罪即捕"的错误思想。应该坚持以证据标准为基础，合理理解社会危险性为条件。根据刑事案件中的案件性质、不同犯罪嫌疑人之间的作用和地位、是否存在惯犯、累犯、是否是未成年人犯或初犯以及犯罪嫌疑人的生活习惯、背景等。全面对犯罪嫌疑人的情况进行审查和判断，分析其是否存在《刑事诉讼法》中规定应当逮捕的五种情形。对于确实有必要逮捕的，才给予批准逮捕。至于可捕可不捕的，坚持不予批捕，坚持"少捕慎捕"的批捕原则。

最后，建立逮捕社会危险性的证明。对逮捕中是否存在社会危险性进行全面的审查是批准逮捕的必要性条件。侦查机关在向检察机关提请批捕时，不但需要移送能够证明犯罪嫌疑人存在有证据证明有涉嫌犯罪事实的证据，而且还需要进一步提供犯罪嫌疑人存在一定社会危险性的材料，并

---

① 孙应征. 刑事错案防范与纠正机制研究 [M]. 北京：中国检察出版社，2016：213.

且还要说明犯罪嫌疑人可能存在严重危害社会等妨碍刑事诉讼活动的证据。检察机关应该根据侦查机关提供证据和案件事实等情况，对侦查机关提起的批捕材料进行全面的审查和判断，以判断犯罪嫌疑人是否存在社会危险性等妨碍刑事诉讼进行的情形。如果采取监视居住、取保候审等措施足以保障刑事诉讼正常进行的，就不能做出批准逮捕的决定，同时也应该向侦查机关说明不予逮捕的具体理由和根据。

（三）严格把握起诉审查的规定

审查起诉是检察机关对侦查机关经过侦查终结而移送的案件进行依法审查，从而决定对犯罪嫌疑人是否提起公诉的刑事诉讼活动。检察机关对犯罪嫌疑人进行起诉审查的主要包括讯问犯罪嫌疑人、听取被害人的意见、听取辩护律师和诉讼代理人的意见、司法鉴定以及审阅案卷材料等方法。起诉审查主要是对侦查机关认定的涉嫌犯罪事实、获取的证据、侦查活动是否合法等进行全面的审查。检察机关经过全面客观的审查之后，根据最后的审查结果以决定是否提起公诉。依据我国《刑事诉讼法》对提起诉讼的规定，人民检察院认为犯罪嫌疑人的犯罪事实已经查清，证据确实、充分，应当依法追究刑事责任的，应当做出起诉决定；认为不符合起诉条件或者不需要起诉的，依法做出不起诉的决定。显而易见，检察机关对侦查机关经过侦查终结而移送起诉审查的案件起着把关过滤的分流作用，对于符合起诉标准条件的应当依法提起诉讼，反之，则做出依法不起诉的决定。如果对于不符合起诉标准条件或不需要起诉的而做出起诉的决定，进而使案件进入审判程序。这不但严重地侵犯了犯罪嫌疑人的合法权益和对司法资源的浪费，而且还可能会导致刑事错案的出现。事实上，检察机关对事实不清、证据不足的案件而提起公诉在实践中往往是常有的事情。① 例如，在杜培武案、佘祥林案、张高平和张辉叔侄案以及赵作海案等系列的刑事错案均表明，检察机关对起诉审查的不严格已经被

---

① 谢小剑. 公诉权制约制度研究 [M]. 北京：法律出版社，2009：120.

视为刑事错案在检察环节上发生的重要原因。因此，为了在检察机关起诉审查的过程中发挥对刑事错案的重大预防作用，我们认为，检察机关应该严格把握起诉审查的规定，依法做出起诉或不起诉的决定。否则，就为刑事错案的出现埋下了重大的隐患。

三、确保独立行使审判权

我国《宪法》第一百三十一条明确规定："人民法院依照法律规定独立行使审判权，不受行政机关、社会团体和个人的干涉。"我国《刑事诉讼法》第五条规定："人民法院依照法律规定独立行使审判权，人民检察院依照法律规定独立行使检察权，不受行政机关、社会团体和个人的干涉。"诚然，根据我国《宪法》《刑事诉讼法》的规定，人民法院在对案件进行审判的时候应当独立行使审判权。但是，人民法院在对案件进行依法审判的过程中，时常会受到法院系统内部和外部的各种不当因素的干扰，造成审判权难以被独立的行使。一方面，在人民法院系统内部，每当合议庭对重大、复杂、疑难的案件存在难以做出具体决定的时候，合议庭会提请院长决定提交审判委员会进行讨论决定，而对于审判委员会讨论结果的决定，合议庭应当执行，造成出现"审而不判""判而不审"的分离状态；另一方面，在人民法院系统的外部，还要受到地方党委或社会网络媒体舆论的不当干预或影响，同样也造成出现"未审先判""下审上判"等不良现象。显而易见，这些方方面面的各种因素都会在不同程度上影响或牵制人民法院对审判权的独立行使。正如最高人民法院的沈德咏副院长在谈及预防刑事错案时所言："法律制度是法院和法官的护身符、保护神。如果我们放弃了原则，错案一旦铸成，除了老老实实承担责任，没有谁能够救得了我们。"毕竟，人民法院的审判不仅是刑事诉讼的最后一个诉讼环节，而且还是预防刑事错案的最后一道防线。而刑事错案的发生不但给无辜者造成限制自由、工作丢失和名誉受损、家庭破碎、妻离子散，甚至还会被剥夺生命造成无法挽回的局面，而且还会造成社会的不稳定等。因此，只有人民法院依法独立地行使审判权，才是在审判阶段能够最大限度起到对刑事错案有效预防的保障作用。这也是全面贯彻习近平总书记在2013年中共中央政治局第四次集体学习会议上所强调"要确保审判机关依法独立公正行使审判权","努力让人民群众在每一个司法案件中都感受到公平正义","决不能让不公正的审判伤害群众感情、损害群众利益"的必要要求。

(一) 规范人民法院内部的组织关系

首先，完善主审法官和合议庭的职责。刑事司法权作为一种司法的判断权，那么该判断主体的业务素质、办案水平等对裁判结果的公正就有着直接的影响。[①] 为了实现在刑事审判过程中的司法公正，那么负责案件审判的主审法官就应该由业务能力强、政治素质高、办案经验丰富法官担任。从而使主审法官在对案件审理的过程中，时刻把司法公正作为刑事审判的生命线，不会侵犯被告人的合法权益，能够去伪存真、抽丝剥茧的去查清案件的事实真相，保持审判中立的地位。这不仅能够使刑事案件得到公平、公正的处理，而且还能够保障无辜者不被定罪刑罚，防止刑事错案的发生。最高人民法院在《人民法院第四个五年改革纲要（2014-2018）》中就明确的指出，以法官为主体，明确主审法官和合议庭的办案机制。独任制的审判模式应该以主审法官为中心，给予适当的配备一定数量的辅助审判人员。而合议制审判模式的审判长应该由主审法官担任，同时也应该给配备与工作量相当数量的辅助审判人员。在合议庭对案件进行合议时，各合议庭成员包括审判长之间享有平等的权利。但主审法官还要负责主持庭审、组织合议、控制流程等岗位职责。完善合议庭成员在阅卷、庭审、合议等环节中的共同参与和制约的监督机制。对合议庭各成员之间责任的科学界定，一方面能够对合议庭成员发表自己独立意见给予重大的保障，另一方面加强合议庭成员权力与责任的关系。不仅强化了合议庭的责任，而且还对合议庭成员之间职能和责任进行了明确的划分。也对合议庭成员

---

① 贺小荣. 人民法院四五改革纲要的理论基点、逻辑结构和实现路径 [N]. 人民法院报，2014-07-17.

的交叉阅卷等制度给予了完善，同时还调动了主审法官和合议庭成员对审判工作的主观积极性。其次，规范院长、庭长对案件的职能。通过对主审法官和合议庭职责的完善，促使实现审理者裁判、裁判者负责的审判新模式，是审判权进行优化机制的重点内容。而对审判权的优化还需要进一步的优化院长、庭长对案件权限的职责，强化各个职能之间的监督制约机制，确保独任法官、合议庭中的主审法官及其成员能够依法公正独立的行使审判权。如果院长、庭长需要参与对案件的审判，那么可以让院长、庭长直接担任审判长，行使法律赋予其的审判职能。但是如果院长、庭长并没有参与合议庭对案件进行合议时，那么院长、庭长在最后合议庭对案件裁判就不得提出审判意见。最后，改革审判委员会的审判机制。第一，合理定位审判委员会的职能，强化审判委员会对审判经验的总结、对重大审判工作进行讨论和决定等指导职能。第二，改革审判委员会决定案件的方法。对疑难、复杂等重大案件审判委员会应当聆听对该案件的审判过程，或由审判委员会的成员直接组成合议庭进行审理。为了达到"审"与"判"相结合的目的，审判委员会的成员在对案件进行审理的过程中还应当讯问被告人，促使裁判权实现合理的归位。第三，健全审判委员会讨论事项的先行过滤机制，规范审判委员会讨论案件的范围。除了法律规定讨论案件的范围情形之外，审判委员会应该对案件的法律适用问题进行讨论。第四，执行审判委员会议事制度和记录的签名确认制度。第五，完善审判委员会对决议事项的督办、回复、公示制度。第六，建立对审判委员会委员进行考评的评估机制。

（二）改善党对人民法院工作的领导

人民法院的工作必须坚持和接受党的领导。通过对系列党委政法委参与干涉对人民法院对具体案件的审判而造成的刑事错案分析可知，改善党对人民法院工作的领导最关键的问题是两个方面即如何领导和怎样领导。我们认为，人民法院必须坚持党对司法工作领导的特殊性，而党对人民法院的领导应该主要包括党在政治、组织和思想方面的领导，而不是具体介入对审判程序进行干涉或对人民法院依法独立行使审判权进行干涉。中共中央在第十八届四次会议上就明确地提出："政法委员会是党委领导政法工作的组织形式，必须长期坚持。各级党委政法委员会要把工作着力点放在把握政治方向、协调各方职能、统筹政法工作、建设政法队伍、督促依法履职、创造公正司法环境上，带头依法办事，保障宪法法律正确统一实施。"为了更进一步的确保人民法院依法独立行使审判权，在党的十八届四中全会关于依法治国的决定中也明确地提出："各级党政机关和领导干部要支持法院、检察院依法独立公正行使职权。建立领导干部干预司法活动、插手具体案件处理的记录，通报和责任追究制度。任何的党政机关和领导干部都不能让司法机关做违反法定职责、有碍司法公正的事情，任何司法机关都不得执行党政机关和领导干部违法干预司法活动的要求。对于干预司法机关办案的，予以党纪政纪处分；造成冤假错案或者其他严重后果的，依法追究其刑事责任。"在人民法院对刑事案件进行审判的实践中，如果遇到疑难、复杂或者其他重大案件存在认定不一致的情况下，往往会求助于政法委给予协调和讨论决定，而政法委通过介入和干预具体刑事案件的诉讼程序并不是正确科学的领导。这样的审判模式必然会致使出现"审者不判、判者不审"的不良结果，造成刑事司法的不公正，从而可能会导致刑事错案的不断出现。如佘祥林案件、赵作海案件、李化伟案件等刑事错案都存在政法委不当的干预现象，甚至在李杰等四人刑事错案中，当时宜宾市政法委就明确要求法院必须对被告人判处有罪，还把该案的辩护人直接叫到政法委，不但对该辩护律师进行严厉的批评，而且还不让对李杰等四人作无罪的辩护，最后，该辩护律师无奈也只好作了有罪罪轻的辩护。① 因此，为了促使人民法院能够依法公正独立行使审判权，防止刑事错案的发生，就应该改善党对人民法院工作的领导，摒弃各级政法委介入和干涉人民法院对案件审判的不当行为。

---

① 樊崇义. 底线：刑事错案防范标准 [M]. 北京：中国政法大学出版社，2015：78-81.

（三） 正确对待和规范社会舆论

社会舆论也是对人民法院工作进行监督的一种重要途径，这就必然的要求人民法院在工作的过程中应该积极地听取社会舆论意见。然而，任何事物都存在两面性，社会舆论也概莫能外。如果社会舆论对个案的采访和报道是基于案情的基本事实，没有夸大或扭曲等不良报道，并且对案情的报道持有客观中立的态度，那么这种社会舆论就是积极向上的。不仅促使人民法院在审判的过程中能够秉公执法，起到避免枉法裁判和促进司法公正的作用，而且还能够使社会舆论成为预防刑事错案发生的重要社会渠道。如果社会舆论不顾案情的事实情况，为了能够吸引眼球或者被关注，而故意捏造案件事实、胡乱猜测、乱下结论等扭曲的不真实报道，使社会群众被严重的误导致使社会舆论中出现"杀一儆百""不杀不足以平民愤"等对被告人严重不利的民意。严重地影响了人民法院依法对审判权的独立行使，甚至还造成舆论"审判"，导致人民法院的审判权被社会舆论所"绑架"。因此，我们应该正确地对待社会舆论与人民法院工作之间的关系，规范社会舆论对人民法院工作监督作用，促使社会舆论成为保障人民法院依法独立行使审判权和实现司法公正的重要渠道。

为了加强对刑事错案的预防，在强调社会舆论自我约束的同时，也应该对社会网络媒体舆论对刑事案件的介入做出适当的限制。一方面促使社会舆论的报道能够向积极正确的方向发展，另一方面能够更加有效的加强对人民法院司法工作的社会监督。首先，社会舆论应该强化自我约束，通过约束或规范行业行为而尊重和维护人民法院的独立审判权。虽然已经有诸如《中国广播电视编辑记者职业道德准则》，但仍然还没有形成全面系统的规范体系，更没有被提升到国家法律层面进行规范，建议应该制定专门的法律从立法的角度给予规制。其次，适度限制社会媒体舆论对刑事案件的介入。例如，对社会媒体在介入刑事案件的时间限制方面，原则应该规定在案件被人民法院依法审判之后，如果确有介入必要的，那么社会媒体在对案件进行报道中必须应该基于案件事实，不能随意地对案情进行夸大、捏造、虚构等不真实的报道，报道的内容应该持有客观中立的态度。更不能在对案情的评论中带有煽动性、偏向性以及偏激等不稳定情绪如"不杀不足以平民愤""杀一儆百"等。对于涉及国家秘密、个人隐私、商业秘密等不公开审理的案件，原则上社会媒体不得进行报道。最后，人民法院在对待社会舆论的态度上应该坚持持有正确的立场。不能为了迎合或维稳等原因而被舆论"审判"。尤其是在面对强烈的社会舆论或民意的时候，更要坚持客观冷静的对待。不能为了平民愤等因素，做出错误的判决。人民法院也可以通过宣传法律法规、给予解释，动之以情、晓之以法。总之，人民法院在审判的过程中必须坚持"以事实为根据，以法律为准绳"的法律规定，不能被社会舆论所"绑架"，保障人民法院能够对案件依法独立地行使审判权。

四、保障刑事辩护充分发挥作用

长期以来，由于我国刑事辩护律师存在参与刑事诉讼的效率低、辩护水平参差不齐、律师辩护质量不高等各方面原因的影响或制约，造成我国律师辩护制度发展比较缓慢，使其律师辩护的作用难以全面发挥。十八届三中全会就明确指出："完善律师执业权利保障机制和发挥律师在依法维护公民和法人合法权益方面的重要作用。"随后，中央政法委在《关于切实防止冤假错案的指导意见》中就做出重要强调，在刑事诉讼的过程中，侦查机关、检察机关、审判机关应该对辩护律师的辩护权给予必要的保障，保障其充分行使会见权、阅卷权等基本的诉讼权利。在刑事诉讼的不同阶段，对于犯罪嫌疑人、被告人或辩护律师提出的辩护意见和有关的证据材料。侦查机关、检察机关、审判机关对其进行全面的审查，对于是否采纳应该做出合理的解释，并且记入有关的刑事诉讼文书中。新《刑事诉讼法》赋予了律师在刑事诉讼侦查阶段辩护人的法律身份，提高了律师在侦查阶段对犯罪嫌疑人进行会见的权利保障。还规定在对犯罪嫌疑人提请审查批捕、侦查机关对案件的侦查终结时，对于辩护律师提出的辩护意见，侦查机关和审查批捕部门都应当听取辩护律师的辩护意见，而且还应该将辩护律师的辩护意见记录在具体的诉讼文书中。在案件被移送到检察机关进行审查起诉时，审查起诉部门不但应当对犯罪嫌疑人进行讯问，而且还对辩护律师提起的辩护意见，也应当给予听取。特别是涉及死刑案件的时候，依据新《刑事诉讼法》的规定，当最高人民法院在对死刑案件进行复核审查时，应当讯问被告人。如果辩护律师提出对被告人辩护意见的，也应当听取辩护律师的辩护意见，确保律师的辩护作用得到全面的发挥。2013 年，中央政法委在《关于切实防止冤假错案的规定》第九条就明确的规定："人民法院、人民检察院、公安机关在侦查终结、审查起诉、死刑复核等环节，应当听取辩护律师的意见。对于被告人及其辩护人提出的辩解辩护意见和提交的证据材料，人民法院应当认真审查，并在裁判文书中说明采纳与否的理由。"因此，刑事诉讼中辩护制度的不断完善，尤其是辩护律师能够提起介入到侦查阶段，不但能使侦查机关搜集有罪无罪的证据、罪轻罪重的证据和对侦查机关的侦查为能够起到"监督"的作用，而且还使辩护律师的诉讼权利得到进一步的完善，解决了会见难、阅卷难等问题。①

纵观古今中外，刑事诉讼制度发展的历史，就是被追诉人的辩护权不断扩充的历史。辩护制度是刑事诉讼中的一项非常重要的诉讼制度，辩护权是犯罪嫌疑人、被告人在刑事诉讼过程中所享有的基本诉讼权利。由于犯罪嫌疑人、被告人在刑事诉讼中因被采取逮捕等强制措施使其被限制了人身自由，且犯罪嫌疑人、被告人又没有专业的法律知识和诉讼经验，造成犯罪嫌疑人、被告人难以能够及时有效的自我辩护。于是，由具有专业法律知识和丰富诉讼经验的律师为其进行帮助辩护，就能够有效的弥补犯罪嫌疑人、被告人自我辩护的不足。所以，"认真负责、积极热心的辩护律师是自由的最后堡垒，是抵抗气势汹汹的政府欺负他的民众的最后一道防线。辩护律师的任务正是对政府的行为进行监督和挑战，要这些权势在握的尊者对无权无势的小民百姓做出格行动之前三思而后行，想想可能引

---

① 孙国祥 . 刑事辩护制度与错案预防 [J]. 人民检察，2006（18）：7-8.

起的法律后果，去呼吁、去保护那些孤立无援无权无势的民众的正当权利。"① 然而，经过对近年来数起刑事错案的分析来看，虽然几乎每起刑事错案中都有辩护律师的参与，但是从最后法院的判决结果来看，辩护律师为犯罪嫌疑人、被告人进行的辩护效果具有严重的局限性，主要包括辩护律师没有能够提出有效地辩护意见、无罪的辩护意见没有得到司法机关的重视或采纳等。因此，为了能够全面有效地对刑事错案给予预防，那么充分保障刑事辩护的行使就是其必然的选择。

（一）保障侦查阶段辩护律师的介入

我国新《刑事诉讼法》明确了律师在侦查阶段中具有辩护人的身份，律师在侦查阶段的辩护权有了适度的扩大。规定在人民检察院批捕审查的时候，可以听取辩护律师对犯罪嫌疑人进行辩护的意见。如果辩护律师属于主动提出要求的，那么在批捕审查的过程中就应当听取辩护律师的辩护意见。在侦查阶段中，如果存在辩护律师也主动对犯罪嫌疑人提出辩护意见的情况，那么按照《刑事诉讼法》的法律规定侦查机关不仅需要听取辩护律师的辩护意见，而且还需要将该辩护意见的书面材料进行附卷。为了保障辩护律师在侦查阶段能够充分发挥对犯罪嫌疑人进行实质性的辩护效果。我们认为，还应该从两个方面加强对辩护律师的辩护给予有效的保障：一方面，明确辩护律师在侦查阶段享有调查取证权。虽然从法律体系解释的方法能够得出辩护律师在侦查阶段具有调查取证权，如新《刑事诉讼法》第四十二条规定："辩护人收集的有关犯罪嫌疑人不在犯罪现场、未达到刑事责任年龄、属于依法不负刑事责任的精神病人的证据，应当及时告知公安机关、人民检察院。"显而易见，如果辩护律师在侦查阶段不具有调查取证权，那么辩护律师就不可能收集到这三种证据还去告知公安机关、人民检察院。但是由于新《刑事诉讼法》对辩护律师在侦查阶段是否具有调查取证权的规定又是模棱两可，致使侦查机关对此持有否定的态

---

① ［美］艾伦·德肖微茨. 最好的辩护［M］. 唐交东，译. 北京：法律出版社，1997：482.

度。因此，我国的《刑事诉讼法》应该明确辩护律师在侦查阶段具有调查取证权。另一方面，确立讯问时律师的在场权。在侦查阶段确立讯问时律师的在场权，不仅能够防止侦查机关在讯问的过程中对犯罪嫌疑人采取刑讯逼供等非法的取证行为，而且还能够保障犯罪嫌疑人的合法权益不受非法侵害。但是，由于考虑到侦查程序中部分保密的需要，可以确立具有限制性的讯问时律师的在场权，从而避免辩护律师的介入给侦查机关侦破案件带来不必要的困难。所以，侦查机关在对犯罪嫌疑人进行讯问的过程中，为了加强对讯问过程合法性的监督，建议确立限制性的讯问时律师在场权，即"听不见但看得见"的律师在场权。

（二）保障辩护律师的自行调查取证权和申请调取证据的权利

在刑事诉讼的过程中，应该引入我国《律师法》中对辩护律师关于自行调查取证的规定。辩护律师在刑事诉讼中可以凭律师执业证书和律师事务所的证明，可以向有关的单位或者个人调查与案件有关的证据材料。如果是属于不需要特别强调律师的调查取证的情况，那么只要对方同意和许可即可以进行调查取证，从而减少律师在自行调查取证过程中的障碍。对于辩护律师依法向人民检察院、人民法院申请调查取证的时候，如果人民检察院、人民法院出现随意地对辩护律师提出的申请调取证据的权利进行随意决绝，建议应当对人民检察院、人民法院采取程序性的制裁。辩护律师在向人民检察院、人民法院申请调取证据之后，如果人民检察院、人民法院存在消极怠慢而致使证据被损坏或者毁灭的，人民法院在审理的过程中对该证据应该做出对被告人有利的判断。在刑事诉讼的过程中还应该进一步赋予犯罪嫌疑人、被告人、辩护律师等具有申请证据保全的基本权利。众所周知，侦查阶段是对案件中证据收集的最为重要的阶段，但随着自然条件的变化、时间的推移等主客观的因素都会造成证据出现毁损、丢失、毁灭等情况，而且还会随着证据附着客体等形状的变化也会影响证据的证明效力。因此，在刑事诉讼中应该赋予犯罪嫌疑人、被告人、辩护律师等辩护方具有申请对证据保全的基本权利。如在侦查阶段或起诉审查阶段，犯罪嫌疑人及其辩护律师可以向人民检察院申请有利于犯罪嫌疑人证据的保全。一般情况下，检察机关对于犯罪嫌疑人、辩护律师提出对有关证据保全的申请应该予以受理，除非确实没有必要或者犯罪嫌疑人及辩护律师具有明显拖延诉讼的行为。检察机关还应当把犯罪嫌疑人及辩护律师所申请证据保全的执行情况对申请者给予及时的通知，在必要的情况下还可以通知犯罪嫌疑人及辩护律师到场进行现场对有关证据进行保全。最后，保障辩护律师阅卷的全面性。对于辩护律师依法向检察机关提出阅卷之后，检察机关应该就已收集到对犯罪嫌疑人涉嫌有罪、无罪或罪重、罪轻的证据全面地提供给辩护律师进行查阅，而不是可以隐藏对犯罪嫌疑人不利的证据仅给辩护律师提供有利于犯罪嫌疑人的证据，或者对案件中的关键性证据给予隐藏。即使是部分证据属于侦查机关补充侦查后获取的证据，也应该允许辩护律师对其进行阅卷，从而保障辩护律师阅卷的全面性。

（三）保障辩护律师意见的听取和采纳

如果侦查机关、检察机关、审判机关在刑事诉讼的过程中能够及时有效全面地听取和采纳辩护律师所提出的辩护意见，那么就能够起到避免刑事错案的发生和实现司法公正的双重效果。首先，侦查机关应该树立正确的办案观念，摒弃"重打击、轻辩护"的错误思想，重新正确认识辩护律师在侦查阶段中的重要作用。不仅要保障辩护律师充分地行使辩护权，而且还需要能够及时地听取和采纳辩护律师正确合理的辩护意见。其次，批捕起诉审查的时候检察机关也应该对辩护律师正确合理的意见予以提取和采纳。如果是属于辩护律师主动提出要求的，检察机关按照新《刑事诉讼法》的规定就应当提取辩护律师的辩护意见。在审判的过程中还应保障辩护律师能够充分行使发表辩护意见的基本权利，审判人员不能刻意或随便的阻止辩护律师进行辩护发言。对于辩护律师所提的辩护意见审判机关是否采纳，均应在判决书中予以说明。特别是不予采纳辩护律师所提的辩护意见情况，审判机关更是应该在判决书中说明其不予采纳的具体理由。而且还应该确保辩护律师在死刑复核程序中参与的阅卷权和会见权等基本的诉讼权利。最后，保障辩护律师对非法证据排除的申请权利。如果辩护律师在向检察机关或审判机关提出对非法证据进行排除的申请，那么检察机关或审判机关应该进行及时地调查和处理。经查证的确属于非法证据的就必须进行排除，使其不能成为对案件定案的依据。必要的时候，检察机关或审判机关依职权应该主动地对可能属于刑讯逼供等暴力非法获取的证据进行调查，从而弥补辩护律师辩护能力不足的局限性。

五、完善和落实非法证据排除规则

随着赵作海故意杀人案、胥敬祥故意杀人案、李久明故意杀人案等系列刑事错案的不断发生。2010 年，最高人民法院、最高人民检察院、公安部、国家安全部、司法部出台了《关于办理死刑案件审查判断证据若干问题的规定》以及《关于办理刑事案件排除非法证据若干问题的规定》。新《刑事诉讼法》不仅总结以往刑事司法机关在遏制刑讯逼供等非法取证和对非法证据进行排除的做法之上，还成功的吸收了 2010 年公布的《关于办理死刑案件审查判断证据若干问题的规定》《关于办理刑事案件排除非法证据若干问题的规定》的主要内容，确立了具有我国特色的非法证据排除规则体系。

新《刑事诉讼法》被修订后，对刑事诉讼中的证据制度给予了比较全面的调整，使对非法证据的排除规则从司法解释提升为法律规范方面的层面，促使非法证据排除规则被确立为我国刑事诉讼程序的重要原则之一。① 首先，明确了非法言辞证据的排除范围。依据《刑事诉讼法》第五十六条的规定，如果司法机关在取证的过程中，对犯罪嫌疑人、被告人、有关的证人采取刑讯逼供等非法的取证行为，那么获取的犯罪嫌疑人、被告人的供述和证人的证言都依法应当被排除，不能够作为案件定案的证据使用。其次，规定了非法证据排除的适用程序阶段。依据《刑事诉讼法》第五十

---

① 吴宪国. 检察机关排除非法证据研究［D］. 长春：吉林大学，2014.

六条第二款的规定，对非法证据排除的阶段并不仅仅是在于法院的审判阶段，而是适用于刑事诉讼程序的侦查、起诉、审判等任何的诉讼阶段。再次，由于非法证据包括非法的言辞证据和非法的实物证据，对于非法的言辞证据，依据《刑事诉讼法》第五十六条的具体规定，对其采取的是绝对性的排除规则即只要发现获取的言辞证据是经过刑讯逼供等暴力非法取证而获得，经查证属实，那么就应当予以排除。然而，对于通过非法取证方法获取的实物证据，则采取的是相对性的排除规则。如果案件中的实物证据是通过非法的取证方法获取，严重地影响到了对案件司法公正的处理，那么就对这些非法的实物证据必须做出补正说明或者合理的解释。否则，该实物的非法证据就应当被排除。最后，规定了对非法证据进行排除的启动程序。依据《刑事诉讼法》第五十七条、第五十八条、第五十九条的规定，非法证据排除的启动程序主要包括两个方面：第一，法院依职权启动的非法证据排除程序；第二，犯罪嫌疑人、被告人、辩护律师所申请启动的对非法证据排除的程序。如果犯罪嫌疑人、被告人、辩护律师所申请提出启动对非法证据的排除程序，那么还需要进一步提供有关的证据或线索如讯问人员的名字、时间、地点、伤情鉴定等有关的情况。因此，随着证据规则制度的逐步健全和完善，不但对遏制刑讯逼供起到重要的作用，而且对刑事错案从证据规则的角度预防具有重要的保障意义。

虽然我国新《刑事诉讼法》的第五十六条规定："采用刑讯逼供等非法方法收集的犯罪嫌疑人、被告人供述和采用暴力、威胁等非法方法收集的证人证言、被害人陈述，应当予以排除。收集物证、书证不符合法定程序，可能严重影响司法公正的，应当予以补正或者做出合理解释；不能补正或者做出合理解释的，对该证据应当予以排除。在侦查、审查起诉、审判时发现有应当排除的证据的，应当依法予以排除，不得作为起诉意见、起诉决定和判决的依据。"但是，从杜培武案件、赵作海案件、佘祥林案件以及刘久明案件等系列的刑事错案来看，导致刑事错案发生的一个非常重要的原因就是在侦查阶段存在刑讯逼供等非法的取证现象。诚如陈兴良教授所言："在每一起刑事错案的背后，基本上都有刑讯逼供的黑影。"例如，在刘久明刑事错案中，在侦查阶段，犯罪嫌疑人刘久明不但遭受了不让睡觉、警棍电击、拳打脚踢等行为，而且更是对刘久明采取灌辣椒水、矿泉水、芥末油以及被打火机烧等刑讯逼供非法行为，并且刑讯逼供的时间还长达数十日。辩护律师要求会见犯罪嫌疑人刘久明，侦查机关以需要领导签字等理由处处被推迟阻碍。尽管最后辩护律师终于能够会见犯罪嫌疑人刘久明了，但是现场仍然有两名侦查人员在场，还不断地施压不让刘久明乱说话。侦查机关后来居然还出了一份"我分局在侦破、审理刘久明故意杀人、私藏枪支一案的过程中，严格按照法律程序讯问犯罪嫌疑人和询问证人，无违法行为"的说明，致使法院最后对被告人刘久明判处死刑缓期两年执行的有罪判决。因此，如果在侦查的过程中存在刑讯逼供等非法的取证行为，而在批捕起诉审查和审判的过程中没有对其查明并且进行非法证据的排除，那么刑事错案的出现也就在所难免了。

（一）侦查阶段对非法证据的排除

依据我国《刑事诉讼法》第五十六条的规定可知，在侦查机关办案的活动中，侦查机关不仅具有收集涉嫌犯罪的证据、查清案件的基本事实以及抓捕犯罪嫌疑人归案等诉讼任务，而且还具有对非法证据予以排除的责任。而在侦查阶段对非法证据进行排除主要是从两个方面进行：第一，侦查机关对非法证据的排除。虽然依据《刑事诉讼法》的规定，侦查机关在侦查阶段有对非法证据进行排除的权力，但是对侦查机关如何进行具体的对非法证据进行排除却没有给予有关的规定和说明。我们认为，如果在侦查的过程中存在刑讯逼供等非法的取证行为，侦查机关可以从两个方面进行自我审查和排除：一方面，犯罪嫌疑人、辩护人等向侦查机关的法制部门提出申诉或者控告的，那么专门对侦查机关取证合法性进行审查的法制部门就应该给予受理，调查在侦查办案的过程中是否存在刑讯逼供等非法取证行为。经查证情况属实的，那么就应该对该证据采取非法证据排除的措施。另一方面，侦查机关在日常的工作中如果发现侦查人员对犯罪嫌疑人有采取刑讯逼供等非法取证行为的，经查证属实的，对该非法取得的证据也应当予以及时的排除。第二，检察机关在批捕审查环节对非法证据的排除。依据《刑事诉讼法》第五十四条的规定和《人民检察院刑事诉讼规则（试行）》第六十六条、七十三条的规定，人民检察院在对批捕审查的过程中也具有对非法证据进行排除的职责。在批捕审查的过程中人民检察院对非法证据排除的启动方式主要有两种方式：第一，依职权对非法证据进行排除的主动性模式。即人民检察院依据法律赋予的职权，在对侦查机关移送报捕的材料和证据进行审查的过程中主动发生存在的非法证据，以职权对其进行排除的。第二，在批捕审查中，如果存在犯罪嫌疑人、辩护律师提出侦查机关在取证的过程中存在刑讯逼供等非法行为进行申诉或控告，人民检察院应该对申诉或控诉的材料进行查证。如果经人民检察院的调查是属于非法证据的应该对其进行排除，不能使其成为对案件进行定案的证据使用。

（二）起诉审查阶段对非法证据的排除

依据《刑事诉讼法》第五十六条、第一百七十一条、第一百七十三条的规定，检察机关可以通过对侦查机关侦查终结后移送起诉的材料和证据进行审查以及犯罪嫌疑人、辩护律师所提出在侦查阶段存在非法取证行为的控诉等方式对非法获取证据的发现。经检察机关全面地对涉嫌犯罪嫌疑人有罪、无罪或罪重、罪轻等证据审查之后，如果审查后证实确实存在侦查机关是通过非法的取证方式而获取的证据，那么对于该非法获取的证据应该进行排除，不能当作检察机关提起公诉的证据使用。然而，往往在刑事诉讼的实践中，侦查机关对犯罪嫌疑人的讯问大部分都是经过数次，固然每一次对犯罪嫌疑人的讯问都制作讯问笔录，可有的讯问是在侦查机关的办公场所进行，有的是在公安机关的看守所内进行等，形成很多的重复性供述。所以，对于这些犯罪嫌疑人的供述应该辩证区别的对待。如果犯罪嫌疑人的供述是属于在被侦查机关采用刑讯逼供等非法取证行为之前而自愿作的，那么该犯罪嫌疑人的供述就可以当作证据使用。如果犯罪嫌疑人的有罪供述是在侦查机关采用刑讯逼供等非法取证行为之后进行的，即使是犯罪嫌疑人的自愿供述。我们认为，也应该对其当作非法证据予以排除。毕竟，犯罪嫌疑人在被侦查机关刑讯逼供等非法行为之后，在其内心曾经的刑讯逼供等暴力行为已经形成了一定的威慑作用，造成使其潜意识的因害怕而做有罪供述的思维倾向，很难保证其供述的真实性和自愿性。

（三）审判阶段对非法证据的排除

审判阶段对非法证据的排除不仅是最为正式的也是最为重要的，因为非法证据在审判阶段是否予以排除关系着对被告人判决的定罪量刑有着直接性的影响。[①] 根据《刑事诉讼法》的有关规定，审判阶段对非法证据的排除程序可以被划分为启动程序、调查程序、裁决程序三个方面。第一，启动程序。依据《刑事诉讼法》的规定，审判阶段对非法证据排除的启动有两种方式。一是人民法院在审判的过程中认为可能存在侦查机关刑讯逼供等非法取证行为情形的，依职权主动地对该证据启动获取方法的合法性调查。二是在人民法院审判的过程中，案件中的被告人、辩护律师也可以申请人民法院对侦查机关的刑讯逼供等非法获取的证据予以排除。但以申请被动的启动非法证据排除程序还进一步需要相关的线索或证明材料，如侦查机关在刑讯逼供时侦查人员的姓名、刑讯逼供的时间和地点、被刑讯逼供所伤害的证明以及有关的证人等。虽然我国《刑事诉讼法》是按照给予如此的规定，在一定程度上增加了被告人、辩护律师申请启动对非法证据排除的程序，但是对提出证据获取方法合法性的证明责任却属于控诉方进行举证承担。第二，调查程序。不管是由于人民法院依职权还是被告人、辩护律师所申请提起地对非法证据进行排除的启动方式，人民法院都应该对有关证据是否属于通过侦查机关刑讯逼供等非法取证方式获取进行调查。而进行审查的方式主要包括：审查讯问笔录和讯问时的全程录音录像、证人证言和证人的出庭情况、侦查机关对证据合法性的证明材料、法医的鉴定意见以及被告人被羁押在看守所内的有关证明材料如体检报告、

---

① 胡锡庆.司法制度热点问题探索［M］.北京：中国法制出版社，2002：67.

有无超期羁押、被告人向驻所检察所提供的控诉材料及照片证明等。第三，裁决程序。从刑事诉讼的司法公正和司法效率的角度分析，人民法院在审判的过程中就对非法证据排除问题做出专门的单独裁决。因为人民法院不管是做出"裁定"还是"决定"，都有可能会涉及对非法证据排除的救济问题。这就会必然的造成刑事司法资源的损耗，不但会致使一审法院对审判期限的延长，而且还会给二审法院增加大量的审判负担，甚至还会引起被害人情绪的不满致使被害人及其亲属不断的上访或控告，同时也会引起对非法证据不断申请排除的恶性循环。因此，人民法院对依职权或辩护方所申请的对非法证据排除的裁决，应当在对被告人的判决书中给予是否排除的结果说明，如果人民法院经调查不予排除，更应该在判决书中给出充分的论证理由。

六、强化对侦查活动监督

我国《刑事诉讼法》第七条规定："人民法院、人民检察院和公安机关进行刑事诉讼，应当分工负责，互相配合，互相制约，以保证准确有效地执行法律。"可知，在刑事诉讼实践中，公检法三机关的关系应该是"分工负责、互相配合、互相制约"。然而，在刑事诉讼办案的实践中，由于侦查机关和检察机关在各自办理刑事案件的过程中具有一定交叉的利益关系，造成侦查机关和检察机关之间的关系比较侧重于互相配合而弱化于互相制约的诉讼关系。例如，检察机关在办理自侦案件需要对犯罪嫌疑人采取拘留、逮捕，根据《刑事诉讼法》的规定，还必须由侦查机关执行，即使需要对职务犯罪案件中的犯罪嫌疑人进行通缉，也还是需要公安机关去发布通缉令。甚至是检察机关对犯罪嫌疑人采取的技术侦查、监视居住等强制措施仍然要交付给侦查机关负责执行。所以，检察机关在办理自侦案件的过程中存在一定程度上依靠公安机关的合作帮助。[①] 但是，这种合作帮助往往需要检察机关在对侦查机关进行侦查监督时给予"弹性"的等

---

① 刘志伟. 检察环节刑事错案现象的成因分析 [J]. 人民检察，2006（18）：13-16.

价操作。比如，对于侦查机关应当立案的而没有被立案，检察机关也基本上是以口头监督来代替检察机关书面的纠正通知书，或者侦查机关的办案的过程中有以捕代侦的需要，检察机关也会尽量地"配合"，只要侦查机关向检察机关提起逮捕的申请，检察机关也往往会给予一定的"照顾"。可见，侦查机关和检察机关在刑事诉讼过程中的关系更是比较的倾向于"互相配合"的诉讼关系。然而，侦查机关和检察机关这种"互相配合"的内在默契，可能会严重地影响到检察机关的批捕起诉审查、非法证据的排除以及对侦查活动的依法监督。例如，检察机关在对案件进行审查起诉时如果发现存在瑕疵证据，只要经过侦查机关的补正说明，那么检察机关基本都会"照单全收"。有时检察机关还会在对侦查机关的补充侦查中进一步的说明对瑕疵证据需要补正的具体方法。即使是存在非法证据，检察机关也不会直接予以排除，而是及时的与侦查机关提前进行沟通说明要求其重新取证或者当作瑕疵证据处理，只要经过侦查机关的补正或合理的说明，那么该非法证据就从瑕疵证据转化为合法的证据。显而易见，正是检察机关和侦查机关在刑事诉讼办案的过程中过于的互相配合而缺乏有效的互相制约，致使检察机关对侦查机关的侦查监督和对非法证据排除的规则被合理的"架空"。而我国《宪法》《刑事诉讼法》赋予检察机关的法律监督权力，就是希望通过检察机关在批捕起诉审查时对侦查活动是否存在违法情况进行依法监督，从而来遏制刑讯逼供、暴力取证等非法的取证行为及侦查机关滥用强制措施而侵害犯罪嫌疑人的合法权益，期待通过"程序控制"来实现在侦查办案的过程中对犯罪嫌疑人合法权益的有效保障。可是结果却是检察机关与侦查机关侧重于互相配合，而导致出现检察机关对侦查机关监督不力的局面。其次，在以"侦查中心"为主的刑事诉讼模式下，检察机关和审判机关对案件的审查判断主要是以侦查机关的"案卷"为中心，侦查机关在案件侦查终结后制定的案卷不仅是检察机关提起公诉的主要证据，而且还是审判机关对被告人做出判决的主要依据。① 在

---

① 郭松．透视"以侦查案卷为中心的审查起诉"［J］．法学论坛，2010（4）：137-143.

侦查机关的案卷中，大部分的证据往往都会以笔录的形式而存在，于是检察机关和审判机关对案件证据的审查判断也就是对各种笔录的审查如讯问笔录、询问笔录、勘验笔录、辨认笔录、搜查笔录、侦查实验笔录等。在刑事诉讼的实践中，检察机关的起诉书也是侦查机关的起诉意见书的基础上进行修改而成的，而审判机关也基本是在对检察机关起诉书的内容进行适当的修改后，就作为对案件事实认定和对被告人进行定罪量刑审查认定判决书。因此，在这种以"侦查为中心"的流水式诉讼模式下，很容易使检察机关成为侦查机关的附庸，造成刑事诉讼中对案件质量的把关很难得到有效的保障，也是司法公正也很难能够得到实现。①

综上所述，鉴于目前我国侦查机关对侦查活动的监督存在诸如监督不力、刚性不足、事后监督以及书面监督等问题，造成检察机关在对案件进行批捕起诉审查的环节中出现对证据的把关不严、瑕疵或非法证据的发现不足等过滤功能不足的不良现象，难免造成了系列刑事错案的发生。因此，为了促进侦查程序的合法公正和全面发挥检察机关对侦查活动的制约作用，从而达到对刑事错案预防的目的效果，就应该强化对侦查活动的监督作用。

立案侦查是我国刑事诉讼程序的开始和起点，而导致刑事错案不断发生的主要原因也往往被集中于侦查阶段。② 从对赵作海案件、张高平、张辉叔侄案件、杜培武案件、胥敬祥案件等刑事错案的曝光来看，在侦查阶段导致刑事错案发生的主要原因包括：刑讯逼供等暴力非法取证行为、消极收集片面的证据、隐藏或伪造证据、取证方法不规范、不仔细等现象。而在侦查阶段所获取的案件证据，不仅是检察机关批捕审查和起诉审查的主要依据，而且还是人民法院对案件进行事实认定和适用法律的重要根据。因此，强化对侦查活动的监督是检察机关通过侦查监督进行预防刑事错案的重要途径。首先，建立对侦查监督的有效信息渠道。侦查过程的秘密性和封闭性，使检察机关对侦查活动掌握的情况存在信息不对等、监督

---

① 陈爱蓓. 刑事裁判中的事实误认 [M]. 北京：知识产权出版社，2008：93.

② 刘权. 同一认定视角下侦查错案的成因与防范对策 [J]. 上海公安高等专科学校学报，2012（4）：40-45.

滞后以及监督途径不畅通等负面的现象,严重地阻碍了检察机关对侦查活动进行监督的效果。所以,为了使检察机关能够及时有效全面地对侦查活动展开侦查监督,首要任务就是建立检察机关对侦查监督有效的信息渠道。例如,部分省级人民检察院和省公安厅就通过建立侦查机关对立案案件的信息同步对检察机关的侦查监督部门进行立案报备制度实现对立案侦查的同步监督,也有部分地方采取检察机关在侦查机关设立检察室,还有采取检察机关对侦查机关在侦破杀人、强奸等严重刑事案件时采取公诉引导侦查的机制,实现对侦查活动的同步监督等。而这些实践中的有益做法,都是检察机关对侦查活动进行强化监督的有益做法。虽然缺乏我国《刑事诉讼法》的支持,但是从对尊重和保障犯罪嫌疑人合法权益的角度而言,部分有益的尝试已经得到最高人民检察院和公安部等中央部门的认可。其次,加强对侦查程序违法的监督。2012 年我国《刑事诉讼法》首次确立检察机关对司法机关及其司法人员在刑事诉讼中的违法行为予以调查、核实和纠正的权力,而且还对侦查机关采取对犯罪嫌疑人人身、财产等的侦查措施是否合法进行监督。如果侦查机关在扣押、查封、冻结犯罪嫌疑人财产的过程中存在违法的现象,那么检察机关应该及时地予以查证和纠正,严重的还要进一步追究侦查人员的法律责任。再次,建立检察机关对非法证据进行排除的工作机制。从检察机关对侦查监督的以往实践分析,侦查机关在侦办案件的过程中为了能够获取犯罪嫌疑人有罪供述而采取刑讯逼供等暴力非法取证的做法并没有完全的引起检察机关的重视和监督,① 甚至还出现检察机关故意包庇侦查机关刑讯逼供等现象,最终造成无辜者被蒙冤入狱的刑事错案发生。而在 2012 年《刑事诉讼法》中对非法证据排除的规则进行了明确的规定,赋予了检察机关在侦查监督的过程中具有对非法证据进行排除的职权。检察机关对侦查活动中非法证据排除的监督主要存在认识不全面、监督缺乏等问题,主要原因在于:一方面,由于受到批捕起诉审查诉讼时间的限制,造成检察机关没有大量的时间对

---

① 秦学俭.检察人员的证据意识与刑事错案的预防 [J].中国检察官,2010 (14):64-66.

批捕起诉中的证据材料进行逐一的审查和判断；另一方面，虽然我国在2012 年《刑事诉讼法》中确立了较为完整的非法证据排除规则，但是仍然存在部分规定的不足，如非法证据排除中对物证规定的模糊性、瑕疵证据的转化以及补正等没有详细的规定，致使对非法证据的排除还存在很大的自由裁量权。① 如在实践中，即使被证实属于非法证据，但检察机关往往把非法证据视为瑕疵证据，那么只要改瑕疵证据经过补正等就可以当作合法证据适用等。而造成这些现象的主要原因在于检察机关还没有充分的对尊重和保障犯罪嫌疑人合法权益具有根本性的认识和全面正确的对非法证据排除的功能和价值进行理解。最后，树立科学的检察观念。检察机关对侦查活动的监督，不仅能够促使侦查机关在侦查办案的过程中严格依法办案，体现刑事司法的实体公正和程序公正，实现国家打击和惩罚犯罪的目的。而且还能够保障犯罪嫌疑人的合法权益不受非法的侵害，保障无辜者不受刑事追究，实现国家尊重和保障人权的刑事诉讼任务。因此，检察机关在对侦查活动进行监督的过程中，应该主动积极依法启动非法证据排除程序，经查证属于我国《刑事诉讼法》中所规定的非法证据，就坚持予以排除，还应当对侦查机关及侦查人员及时地提出纠正意见，情节严重构成犯罪的，应当移送有关部门进行立案审查。

第三节 运行机制方面的完善

一、摒弃"限期破案"不科学机制

侦查是一种具有博弈的"活力对抗"活动，而这种博弈性是由侦查活动中侦查人员和犯罪嫌疑人之间所表现的侦查与反侦查、犯罪与反犯罪的

---

① 吴宏耀. 非法证据排除的规则与实效——兼论我国非法证据排除规则的完善进路 [J]. 现代法学，2014（4）：121-130.

性质所决定的，二者属于辩证统一的关系。一方面，就从侦查人员而言，侦查人员的主要任务是依据我国《刑事诉讼法》等法律的规定依法对涉嫌犯罪的案件进行立案侦查，并且查清涉嫌犯罪的案件事实和把犯罪嫌疑人抓捕归案，从而达到保护公民的人身、财产等合法权益和维护国家法律权威的目的。而犯罪嫌疑人则是在侦查活动中，不但要实施犯罪行为和实现其犯罪目的，而且还要想尽一切办法躲避和对抗侦查，其目的就是对犯罪事实进行掩盖和逃避国家司法机关对其进行刑事追究。因此，侦查人员和犯罪嫌疑人在侦查活动中就处于"侦查与反侦查""对抗与反对抗"的局面。而在这种具有博弈性的"活力对抗"中，侦查人员的侦查效率不仅取决于业务能力、办案水平、侦查经验、专业知识等自身的条件，而且还与犯罪嫌疑人的作案水平有着紧密的关系。在同样的前提下，如果犯罪嫌疑人的作案水平很高和反侦查能力很强，那么侦查人员的侦查效率就会出现效率不高甚至还会陷入侦查僵局；而如果犯罪嫌疑人作案水平较低和反侦查能力较差，那么侦查人员的侦查效率不仅高而且还会促使其能够及时地侦破案件。更何况，侦查活动并不像简单的劳动增加。如盖房子，只要建筑劳动人员的劳动量达到一定的时间，那么就会有相应的劳动成果。可见，在侦查与反侦查的"活力对抗"过程中，侦查机关对侦查活动的投入并不与侦查效益成正比例的关系，大量的侦查投入有时候并不会产出有效的侦查成果。如在滕兴善的案件侦破中，当时麻阳县公安局大约有2/3的警力都被投入到对该案的侦查工作之中。然而，侦查机关并没有在"限期破案"的期限内侦破案件，直到八个多月才"破案"。往往在侦查的实践中，侦查机关为了能够及时地打击和震慑违法犯罪分子、增强社会公众的安全感、抚慰被害人及其家属的愤怒情绪等方面的需要，侦查机关总会提出对案件进行"限期破案""命案必破"等侦破机制。这种破案机制的提出对案件的侦破工作具有一定的信心和决心，其成为侦查机关自身对案件侦办的要求和追求是值得肯定。但是"限期破案""命案必破"的提倡却违背了侦查机关对案件进行侦查的基本规律。虽然公安部解释"限期破案""命案必破"仅仅是侦查机关对案件侦查工作的追求和奋斗的目标，并不是必须达到 100% 的命案必破，但是对侦查机关破案的底线却是要求必须达到 85% 以上。① 然而，侦查机关的破案率并不是人为能用数字而规定的，侦查机关的破案率必须遵循侦查活动的基本规律。到目前为止，还没有明确的实证研究证实命案的破案率与侦查资源的投入如侦查机关的人力、物力、时间等具有规律的数据比例。如果存在一定的比例，那么也会因为各个侦查人员的业务素质差异、客观环境的制约、犯罪嫌疑人反侦查行为等主客观因素而出现差异。因此，"限期破案""命案必破"等侦查机制的提出，不仅严重地与侦查的基本规律出现背道而驰的现象，而且还让侦查机关及侦查人员处于一个无所不能的尴尬困境，追究其根本原因在于命案的侦破会受到晋级、奖励和侦查机关存在不合理的绩效考核指标有关。如果发生的命案没有被成功地侦破，迫使其成为"挂案"，那么在侦查机关的年终考核的时候就会因此被"一票否决"。

例如，在湖北的佘祥林故意杀人案件中，当时的侦查人员就曾言："上面一次次地要求发回重新审查，而张在玉的家属也总是到县里面上访闹腾，实在是上下两头逼迫，我们也没有办法，只能希望案子早日了结，上级领导还要求必须'命案必破'，我们的压力真的是难以想象……。"虽然这是部分侦查人员在侦办案件过程中存在无奈的内外表达，但也却实实在在的反映了侦查人员面对案件侦破时压在自身的重大破案压力。正如学者所言："各种不当或过分的破案压力基本都是导致刑事错案发生的元凶"，"久而久之，这些强大的破案压力就会为刑讯逼供、暴力取证等非法取证行为发生提供必然的催化剂"② 因此，"限期破案"等侦查机制在侦查实践中做法的不科学，使侦查人员片面的为了追求对案件的侦破速度，而忽略了对案件的质量把关和对司法公正的要求。进而为了获取犯罪嫌疑人有罪的供述而不惜采取一切手段"撬开犯罪嫌疑人的嘴"，视犯罪嫌疑人为罪犯，最终酿造了刑事错案的发生。

---

① 陈光中，汪建成，张卫平. 诉讼法理论与实践：司法理念与三大诉讼法修改 [M]. 北京：北京大学出版社，2006：59.

② 刘品新. 破案压力：制造错案的元凶 [N]. 检察日报，2005-06-01.

公安部在《关于进一步加强和改进刑事执法办案工作切实防止发生冤假错案的通知》中就明确地要求：各级的公安机关在办理刑事案件的过程中，应该对侦查人员起到积极的引导作用。不仅需要引导侦查人员多办刑事案件的作用，而且还要引导侦查人员对每起刑事案件都要办好的作用。在侦查人员办案的过程中，公安机关坚决不能给其制定办案指标、限期破案等不符合司法规律的做法，避免侦查人员因为这些不合理的规定而对犯罪嫌疑人采取刑讯逼供等非法的取证行为，防止侦查人员出现办假案、办错误等严重违法行为。中央政法委也在《关于切实防止冤假错案的规定》中重点强调："人民法院、人民检察院、公安机关办理刑事案件，必须以事实为依据，以法律为准绳，不能因舆论炒作、当事人及其亲属上访闹访和'限时破案'、地方'维稳'等压力，做出违反法律规定的裁决和决定"建立健全科学合理、符合司法规律的办案绩效考评制度，不能片面追求破案率、批捕率、起诉率、定罪率等指标。"因此，摒弃"限期破案"的不科学机制是预防刑事错案不断发生的本质要求。这不仅是全面贯彻和执行中央政法委、公安部有关防止刑事错案出现规定的重要措施，而且还是落实我国《宪法》中关于"国家尊重和保障人权"重要的宪法原则。

二、制定合理绩效考核机制

目前，就侦查机关、检察机关、审判机关的绩效考核机制而言，虽然表述的名称不一样，但其绩效考核的主要方式基本上是大同小异，主要是通过量化的方式对侦查人员、检察人员、审判人员的工作绩效进行考核。主要包括对"量""率""错"三个方面的考核，具体而言，"量"的考核包括立案数、破案数、逮捕数、结案数；"率"的考核包括有罪判决率、不起诉率、撤回起诉率、上诉率、二审改判率；"错"的考核包括错误逮捕率、错误起诉率、错误判决率等。[①] 虽然通过这种数据模式的量化考核

---

① 郭松. 组织理性、程序理性与刑事司法绩效考评制度 [J]. 政法论坛, 2013 (4)：69-80.

也确实能够在某种程度上反映侦查人员、检察人员、审判人员对刑事司法工作的态度和业务能力，还能在一定程度上实现打击与惩罚犯罪的刑事诉讼目的。但是，也不得不承认，这些通过"量""率""错"数据的考核机制，并没有对刑事诉讼运行的基本规律加以慎重的考虑。第一，刑事诉讼的投入并不是以"产出"为导向的诉讼结果，刑事诉讼不仅需要实现打击和惩罚犯罪的目的，而且还需要实现尊重和保障人权的任务，刑事诉讼任务的双重属性是无法通过具体的数据量化而实现的；第二，在刑事诉讼的过程中，依据我国《刑事诉讼法》的规定，侦查机关、检察机关、审判机关在各自办案的实践中均需要部分的自由裁量权，从而实现刑事案件能够及时有效的被分流处理。而刑事司法机关的这种自由裁量权也不是能够用量化的方式可以衡量的；第三，侦查机关、检察机关、审判机关在刑事诉讼中是属于"分工负责、互相配合、互相制约"的诉讼关系。处于侦查阶段的刑事案件并不一定会进入公诉阶段，而处于公诉阶段的刑事案件也并不一定会进入审判阶段。可见，在刑事诉讼程序中前一程序并不一定会导致进入后续的诉讼程序。因此，前后不同的诉讼程序对同一案件处理的不同结果，这是刑事诉讼的必然结果。而侦查机关、检察机关、审判机关通过采用"量""率""错"这种数据的量化方式对刑事诉讼工作的绩效进行考核，不仅违反了刑事诉讼运行的基本规律，也为刑事错案的再现埋下了重大的隐患。如在杭州萧山的陈建阳等抢劫杀人的刑事错案中，当时的二审审判长张德宝在面对媒体采访时就直言不讳地说："当审判委员会讨论会决定不杀陈建阳等五人后，省高院也征求了杭州中院和政法委的意见，当时对案件判决处理的意见存在争议很大，如果二审法院做出对本案改判的裁定，那么一审法院法官的处境是很难过的，省高院对案件的改判就表示下级法院对案件的判决存在错误，将要面临法院对法官的绩效进行考核，不管是审判长还是审判员，他们的奖金和职务调整都会必然的受到影响。"① 因此，只有通过制定合理的绩效考核机制，才能使其对刑事错案

---

① 黄士元. 正义不会缺席：中国刑事错案的成因与纠正 [M]. 北京：中国法制出版社，2015：72.

的预防发挥重要的作用。

首先，设置科学合理的绩效考核指标。就刑事司法机关的绩效考核指标而言，首先应该取消目前关于"量""率""错"等数据量化的考核指标体系。根据我国《刑事诉讼法》第十二条规定"未经人民法院依法判决，对任何人都不得确定有罪。"第二百条规定"案件事实清楚，证据确实、充分，依据法律认定被告人有罪的，应当作出有罪判决。"等相关的规定可知，任何一起刑事案件在审判的时候只要存在"事实不清、证据不充分"的情况下，都会被法院宣告无罪，这也是实体公正和程序公正辩证统一的必然结果。而从我国《刑事诉讼法》中对侦查机关侦查终结的证据标准、检察机关审查起诉的证据标准、审判阶段定罪量刑的证据标准规定而言，我国刑事诉讼中不同阶段对其证据标准的规定要求也不一样，从侦查阶段到公诉阶段再到审判阶段，其证据标准也呈现出了由低到高的逐步递进的层次性。因此，即使刑事案件能够进入审判阶段，但是如果没有达到法律规定"事实清楚、证据确实充分"的证据标准，审判机关就当然的应当作出无罪判决，这是刑事诉讼运行基本规律的必然选择。

2013 年中央政法委在《关于切实防止冤假错案的规定》第十四条就明确的指出："建立健全科学合理、符合司法规律的办案绩效考评制度，不能片面追求破案率、批捕率、起诉率、定罪率等指标。"最高人民法院也在《关于建立健全防范刑事冤假错案工作机制的意见》中指出："建立科学的办案绩效考核指标体系，不得以上诉率、改判率、发回重审率等单项考核指标评价办案质量和效果。"最高人民检察院在《关于切实履行检察职能防止和纠正冤假错案的若干意见》中也指出："建立和完善符合司法规律的考评体系，防止片面追求立案数、批捕率、起诉率、有罪判决率等。"公安部也在《关于进一步加强和改进刑事执法办案工作切实防止发生冤假错案的通知》中强调："积极引导广大民警既要多办案，更要办好案，坚决防止广大民警因办案指标和'限期破案'压力而刑讯逼供、办错案、办假案。"因此，刑事司法机关在制定绩效考核的指标时候，应该提高对侦查业务、检察业务、审判业务方面的考核比例，取消或减少与侦查业务、检察业务、审判业务无关的比例，以便突出侦查人员、检察人员、审判人员的侦查业务能力、检察业务能力、审判业务能力。对于刑事司法机关考核指标的制定不但要坚持定性考核与定量考核相结合的考核方法，而且还要进一步地结合侦查权、检察权、审判权等刑事诉讼权力的不同而应该有所侧重比例。既要考核指标呈现全面、具体、可操作性，又要具有一定比例的弹性张力，从而避免侦查机关、检察机关、审判机关对绩效考核指标制定的单一化、片面化。

其次，采取分层、分类的考核体系。在目前我国刑事司法改革进行如火如荼的今天，怎样建立既符合侦查业务、检察业务、审判业务运行的基本规律，又要符合侦查人员、检察人员、审判人员不同司法工作的管理特点，是我国刑事司法改革所迫切需要解决的一个重要问题。《中共中央关于进一步加强人民法院、人民检察院工作的决定》明确指出了，应该进一步的推进司法体制的改革、加强司法队伍的专业化建设，提出探索建立法官和检察官与其他工作人员进行分类管理的总体规划，这对人民检察院和人民法院对各自绩效考核机制的重新规划是难得的机会和挑战。所以，人民法院和人民检察院应该加快对此的司法改革步伐，采取"分层、分类"的管理考核机制。最高人民检察院在《2014—2018年全国检察人才队伍建设规划》中提出："在全国各级检察机关全面推行检察人员分类管理。按照检察机关的职能需要和各类人员的岗位特点，将检察人员分为检察官、检察官助理和检察行政人员。要依据工作职能、职责权限，合理设置和划分各类人员职位和职务层次，实行规范化管理。"在十八届三中全会的《中共中央关于全面深化改革若干重大问题的决定》中就曾明确的强调："要建立符合职业特点的司法人员管理制度，健全法官、检察官、人民警察统一招录、有序交流、逐级遴选机制，完善司法人员分类管理制度，健全法官、检察官、人民警察的职业保障制度。"因此。通过制定"分层、分类"的绩效考核管理机制，促使以刑事案件质量评为导向、以侦查人员、检察人员、审判人员业绩为监督手段、以案件中当事人参与为参考，形成以基层侦查机关、检察机关、审判机关为中心的全面、客观的绩效考核管理体系。

三、拓展预防机制多元化渠道

刑事诉讼程序中的犯罪嫌疑人、被告人除了具有《刑事诉讼法》规定的上诉和申诉的救济预防途径之外，其他的法外预防救济途径基本上是比较狭窄的。并没有像国外的有些社会团体组织自愿地帮助刑事案件中犯罪嫌疑人、被告人进行对其法律援助的救济途径，当犯罪嫌疑人被侦查机关讯问或采取强制措施后，犯罪嫌疑人的人身自由便被限制了。更何况，在刑事诉讼中犯罪嫌疑人、被告人的社会地位又比较低，而且对于故意杀人、强奸、抢劫等严重危害社会的暴力犯罪的被害人及家属、社会公众以及网络媒体对其的愤怒都是比较的强烈，造成有些法律援助机构不愿意主动地去帮助犯罪嫌疑人、被告人，即使帮助也是被动的、消极的应付而已，更不会像国外的那些社会团体组织还主动的帮助犯罪嫌疑人、被告人搜集证据、寻找证人等实质性的法律帮助。可见，刑事案件中的犯罪嫌疑人、被告人在通过法律的上诉、申诉等法律内的预防途径之外，其如果想要通过法律外的预防救济途径基本是很艰难的。毕竟，我们国家还缺少这种主动自愿的能够帮助犯罪嫌疑人、被告人去搜集证明其无罪的证据或证人的社会团体组织。因此，我们认为，应该对犯罪嫌疑人、被告人拓宽其法外的预防机制救济渠道。毕竟刑事错案的出现不仅会造成无辜者几年、几十年的牢狱之灾，而且还会造成无辜者妻离子散、家庭破碎，甚至还需要付出宝贵的生命。

首先，就从我国社会的民间团体对刑事错案的预防角度而言，应该成立由社会法律志愿者组成的专门社会团体来对刑事案件中的犯罪嫌疑人、被告人提供专业的法律服务。其社会团体成员可以包括各个大学法学专业的大学生、具备丰富刑事诉讼经验的律师以及有关的专家学者等。典型的犹如美国的"无辜者运动"、加拿大的"志愿者组织"等均有社会人员参与对刑事错案的预防。经过域外这些社会民间团体组织的实践基本都取得对刑事错案预防的良好积极效果。我国应该学习和借鉴域外各国这样类似社会民间团体组织对刑事错案预防的参与运行机制，国家应该支持和提倡社会民间团体组织参与对刑事错案预防的重要社会渠道。这不仅能够有效地让社会民间力量积极地参与对刑事错案的预防公益事业中，既符合司法公正和司法民主的科学观念，又符合我国司法具有人民性的本质特点，而且还能够更加全面的建立健全对刑事错案的预防体系。

其次，面对不断发生的刑事错案，不管是大陆法系还是英美法系国家，都不会等到被告人被定罪判刑之后才开始对刑事错案予以救济和纠正，而是都在探索和尝试各自刑事诉讼运行的过程中就主动的展开对刑事错案的预防。例如，在英国设立的刑事案件审查委员会，其委员会的成员不仅包括法官、检察官等司法人员，而且还包括专家学者、律师等社会公众参与。在美国，除了司法机关对刑事错案进行预防之外，还有各州设立了刑事案件审查委员会和联邦与各州成立的临时调查委员会也对刑事错案展开预防。在加拿大，虽然没有向英国一样成立刑事案件审查委员会这样的官方机构，但是在加拿大却仍然存在大量的社会志愿者团体组织，专门对可能是无辜者的刑事案件提供法律援助服务，在对加拿大刑事错案预防方面发挥着重要的社会力量。因此，我们国家应该学习和借鉴域外国家对刑事错案预防中发挥社会各个力量的重要措施，拓宽对刑事错案预防的渠道，从而使对刑事错案预防的多元化，最大限度地保障无辜者的合法权益和减少刑事错案的发生。

四、加强网络媒体舆论机制监督

目前，随着我国社会网络媒体舆论环境的普遍被开放和社会公众自身法治意识的逐步觉醒，促使越来越多的社会网络媒体将目光转向对司法领域的关注，特别是发生故意杀人、强奸、抢劫等严重危害社会的暴力性犯罪案件时，社会网络媒体就会对这些案件的审判过程和判决结果都会进行全程或重点的关注和讨论。毕竟，社会网络媒体有着其自身特殊的优点，对刑事错案能够起到及时有效的预防效果。第一，社会网络媒体舆论传播的快速性。目前，社会网络媒体已经被渗透到人们生活中的各个方面，如微信、QQ、网上论坛、网上投票、跟帖、微博等多媒体、数字化、互动式的即时通信工具，都是社会网络媒体舆论在社会公众生活中的具体表现，是继报纸、广播、电视之后的"第四媒体"。① 如果刑事案件一旦经过网络媒体的报道成为社会舆论中的热点之后，那么就会引起社会公众和网络舆论对刑事诉讼的办案程序给予司法公正的监督。第二，司法机关公信力的不足促使社会网络媒体舆论在对刑事错案方面的预防具有一定的权威性。有权力就有腐败，绝对的权力就会导致绝对的腐败，而阳光是最好的防腐剂。在司法机关的公信力不足的情势下，尤其是在现阶段刑事诉讼过程的实践中还存在刑讯逼供、暴力取证、伪造证据、徇私枉法、枉法裁判等违反法律法规的现象，而社会网络媒体经过对这些办案中非法行为的揭露和曝光，促使社会网络媒体得到了社会大部分公众对其的认可和信任，进而强化了社会网络媒体对刑事诉讼中的具体案件给予其合法性和正当性的司法监督作用。第三，社会网络媒体舆论是社会公众关注刑事诉讼中案件办理进展的重要途径。在国家依法治国和构建和谐社会主义的战略背景下，我国公民的法治意识也逐渐地得到了普遍的提高和觉醒。促使社会公众对案件中是否存在犯罪嫌疑人、被告人的人身权利、民主权利、政治权利等被我国《宪法》保护的基本权利被非法的侵害、限制或剥夺。虽然，社会网络媒体舆论具有一定的片面性、非专业性、情绪性等不足的缺点。但是，社会公众通过社会媒体对案情的有关报道毕竟是了解刑事诉讼过程的一个重要渠道。第四，听取社会网络媒体舆论的意见是我国刑事司法公正化和民主化的重要体现。依据我国《宪法》的有关规定，我国是人民民主专政的社会主义国家，一切权力属于人民，而人民可以依照有关的法律规定，通过各种途径和形式管理国家经济、文化、社会等事务。而我国的司法机关也对社会网络媒体舆论的民意也给予了重视和吸取，并且还将这一措施上升到了司法政策的层次，不断地被推广，使其成为国家改革的一项重要内容。2009 年 4 月，最高人民法院在《关于进一步加强民意沟通工作

---

① 孙应征. 刑事错案防范与纠正机制研究 [M]. 北京：中国检察出版社，2016：295.

的意见》中就着重强调，各级人民法院在工作中应该积极地听取社会民意对审判工作的意见，保障人民的合法利益。这不仅是人民法院的工作要求，而且还是人民司法的本质属性。促使人民法院的办案效果达到法律效果和社会效果的有机统一，在法院工作的过程中应该加强对社会网络媒体舆论民意转化机制的不断创新和健全。这不但促进国家司法决策能够实现民主化、科学化、公开化，提高国家司法的公信力，更好的接受社会公众民主的有效监督；而还是各级人民法院更好地践行"为大局服务，为人民司法"的司法工作主题，也是推进我国社会主义法制不断建设的重要举措，更是人民性在我国特色社会主义司法制度中优越性的本质体现。

参考文献

一、著作类

1. 刘斌. 20 世纪末平反冤假错案案例纪实 [M]. 珠海：珠海人民出版社，2001.

2. 陈春龙. 冤假错案与国家赔偿：佘祥林案的法理思考 [M]. 北京：中国检察出版社，2007.

3. 屈新. 被追诉人的人权保障研究 [M]. 北京：中国政法大学出版社，2008.

4. [法] 勒内·弗洛里奥. 错案 [M]. 赵淑美，张洪竹，译. 北京：法律出版社，2013.

5. 赵琳琳. 刑事冤案问题研究 [M]. 北京：中国法制出版社，2012.

6. 王佳. 追寻正义：法治视野下的刑事错案 [M]. 北京：中国人民公安大学出版社，2011.

7. 陈桂明. 诉讼公正与程序保障：民事诉讼程序之优化 [M]. 北京：中国法制出版社，1996.

8. 董淑君. 刑事错判研究 [M]. 北京：中国政法大学出版社，2016.

9. 李建明. 刑事司法错误——以刑事错案为中心的研究 [M]. 北京：人民出版社，2013.

10. 孙应征. 刑事错案防范与纠正机制研究 [M]. 北京：中国检察出

版社，2016.

11. 唐亚南. 刑事错案产生的原因及防范对策——以81起刑事错案为样本的实证分析 [M]. 北京：知识产权出版社，2016.

12. 薛亚龙. 侦查错误的基本问题研究 [M]. 长春：吉林大学出版社，2014.

13. 孙应征. 刑事错案防范与纠正机制研究 [M]. 北京：中国检察出版社，2016.

14. 何家弘. 三人堂与群言录 [M]. 北京：中国政法大学出版社，2006.

15. 张丽云. 刑事错案与七种证据 [M]. 北京：中国法制出版社，2009.

16. 张柏峰. 中国的司法制度 [M]. 北京：法律出版社，2002.

17. 王乐龙. 刑事错案：症结与对策 [M]. 北京：中国人民公安大学出版社，2011.

18. 刘品新. 刑事错案的原因与对策 [M]. 北京：中国法制出版社，2009.

19. 张丽云. 刑事错案与七种证据 [M]. 北京：中国法制出版社，2009.

20. [美] 拉费弗. 刑事诉讼法 [M]. 卞建林，沙丽金，等译. 北京：中国政法大学出版社，2003.

21. 樊崇义. 证据学 [M]. 北京：法律出版社，2001.

22. 万毅. 底线正义论 [M]. 北京：中国人民公安大学出版社，2006.

23. 何家弘，刘品新. 证据法学 [M]. 北京：法律出版社，2004.

24. 黄士元. 正义不会缺席：中国刑事错案的成因与纠正 [M]. 北京：中国法制出版社，2015.

25. 孙应征. 刑事错案防范与纠正机制研究 [M]. 北京：中国检察出版社，2016.

26. 樊崇义. 底线：刑事错案防范标准 [M]. 北京：中国政法大学出版社，2015.

27. [英] 丹宁勋爵. 法律的训诫 [M]. 杨百揆，刘庸安，丁健，译.

北京：法律出版社，2002.

28. 郭欣阳. 刑事错案评析 ［M］. 北京：中国人民公安大学出版社，2011.

29. 李心鉴. 刑事诉讼构造论 ［M］. 北京：中国政法大学出版社，1992.

30. 林钰雄. 检察官论 ［M］. 北京：法律出版社，2008.

31. 孙谦. 逮捕论 ［M］. 北京：法律出版社，2011.

32. 何家弘. 迟到的正义：影响中国司法的十大冤案 ［M］. 北京：中国法制出版社，2014.

33. 贺卫方. 司法的理念与制度 ［M］. 北京：中国政法大学出版社，1998.

34. 陈瑞华. 看得见的正义 ［M］. 北京：中国法制出版社，2000.

35. 张智辉. 刑事非法证据排除规则研究 ［M］. 北京：北京大学出版社，2006.

36. 杨振江. 检察机关侦查监督问题研究 ［M］. 北京：中国检察出版社，2005.

37. 陈光中，汪建成，张卫平. 诉讼法理论与实践：司法理念与三大诉讼法修改 ［M］. 北京：北京大学出版社，2006.

38. 万毅. 实践中的刑事诉讼法：隐形刑事诉讼法研究 ［M］. 北京：中国检察出版社，2010.

39. 赵海峰. 法国刑事诉讼法典的重大改革评介 ［M］. 北京：法律出版社，2001.

40. ［法］卡斯东·斯特法尼. 法国刑事诉讼法精义（下）［M］. 罗结珍，译. 北京：中国政法大学出版社，1999.

41. 程味秋. 外国刑事诉讼法概论 ［M］. 北京：中国政法大学出版社，1994.

42. 何勤华. 法国法律发达史 ［M］. 北京：法律出版社，2001.

43. ［德］托马斯·魏根特. 德国刑事诉讼程序 ［M］. 岳礼玲，温小洁，译. 北京：中国政法大学出版社，2004.

44. ［德］克劳思·罗科信. 刑事诉讼法（第 24 版）［M］. 吴丽琪,译. 北京：法律出版社, 2003.

45. ［德］阿希姆·赫尔曼. 德国刑事诉讼法典［M］. 李昌珂,译. 北京：中国政法大学出版社, 1995.

46. ［日］松尾浩也. 日本刑事诉讼法［M］. 张凌,译. 北京：中国人民大学出版社, 2005.

47. ［日］土本武司. 日本刑事诉讼法［M］. 宋英辉,译. 北京：中国政法大学出版社, 2000.

48. ［美］肯特·罗奇. 错案问题比较研究［M］. 蒋娜,译. 北京：中国检察出版社, 2015.

49. ［美］柯特勒. 美国八大冤假错案［M］. 刘末,译. 上海：商务印书馆, 1997.

50. ［美］巴里·谢克,彼得·诺伊菲尔德,吉姆·德怀尔. 清白的罪犯［M］. 黄维智,译. 北京：中国检察出版社, 2005.

51. ［美］美国国务院国际信息局. 美国法律概括［M］. 金蔓丽,译. 沈阳：辽宁教育出版社, 2006.

52. ［美］唐纳德丁·布莱克. 法律的运作行为［M］. 唐越,苏力,译. 北京：中国政法大学出版社, 2004.

53. 何家弘. 司法鉴定导论［M］. 北京：法律出版社, 2000.

54. 王进喜. 美国《联邦证据规则》（2011 年重塑版）条解［M］. 北京：中国法制出版社, 2012.

55. ［英］吉斯力. H. 古德琼森. 审讯和供述心理学手册［M］. 乐国安,李安,译. 北京：中国轻工业出版社, 2008.

56. 程汉大,李培锋. 英国司法制度史［M］. 北京：清华大学出版社, 2007.

57. 齐树洁. 程序正义与司法改革［M］. 厦门：厦门大学出版社, 2004.

58. 徐静村. 刑事诉讼前沿研究［M］. 北京：中国检察出版社, 2006.

59. ［英］约翰·斯普莱克. 英国刑事诉讼程序［M］. 徐美君,杨立涛，译．北京：中国人民大学出版社，2006.

60. 赵秉志．刑法论丛［M］．北京：法律出版社，2016.

61. 徐昕．司法：司法程序的实证研究［M］．北京：中国法制出版社，2007.

62.［英］麦高伟，杰弗里·威尔逊．英国刑事司法程序［M］．姚永吉，译．北京：法律出版社，2003.

63. 高鸿钧，张建伟．清华法治论衡：冤狱是怎样造成的（上）［M］．北京：清华大学出版社，2008.

64. 齐树洁．英国司法制度［M］．厦门：厦门大学出版社，2007.

65. 孙长永．英国2003年（刑事审判法）及其释义［M］．北京：法律出版社，2005.

66. 杨栋．中国死刑错案的发生与治理——与美国死刑程序比较［M］．上海：上海人民出版社，2011.

67. 陈光中．联合国打击跨国有组织犯罪公约和反腐败公约程序问题研究［M］．北京：中国政法大学出版社，2007.

68. 张子培．刑事诉讼法学［M］．北京：群众出版社，1994.

69.《法学词典》编辑委员会．法学词典［M］．上海：上海辞书出版社，1984.

70. 谢佑平．刑事司法程序的一般理论［M］．上海：复旦大学出版社，2003.

71. 陈瑞华．刑事审判原理论［M］．北京：北京大学出版社，1997.

72. 陈光中，江伟．诉讼法论丛［M］．北京：法律出版社，1998.

73. 中共中央政法委员会．社会主义法治理念读本［M］．北京：中国长安出版社，2009.

74. 胡志风．刑事错案的侦查程序分析与控制路径研究［M］．北京：中国人民公安大学出版社，2012.

75. 林钰雄．检察官论［M］．北京：法律出版社，2008.

76. 罗昌平．检察改革理论与实务［M］．上海：上海社会科学出版社，

2002.

77. 林喜芬. 中国刑事程序的法治化转型 [M]. 上海：上海交通大学出版社，2011.

78. 张同盟. 检察改革与实践 [M]. 北京：中国检察出版社，2002.

79. 王达人，曾粤兴. 正义的诉求 [M]. 北京：法律出版社，2003.

80. 谢小剑. 公诉权制约制度研究 [M]. 北京：法律出版社，2009.

81. [美] 艾伦·德肖微茨. 最好的辩护 [M]. 唐交东，译. 北京：法律出版社，1997.

82. 胡锡庆. 司法制度热点问题探索 [M]. 北京：中国法制出版社，2002.

83. 陈爱蓓. 刑事裁判中的事实误认 [M]. 北京：知识产权出版社，2008.

84. 陈光中. 诉讼法理论与实践：司法理念与三大诉讼法修改 [M]. 北京：北京大学出版社，2006.

二、期刊类

88. 邓正来. 中国法律哲学当下基本使命的前提性分析——作为历史性条件的世界结构 [J]. 法学研究，2006（5）.

85. 张保生. 刑事错案及其纠错制度的证据分析 [J]. 中国法学，2013（1）.

86. 何家弘. 诉讼制度的改良与刑事错案预防 [J]. 法律适用，2013（9）.

87. 李富成. 侦查视角下的刑事错案探析 [J]. 中国刑事法杂志，2014（6）.

88. 柳斌，段炎里. 刑事再审程序错案纠错功能之重塑——以审判阶段错案的发现和纠正为视角 [J]. 中国刑事法杂志，2014（6）.

89. 周洪波. 刑事错案与人权保障 [J]. 中国检察官，2013（15）.

90. 王振川. 防范非法取证与刑事错案维护社会公平正义 [J]. 国家

检察官学院学报，2007（1）.

91. 陈永生. 我国刑事误判问题透视——以 20 起震惊全国的刑事冤案为样本的分析 [J]. 中国法学，2007（3）.

92. 高美艳. 刑事案件中司法权之间的制约 [J]. 中北大学学报（社会科学版），2015（2）.

93. 王乐龙. 刑事诉讼谦抑理念与刑事错案的预防 [J]. 山西高等学校社会科学学报，2009（3）.

94. 王乐龙. 刑事错案概念再分析 [J]. 法治论丛（上海政法学院学报），2009（2）.

95. 苗生明. 错案的界定与防范 [J]. 中外法学，2015（3）.

96. 吴四江. 刑事错案责任追究制度 [J]. 长安大学学报（社会科学版），2008（1）.

97. 刘志远. 刑事错案与刑事赔偿 [J]. 人民检察，2006（18）.

98. 尹吉. 也谈刑事错案 [J]. 人民检察，2006（18）.

99. 陈学权. 刑事错案的三重标准 [J]. 法学杂志，2005（4）.

100. 常志强. 对刑事错案界定与判定的辨析 [J]. 湖南公安高等专科学校学报，2009（4）.

101. 王永杰. 论冤案的概念 [J]. 法治论丛（上海政法学院学报），2008（6）.

102. 张宗亮. 我国刑事错案研究综述 [J]. 山东警察学院学报，2013（5）.

103. 陈卫东. 强化证据意识是避免错案的关键 [J]. 法学，2005（5）.

104. 一剑. 此案几乎是五年前"佘祥林案"的翻版——赵作海冤案的前因后果 [J]. 检察风云，2010（12）.

105. 王恒认. 侦查行为诱发刑事错案原因分析 [J]. 江西警察学院学报，2013（4）.

106. 金泽刚. 法官错判的原因与防治——基于 19 起刑事错案的样本

分析［J］. 法学评论, 2015（2）.

107. 申文宽, 杨二奎, 王尚飞. 刑事错案纠正的偶然性［J］. 河南司法警官职业学院学报, 2011（4）.

108. 陆思颖. 我国刑事错案纠错难的原因及其应对［J］. 知识经济, 2016（8）.

109. 李永航. 刑事错案纠正难问题研究——基于34件刑事错案纠正历程的思考［J］. 上海政治学院学报（法治论丛）, 2015（3）.

110. 姚建才. 错案责任追究与司法行为控制——以佘祥林"杀妻"案为中心的透视［J］. 国家检察官学院学报, 2005（5）.

111. 吴天宝, 杨伦华. 刑事错案的司法救济及其法律监督［J］. 中国检察官, 2012（1）.

112. 袁小刚. 刑事错案的成因及其对司法改革的启示［J］. 河南警察学院学报, 2012（5）.

113. 陈巧燕. 刑事错案的形成原因与防范对策——以审判环节为中心的分析［J］. 中共福建省委党校学报, 2010（12）.

114. 自正法, 张波. 转型期刑事冤案的预防机制探讨［J］. 云南警官学院学报, 2014（5）.

115. 王森. 刑事错案成因、预防及纠正对策［J］. 辽宁公安司法管理干部学院学报, 2014（4）.

116. 刘静坤. 现阶段侦查取证工作存在的问题及改革重点——结合"两个证据规定"的分析［J］. 山东警察学院学报, 2012（1）.

117. 高春兴. 我国刑事错案产生的原因及对策探析［J］. 山东警察学院学报, 2012（1）.

118. 王守安, 董坤. 美国错案防治的多重机制［J］. 法学, 2014（4）.

119. 杨宇冠, 赵珊珊. 刑事错案的预防与补救［J］. 甘肃社会科学, 2010（5）.

120. 王乐龙. 刑事错案危害的经济学分析［J］. 北京人民警察学院学

报，2011（2）.

121. 朱孝清. 冤假错案的原因和对策 [J]. 中国刑事法杂志，2014
（2）.

122. 周平. 遏制刑事"冤假错案"顶层设计的法治思考 [J]. 中国刑
事法杂志，2013（10）.

123. 张卫平. 绝对职权主义的理性认识——原苏联民事诉讼基本模式
评析 [J]. 现代法学，1996（4）.

124. 巩寒冰，蔡鑫. 刑事错案预防与侦查能力的提升 [J]. 福建警察
学院学报，2012（1）.

125. 陈瑞华. 刑事程序失灵问题的初步研究 [J]. 中国法学，2007
（6）.

126. 刘文化. "疑罪从无"原则与刑事错案防范初探 [J]. 河南警察
学院学报，2014（5）.

127. 贾延安. 避免刑事错案需确立无罪推定原则 [J]. 森林公安，
2010（6）.

128. 陈瑞华. 刑事诉讼法的立法技术问题 [J]. 法学，2005（5）.

129. 闫召华. "名禁实允"与"虽令不行"：非法证据排除难研究
[J]. 法制与社会发展，2014（2）.

130. 李蕤. 刑事错案的形成与救济——以侦查工作为视角 [J]. 湖南
警察学院学报，2011（5）.

131. 司钦山. 刑讯逼供的主观因素及对策 [J]. 江苏公安专科学校学
报，2001（2）.

132. 谭泽林，朱新军. 防止冤假错案的底线思考与实践探索 [J]. 湖
南行政学院学报，2015（3）.

133. 王禄生. 我国刑事错案成因分析——基于案件过滤的视角 [J].
湖北社会科学，2014（10）.

134. 陈磊. 一起奸杀案的若干"真相" [J]. 农村. 农业. 农民（B
版），2007（2）.

135. 李义凤.律师辩护机制与刑事错案预防［J］.河南社会科学，2014（7）.

136. 万伟岭.刑事错案原因探析［J］.中国检察官，2012（1）.

137. 赵培显.刑事错案中的口供问题及对策［J］.郑州大学学报（哲学社会科学版），2014（3）.

138. 陈兴良.错案何以形成［J］.浙江公安高等专科学校学报，2005（5）.

139. 何家弘.证据的采纳和采信——从两个"证据规定"的语言问题说起［J］.法学研究，2011（3）.

140. 韩成军.侦查监督权配置的现状与改革构想［J］.法学论坛，2011（4）.

141. 刘计划.侦查监督制度的中国模式及其改革［J］.中国法学，2014（1）.

142. 吴建雄.诉讼监督的错案预防价值及其实现［J］.人民检察，2011（6）.

143. 孙婷婷.略论非法取证的诉讼监督［J］.公安学刊（浙江警察学院学报），2014（3）.

144. 胡常龙.论检察机关视角下的冤假错案防范［J］.法学论坛，2014（3）.

145. 林维业，张进.论侦查破案"三大关系"［J］.公安研究，2011（5）.

146. 孙伟忠.强化公安侦查证据意识的几点思考［J］.公安学刊（浙江警察学院学报），2013（4）.

147. 田科.刑事错案问诊刑事诉讼法［J］.中国司法，2014（3）.

148. 何家弘.公、检、法=做饭、卖饭、吃饭？［J］.政府法治，2003（2）.

149. 张保生，张晃榕.检察业务考评与错案责任追究机制的完善［J］.中国刑事法杂志，2014（4）.

150. 熊谋林，廉怡然，杨文强 . 全球刑事无罪错案的实证研究（1900—2012）[J]. 法制与社会发展，2014（2）.

151. 何家弘 . 刑事错判证明标准的名案解析 [J]. 中国法学，2012（1）.

152. 陈卫东，刘计划，程磊 . 法国刑事诉讼法改革的新进展——中国人民大学诉讼制度与司法改革研究中心赴欧洲考察报告之一 [J]. 人民检察，2004（10）.

153. 刘珏，王克文 . 德国羁押审查中的阅卷制度及其启示 [J]. 黑龙江社会科学，2018（3）.

154. 周维明 . 德国刑事协商制度的最新发展与启示 [J]. 法律适用，2018（13）.

155. 彭烨 . 德国证据禁止制度之类型分析与借鉴意义 [J]. 南阳师范学院学报，2016，15（8）.

156. 许乐 . 德国与美国刑事证据排除规则衍生史及制度构型比较研究 [J]. 陕西师范大学学报（哲学社会科学版），2012，41（2）.

157. 大取祐司，倪润 . 日本欺骗侦查所获同意与正当程序 [J]. 国家检察官学院学报，2016（4）.

158. 杨静 . 浅谈刑事错案防范与救济的域外经验 [J]. 中国检察官，2014（24）.

159. 何家弘 . 刑事错判证明标准的名案解析 [J]. 中国法学，2012（1）.

160. 萨缪尔·格罗斯，刘静坤，等 . 美国的无罪裁决——从 1989 年到 2003 年 [J]. 中国刑事法杂志，2006（6）.

161. 陈伟，沈丽琴 . 美国错案透视及其对我国司法防范的启示 [J]. 西南政法大学学报，2014（6）.

162. 陈永生 . 死刑与误判——以美国 68% 的死刑误判率为出发点 [J]. 政法论坛，2007（1）.

163. 李奋飞 . 美国死刑冤案证据剖析及其启示 [J]. 中国人民大学学

报，2013（6）.

164. 萨缪尔·格罗斯，刘静坤. 美国的无罪裁决——从 1989 年到 2003 年 [J]. 中国刑事法杂志，2006（6）.

165. 宋远升. 刑事错案比较研究 [J]. 犯罪研究，2008（1）.

166. 刘品新. 当代英美刑事错案的实证研究 [J]. 国家检察官学院学报，2007（1）.

167. 沈玉忠. 美国刑事错案救济制度及对中国的启示 [J]. 鄂州大学学报，2008（6）.

168. 吴高庆，华夏怡. 英国刑事错案纠正机制及其对我国的启示 [J]. 浙江树人大学学报（人文社会科学），2016（1）.

169. 董坤. 英国刑事错案防治研究——兼论对我国的借鉴和启示 [J]. 中国刑事法杂志，2010（8）.

170. 李昌盛. 禁止双重危险原则在英国的发展 [J]. 人民检察，2006（12）.

171. 芦森. 二十年来英国刑事程序改革回顾 [J]. 江西警察学院学报，2008（4）.

172. 成凤明. 论英国禁止双重危险游戏规则在我国的运用范围 [J]. 河北法学，2007（10）.

173. 董坤. 加拿大错案防治中的监所告密制度 [J]. 法学论坛，2010（6）.

174. 沈德咏. 论疑罪从无 [J]. 中国法学，2013（5）.

175. 陈学权. 论刑事诉讼中实体公正与程序公正的并重 [J]. 法学评论，2013（4）.

176. 杨思斌，张钧. 司法公正是程序公正与实体公正的辩证统一 [J]. 法学杂志，2004（3）.

177. 樊崇义. 刑事诉讼法再修改的理性思考 [J]. 政法论坛，2005（5）.

178. 陈学权. 论刑事诉讼中实体公正与程序公正的并重 [J]. 法学评

论，2013（4）.

179. 王强，刘宁. 论无罪推定原则在防止错案中的作用 [J]. 行政与法，2010（8）.

180. 陈光中，于增尊. 严防冤案若干问题思考 [J]. 法学家，2014（1）.

181. 何家弘，何然. 刑事错案中的证据问题——实证研究与经济分析 [J]. 政法论坛，2008（2）.

182. 赵秉志，彭新林. 遏制刑讯逼供的域外法治经验及其启示 [J]. 江海学刊，2015（1）.

183. 陈卫东. 羁押场所巡视制度研究报告 [J]. 法学研究，2009（6）.

184. 樊崇义，赵培显. 论客观性证据审查模式 [J]. 中国刑事法杂志，2014（1）.

185. 詹建红. 刑事错案救济机制的西方经验及其借鉴——以两大法系主要国家为参照 [J]. 法学评论，2015（2）.

186. 孙国祥. 刑事辩护制度与错案预防 [J]. 人民检察，2006（18）.

187. 刘志伟. 检察环节刑事错案现象的成因分析 [J]. 人民检察，2006（18）.

188. 郭松. 透视"以侦查案卷为中心的审查起诉" [J]. 法学论坛，2010（4）.

189. 刘权. 同一认定视角下侦查错案的成因与防范对策 [J]. 上海公安高等专科学校学报，2012（4）.

190. 秦学俭. 检察人员的证据意识与刑事错案的预防 [J]. 中国检察官，2010（14）.

191. 吴宏耀. 非法证据排除的规则与实效——兼论我国非法证据排除规则的完善进路 [J]. 现代法学，2014（4）.

192. 郭松. 组织理性、程序理性与刑事司法绩效考评制度 [J]. 政法论坛，2013（4）.

三、博士论文类

193. 陈海平. 死刑案件审判程序研究 [D]. 重庆：西南政法大学，2010.

194. 赵琳琳. 刑事冤案问题研究 [D]. 北京：中国政法大学，2008.

195. 李春刚. 刑事错案基本问题研究 [D]. 长春：吉林大学，2010.

196. 王天民. 实质真实论 [D]. 重庆：西南政法大学，2010.

197. 谭志君. 证据犯罪研究 [D]. 长春：吉林大学，2004.

198. 卫跃宁. 口供制度研究 [D]. 北京：中国政法大学，2005.

199. 管宇. 论控辩平等原则 [D]. 北京：中国政法大学，2006.

200. 刘邦明. 罪刑相适应原则研究 [D]. 重庆：西南政法大学，2011.

201. 张曙. 刑事司法公正论 [D]. 北京：中国政法大学，2007.

202. 郑牧民. 中国传统证据文化研究 [D]. 湘潭：湘潭大学，2010.

203. 王永杰. 从程序异化到事实异化：以冤案为中心 [D]. 上海：复旦大学，2007.

204. 周颖. 口供制度研究 [D]. 上海：复旦大学，2013.

205. 林国强. 刑事诉讼中的非法取供行为研究 [D]. 重庆：西南政法大学，2014.

206. 陈士渠. 刑事错案的证据分析 [D]. 北京：中国政法大学，2008.

207. 张剑峰. 逮捕制度新论——以侦查为视角 [D]. 长春：吉林大学，2013.

208. 艾超. 辩护权研究 [D]. 武汉：武汉大学，2010.

209. 陶婷. 错案论 [D]. 上海：华东政法大学，2014.

210. 吴建雄. 中国二元司法模式研究 [D]. 长沙：中南大学，2012.

211. 杜学毅. 中国非法证据排除规则构建研究 [D]. 长春：吉林大学，2013.

212. 胡志风. 刑事错案与侦查程序研究 [D]. 北京：中国政法大学，2011.

213. 王沛. 禁止酷刑国际刑事司法准则研究——兼论中国反酷刑机制的构建 [D]. 大连：大连海事大学，2012.

214. 吴宪国. 检察机关排除非法证据研究 [D]. 长春：吉林大学，2014.

四、报纸类

215. 牛亚皓. 冤枉赵作海的公安局副局长被起诉了 [N]. 成都商报，2010-07-14.

216. 石玉. "杀人犯"赵作海妻子曾被羁押审讯月余 [N]. 南方都市报，2010-05-09.

217. 张寒. 河南警方掘地三尺重查无名尸案 [N]. 新京报，2010-05-09.

218. 石玉. 赵作海讲述被刑讯逼供的细节 [N]. 南方都市报，2010-05-12.

219. 殷红. 警察对警察的刑讯逼供 [N]. 中国青年报，2001-07-20.

220. 冬子. 唐山七民警涉嫌刑讯逼供被判有罪 [N]. 燕赵晚报，2005-05-26.

221. 怀若谷. 男子获死刑申诉 8 年无罪释放，曾被连审 20 个昼夜 [N]. 京华时报，2014-05-05.

222. 董丽娜. "强奸犯"裴树唐的 24 年申冤路：3007 份"血状" [N]. 辽沈晚报，2010-07-28.

223. 杜萌、胥敬祥：冤狱 13 年有罪变无罪 [N]. 法制日报，2005-06-21.

231. 刘卓，齐崇淮. 坚强母亲八年上访：我儿无罪枪下留人 [N]. 法制周报，2006-07-03.

224. 牛亚皓. 冤枉赵作海的公安局副局长被起诉了 [N]. 成都商报，2010-07-14.

225. 石玉. "杀人犯"赵作海妻子曾被羁押审讯月余 [N]. 南方都市

报，2010-05-09.

226. 张寒. 河南警方掘地三尺重查无名尸案 ［N］. 新京报，2010-05-09.

227. 石玉. 赵作海讲述被刑讯逼供的细节 ［N］. 南方都市报，2010-05-12.

228. 王亦君. 胥敬祥：我这 13 年的噩梦生涯 ［N］. 中国青年报，2005-05-10.

229. 朝格图. 命案必破，疯人顶罪 ［N］. 南方周末，2010-05-05.

230. 刘品新. 破案压力：制造错案的元凶 ［N］. 检察日报，2005-06-01.

231. 蒋安杰. 说说错案追究制 ［N］. 法制日报，2005-07-09.

232. 郑明纬. 德国：错案促进刑诉法多次修订 ［N］. 法制日报，2013-05-28.

233. 张建伟. 德国：再叫真的民族也有错案 ［N］. 人民法院报，2013-06-21.

234. 何家弘. 认定错判无须铁证 ［N］. 检察日报，2011-07-21.

235. 郑明纬. 德国：错案促进刑诉法多次修订 ［N］. 法制日报，2013-05-28.

236. 何红杰，吕宏庆. 日本预防刑事错案的系列改革 ［N］. 人民法院报，2013-05-17.

237. 曹建明. 着力转变和更新执法理念，牢固树立"五个意识" ［N］. 检察日报，2012-07-18.

238. 贺小荣. 人民法院四五改革纲要的理论基点、逻辑结构和实现路径 ［N］. 人民法院报，2014-07-17.

239. 刘品新. 破案压力：制造错案的元凶 ［N］. 检察日报，2005-06-01.

240. 刘宪权. 美国：四步构建刑事错案防控与问责 ［N］. 法制日报，2013-04-23.

五、外文类

241. KEARNEY S, BOYLAN M. What happens when induction goes wrong: Case studies from the field [J]. Cogent education, 2016, 3 (1): 16.

242. KOZHUKHAROV S. A case of a misjudged constitutional disease (Marfan's disease). [J]. Khirurgiia, 1999, 54 (1): 12-15.

243. ROACH K. Wrongful convictions in canada [J]. Social science electronic publishing, 2012 (4): 11.

244. CLINIC B L. Criteria for Cases Listed as Exonerations on our Site [EB/OL]. [2014-08-14]. http: //www. law. northwestern. edu/legalclinic/ wrongfulconvictions/exonerations/.

245. CLINIC B L. The National Registry of Exonerations releases its 2013 annual report [EB/OL]. [2014-08-14]. https: //www. law. umich. edu/special/exoneration/Documents/Exonerations_ in_ 2013_ Report. pdf.

246. GROSS S R. Exonerations in the United States, 1989 through 2003 [J]. Journal of criminal law and criminology, 2005, 95 (2): 545.

247. PALMER L J. Encyclopedia of Capital Punishment in the United States [M]. 2nd ed. Jefferson, N. C. : Mc Farland and Co Inc, 2008: 357.

248. LEI X. The investigation and suggestions on improving the psychological pressure of judicial personnel in criminal misjudged cases in china [J]. Chinese studie, 2019, 8 (4): 184-193.

249. LANG Z C. The appraisal problems of misjudged criminal cases – An Empirical Research Based on 50 Cases [J]. International journal of law and society, 2018, 1 (3): 125.

致 谢

这次专著《刑事错案预防研究》之所以能够顺利完成，并非我一人之功劳，是所有指导过我的老师，帮助过我的同学和一直关心支持着我的家人对我的教诲、帮助和鼓励的结果。我要在这里对他们表示深深的谢意！

感谢我的恩师杨宗辉教授，您从最初的选题、大纲的撰写，到专著的谋篇布局直到写作完成，都凝结着恩师您的心血。您严谨的治学态度，深厚的学术修养，爽直豪迈的性格，都令学生我受益终生。同时，感谢我的父母，没有你们，就没有我的今天，你们的支持与鼓励，永远是支撑我前进的最大动力。

特别感谢我的爱人刘梓泞，从当初撰写《刑事错案预防研究》的思路、方法开始一直到该专著的顺利完成，你没有任何怨言，一直都是默默无闻地支持和鼓励我，此处除了感谢之外仍然还是感谢，谢谢！

同时，还要感谢我的博士同学：邓文斌同学、刘芷君同学、郭宁同学、何亮亮同学、张静同学等，特别是在我撰写出现困惑时，是你们给予我写作上最大的支持和鼓励。

薛亚龙

于宁夏警官职业学院完成

2020 年 12 月 30 日